공병호가 만난 하나님

일러두기: 이 책에 인용된 성경 구절의 출처는 개역개정판 성경과 NIV 성경입니다.

공병호가 만난 하나님

공병호 지음

21세기북스

진리가 너희를 자유케 하리라.

The truth will set you free.

요한복음 8:32

차 례

3부 문제를 해결하시는 분, 예수님

4부 영적 파워를 공급하시는 분, 성령님

5부 참 행복으로 가는 길

프롤로그

'광야에 길을, 사막에 강을' 내는 원천

젊은 날부터 저는 새벽을 깨우는 사람이었습니다. 평일이든 주말이든 삶의 중심이 새벽의 이른 기상에서 시작되었기 때문입니다. 오십대 초반, 하나님을 받아들인 다음 새벽 기상에 큰 변화가 일어났습니다. 하루의 가장 귀한 첫 시간에 기도를 하면서 하나님을 만나는 기쁨의 시간을 갖게 되었습니다. 그것도 아주 생생하게 말입니다. 이렇게 시작된 만남에서부터 이제는 언제 어디서나 그분을 만날 수 있게 되었습니다. '어떻게 이런 일이 나에게 일어날 수 있을까?' 그래서 저는 '내가 그분을 더 잘 알면 알수록 더 잘 만날 수 있을 것이다'라는 소망을 갖고 하나님 공부를 본격적으로 시작했습니다.

무엇이든 제대로 알아야 잘할 수 있습니다. 일도 그렇고 신앙생활도 그렇습니다. 여러분도 어떤 대상이 중요하거나, 호기심이나 경탄을 자아내거나, 사랑하게 되면 자연스럽게 한 가지를 자주 떠올리게 됩니다. '나는 그것에 대해 더 잘 알고 싶다'고 말입니다.

이 책은 늦깎이로 하나님을 알게 된 제가 그분을 더 잘 알기 위해서 스스로 질문을 던지고, 궁금한 것들에 대해 여러 전문가들의 글을 읽은 다음, 자신의 생각을 정리한 학습 노트입니다. 현재를 기준으로 내가 아는 그분이 어떤 분인지, 그분으로 인해서 누릴 수 있는 것은 무엇인지 그리고 그분에게 가까이 다가가는 방법은 어떤 것인지를 정리한 책입니다. 여기서 중요한 것은 '현재를 기준으로'라는 꾸밈말입니다.

세월이 흘러갈수록 그분에 대한 이해의 폭과 깊이가 더해지겠지만 그날까지 기다리기보다는 현재를 기준으로 생각과 의견을 정리해보았습니다. 성경에는 "내일 일을 자랑하지 말라. 하루 동안 무슨 일이 일어날지 네가 알 수 없음이니라"(잠언 27:1)란 말씀이 있습니다. 어느 누구도 사람의 앞일을 알기 힘듭니다. 앞으로 이 책보다 더 나은 책을 쓸 수도 있겠지만 사람이 자기의 앞일을 정확히 알 수는 없습니다. 그래서 부지런히 쓸 수 있을 때 써야 한다는 것이 제 생각입니다. 제가 이제껏 세상에 대한 이해의 폭과 깊이를 넓혀온 방법은 궁금한 주제에 대해 책을 쓰는 일이었습니다. 제가 알고 싶은 하나님에 대해서도 같은 방법을 사용했습니다. 저에게 생소한 주제의 책을 쓰면서, 그동안 백여 권이 넘는 다양한 주제의 책들을 펴낸 모든 경험들이 결국은 하나님에 대한 글쓰기를 위한 준비 과정이라는 확신을 갖게 되었습니다.

하나님에 대한 공부가 필요한 이유는 무엇일까요? 더 잘 알면 더 잘 믿게 될 것이고, 더 잘 믿게 되면 더 큰 힘을 얻을 수 있을 것이고, 더 큰 힘을 얻을 수 있다면 더 귀한 일, 즉 하나님 나라를 확장하는 일을 많이 할 수 있을 것이라는 생각을 갖고 있기 때문입니다. 저는 지금까지 많은 책을 펴냈습니다. 이 가운데 자기계발서가 제법 큰 비중을 차지하고 있습니다. 실용서 영역에서 활발하게 책을 집필해오던 제가 신앙과 믿음에 대한 책을 쓰게 된 것은 큰 변화 가운데 하나입니다. 누군가 저에게 "왜?"라는 질문을 던진다면 '신앙은 자기 경영과 인생 경영의 주춧돌이자 머릿돌이다'라는 깨달음으로 저의 생각을 대신하고 싶습니다. 머릿돌이 확고하게 자리를 잡지 않았다면 그 위에 쌓아올린 기둥과 집도 흔들릴 수밖에 없다는 것이 오십 대에 접어서 제가 갖게 된 확신입니다.

사실 우리는 살아가면서 중요한 일보다 급하게 해야 하는 일에 더 많은 시간과 에너지를 쏟기가 쉽습니다. 정신과 마음 그리고 영혼이 중요하다고 생각하지만 정작 자신이 가진 시간이나 돈 그리고 에너지를 중요한 곳에 사용하는 사람들이 그리 많지는 않다고 봅니다. 늘 바쁜 일이 있고 늘 시급하게 해결해야 할 일이 있기 때문에 다들 허겁지겁 살아갈 수밖에 없다고 봅니다. 이런 점에서 보면 이 책은 우리의 삶에서 정말로 중요한 혼魂, 영혼靈魂, 영성靈性 그리고 신앙에 대한 여러분의 지식을 쌓고 실천하는 힘을 강하게 하는 데 도움을 줄 수 있을 것입니다.

앞으로 열심히 하나님에 대한 책을 쓰려는 또 하나 중요한 이유가 있습니다. 늦깎이로 신앙의 세계에 입문하게 된 제겐 자식들의 청소년기에 신앙을 가르칠 수 있는 기회가 없었습니다. 이제 분주한 직장

생활과 학교생활에 바쁜 자식들을 도울 수 있는 방법은 잘 쓰인 책으로 신앙의 실체와 본질을 이해할 수 있도록 돕는 일이라 생각했습니다. 세상의 모든 부모는 자식을 사랑합니다. 저에게 자식 사랑의 표현은 그들이 올바른 신앙의 길로 들어설 수 있도록 하나님에 대한 지식을 체계화해서 전달하는 일이라 생각합니다. 자식을 위한 집필이니 다른 면에서 보면 하나님을 제대로 알고 싶은 모든 분들을 위한 책 쓰기라 해도 좋을 것입니다.

이 책의 주제는 제 인생의 어느 시점을 기점으로 삶의 중심을 차지하게 된 하나님에 대한 책입니다. 이분을 이해하는 데 필요한 핵심 내용을 정리한 것입니다. 복잡한 교리를 공부하기 위해 많은 시간을 쏟지 않더라도 이분을 정확하게 알도록 돕는 책입니다. 제가 이분을 정확하게 알기 위해 정리한 책이기 때문에 이분을 오랫동안 알아온 독자들에게는 다소 쉬운 책일 것입니다. 반대로 전혀 그분에 대해 깊이 생각해보지 않은 분들에겐 다소 생소한 책일 것입니다. 그동안 제가 쓴 책들을 즐겨 읽어온 독자에게는 다소 불편한 이야기가 될 수도 있을 것입니다. 그럼에도 불구하고 끝까지 읽어볼 만한 가치가 있는 책이 될 것입니다.

우선 이 책은 '이렇게 사는 것이 전부는 아닌데…'라는 생각이 자주 드는 분들에게 읽기를 권하고 싶습니다. 또한 다음과 같은 질문들이 불쑥불쑥 드는 분들에게도 권하고 싶습니다. '열심히 살아왔는데 나에게 남은 인생의 수확물이 이게 전부인가?', '나는 열심히 살아왔는데 사는 게 왜 이렇게 허무할까?', '왜 나에게는 참다운 행복이 없는가?', '열심히 노력하는데도 불구하고 왜 인생이 잘 풀리지 않는가?'

이 책이 여러분의 영혼을 잘 가꾸고, 여러분이 추진하는 일들이 만사형통하고, 어떤 상황에서도 행복을 누리고, 어려움 속에서도 좌절하거나 낙담하지 않고 어려움을 헤쳐나가는 데 도움이 되길 바랍니다. 오늘날처럼 변화의 속도가 빠르고 경쟁의 범위가 계속해서 확장되는 시대에는 불확실성도 커지고 사람들은 쉽게 초조와 불안 그리고 걱정에 휘둘릴 수 있습니다. 이 책은 그런 도전들을 극복하는 근원적인 방법인 신앙에 대한 기본 서적입니다.

끝으로 신학을 체계적으로 공부한 적이 없는 필자는 훌륭한 여러 목회자들의 설교와 책에서 많은 것을 배웠습니다. 특히 정통 기독교 신학에 바탕을 둔 '옛신앙'과 이방선교의 중심지인 AMI센터(안디옥 국제 선교 센터)의 설교와 문서사역에서 많은 도움을 받았습니다. 그리고 귀한 설교 자료로 성경 공부에 도움을 준 이병태 장로님, 꼼꼼하게 교정을 보고 설교를 잘 정리해서 전달해준 아내 혜숙에게도 감사한 마음을 전하고 싶습니다. 가족으로 만나서 인생이란 거친 항해를 함께 해가는 두 아들 민수와 현수에게도 고마운 마음을 전하고 싶습니다. 열심히 살아야 할 이유이자 이렇게 부지런히 글을 써야 할 이유를 제공하는 그들이 주는 또 하나의 기쁨은 "아버지, 저를 위해 기도를 해주세요"라는 부탁이랍니다. 늦게 시작되었지만 기도하는 아버지, 한 걸음 나아가 기도하는 사람이 되는 기쁨을 찾을 수 있게 된 것을 두고 저는 하나님이 주신 한량없는 축복이요 은혜라고밖에 표현할 수 없답니다.

성경 공부를 하면서 저는 새삼스럽게 말씀은 살아서 움직일 뿐만 아니라 기도 또한 살아서 움직인다는 생각을 자주 합니다. "너는 네

떡을 물 위에 던지라 여러 날 후에 도로 찾으리라"(전도서 11:1)라는 말씀처럼 열심히 말씀을 증거하는 분들이 강 위에 뿌린 말씀이 저의 마음 한구석에 뿌려져 이런 글을 낳게 되었으니 놀라운 일입니다. 이 책이 참 성공과 참 행복을 추구하는 분들이나 어려움 속에서 방황하거나 낙담하는 분들에게 이겨낼 수 있는 힘을 키우는 데 작은 밀알이 되기를 소망합니다. 여러분 모두에게 그리스도의 사랑 안에서 승리하는 삶이 펼쳐지길 기도합니다.

2013년 4월 공병호

1부

행복을 공급하시는 분, 하나님

겸손과 여호와를 경외함의 보상은 재물과 영광과 생명이니라.
Humility and the fear of the LORD bring wealth and honor and life.
잠언 22:4

왜 행복은 멀기만 할까?

수고하고 무거운 짐 진 자들아 다 내게로 오라.
내가 너희를 쉬게 하리라.
Come to me, all you who are weary and burdened,
and I will give you rest.
마태복음 11:28

우리는 행복하기 위해 삽니다. 우리의 모든 활동은 행복을 위함입니다. 공부를 하고, 취업을 하고, 성공을 위해 열심히 일을 합니다. 이렇게 열심히 하기만 하면 언젠가는 더 큰 행복을 누릴 수 있으리라는 소망을 갖고 살아갑니다. 하지만 치열하게 질주하듯이 살아가도 자주 행복이 멀어지는 것처럼 느낄 때도 있습니다. 이때 우리는 스스로 '본래 인생은 고해苦海다'라는 말로 위안을 삼기도 합니다.

여러분은 지금 어떠신가요? 스스로 내 인생이 참 평안하다, 행복하다고 느끼시는지요? 일이 기대하는 것처럼 척척 풀리거나, 아이들이 잘 자라주거나, 몸과 마음이 모두 건강한 상태라서 행복하다고 느끼시나요? 아니면 여러 가지 일들이 뜻한 대로 잘 풀리지 않고 있음에도 불구하고 행복하다고 느낄 수 있는 건가요? 어떤 상황 속에서도 행복을 누리는 분들도 있지만, 정말 많은 분들이 행복을 누리지 못하고 있습니다. 설령 부와 명성 혹은 권력의 자리에 서는 영광을 잠시 맛보더라도 자부심과 자랑스러움이 가고 나면 언제 그랬나 싶게 짧은 행복은 사라지고 맙니다. 아련한 추억이 되고 말지요.

통영이란 소도시에서 나서 자란 저 역시 어린 시절에는 늘 꿈을 꾸었습니다. 큰 도시로 나가서 성공해야겠다는 그런 꿈 말입니다. 그래서 고생하는 아버지를 기쁘게 해드려야겠다고, 아버지에게 부담을 주지 않는 그런 청년이 되고 중년이 되고 장년이 되기를 소망했습니다. 세월은 흐르고 세속적인 기준으로 보면 웬만큼 성취를 한 자리에 서게 되었고 주변 분들에게도 '참 잘되었습니다'라는 이야기를 자주 듣게 되었지만 정작 제 자신은 '내가 그동안 무엇을 해왔는가?'라는 의문으로부터 자유롭지 않았습니다. 그래서 시작한 것이 철학의 문을 두드리는 일이었습니다. 어쩌면 나보다 먼저 살았던 걸출한 인물들이 삶에 대해 멋진 해답을 제시해줄 수 있을지 모른다고 생각했습니다.

저는 젊은 날에도 부지런했지만 사실 제대로 된 공부는 직장생활을 시작하고부터라 할 정도로 많은 책을 읽고 많은 활발한 활동을 했습니다. 지식이 나를 자유롭게 하고 나에게 참다운 평화와 행복을 가져다줄 수 있을 것이라는 확고한 소신을 갖고 있었습니다. 광대한 지식의 바다를 항해하는 일로부터 실용적인 지식을 얻는 데는 상당한 성과를 거두었습니다. 그러나 많은 공부가 참 평화나 행복 그리고 안식을 제공하는 데는 별다른 성과를 가져다주지 못한다는 사실을 깨우치게 되었습니다. 공부를 많이 하면 할수록 역설적으로 행복과는 거리가 멀어질 수도 있음을 깨우치게 되었습니다. 식자우환識字憂患이란 옛말처럼 더 많이 알면 알수록 고통이 커질 수 있는 일임을 깨우치게 됩니다.

더욱이 저는 둘째가라면 서러워할 정도로 정교한 계획과 목표 그리고 평가에 바탕을 두고 제 자신을 관리해왔습니다. 자기 경영 방법을 이용해서 노력하는 것도 게을리하지 않았습니다. 자기 관리나 자기 경영에 관한 수십 권의 저서들도 대부분 개인적인 체험에서 우러나오는 것들을 체계화한 내용들입니다. 그러나 그 모든 것들이 내가 원하는 해답을 제시하는 데 도움은 줄 수 있을지라도 근본적인 해답을 줄 수는 없다는 사실을 발견하게 되었습니다.

그래서 시작한 것이 인문학 탐구입니다. 오십 대 초엽에 들어서자마자 야심찬 목표를 세우고 고대 그리스 철학부터 본격적으로 공부하기 시작했습니다. 훌륭한 이들의 이야기는 저마다 지식과 지혜를 더해줍니다. 하지만 그들의 주장이나 의견이 참다운 평화와 안식 그리고 행복을 가져다줄 수 있는가라는 질문에 대해서는 "글쎄…"라는 것이 솔직한 답이었습니다.

그건 저만의 생각은 아니었습니다. 초대 교부인 성 어거스틴St.Augustine은 세상의 종교와 학문 그리고 쾌락을 섭렵하다시피 했지만 자신에게는 참다운 안식이 없었음을 고백한 적이 있습니다. 그는 예수님을 만난 이후에 "하나님이여! 당신의 품 안에 안기기 전까지 내 영혼에 참 안식이 없었나이다"라고 고백했습니다.

고대 그리스의 철학자 가운데 행복 문제를 집중적으로 탐구한 사람은 아리스토텔레스입니다. 그의 대표작 『니코마코스 윤리학』은 행복의 문제를 정면으로 다루고 있습니다. 그는 '자신이 잘 해야 하는 일을 아주 잘 하는 상태'를 행복으로 정의한 바가 있습니다. 우리가 어디서든 잘 해야 하는 일이 있지요. 그 일을 아주 잘 하는 상태가 행복이라는 아리스토텔레스의 행복론은 현대인들에게 도움을 줍니다. 그러나 여러분, 잠시 생각해보시기 바랍니다. 잘 하는 상태를 항상 유지하기가 쉬운 일일까요? 쉬운 일은 아니지요. 이상적인 상태이긴 하지만 인간의 의지는 약하고 이런 저런 유혹에 금방 넘어가고 맙니다. 이런 점을 고려하면 아리스토텔레스의 제안은 훌륭한 방법이긴 하지만 평범함 사람들에겐 어려운 과제라고 생각합니다. 그는 절대적인 행복에 대한 기준을 제시하는 데에는 성공했지만 세상 사람들이 그런 행복을 누릴 수 있다고 생각했을지는 의문입니다. 사람들은 생각보다 연약한 존재이기 때문입니다. 여러분은 결심을 하고 며칠 못 가서 그만둬버리고 실망한 경험을 자주 했을 것입니다. 의지력에 따라 조금씩 차이가 있긴 하지만 사람은 비슷비슷하기 때문입니다.

인간이 자신의 힘만으로 참다운 안식과 평화 그리고 행복에 도달할 수 있을까요? 자립자존 정신에 대해 굳건한 믿음을 가져왔던 저는 그 부분에 대해 크게 회의가 들기 시작했습니다. 자유의지가 물론 중요한 인간적 특징이긴 하지만 그것이 현실적으로 참으로 취약하다는 생각을 갖게 된 것이지요. 왜 그럴까요?

사람의 노력에도 불구하고 행복이 멀어지는 데는 근본적인 문제가 놓여 있음을 알게 됩니다. 그것은 인간의 죄성罪性 때문입니다. 우리는 이 문제에 대해 차근차근 이 책을 통해 알아가게 될 것입니다. 인간의 죄성은 인간이 자신의 힘만으로 참다운 안식과 행복을 누리기 힘들게 만들어버렸습니다. 그러나 이성과 합리에 바탕을 둔 현대 교육을 받은 사람의 입장에서 이런 사실을 기꺼이 인정하기는 쉽지 않습니다.

이게 바로 제가 오십 대에 경험한 큰 사건 가운데 하나입니다. 아무리 노력하더라도 인간은 자신이 가진 근본적이고 구조적인 문제 때문에 행복과는 거리가 있을 수밖에 없는 존재라는 사실입니다. 앞에서 인용한 마태복음 11장 28절 말씀은 이런 인간들을 위해 예수님(성자 하나님)이 마련하신 삶의 해법이라고 생각합니다. 사람이 하나님과의 관계를 정상적인 관계로 전환하는 데 성공하지 못한다면, 행복이 가능할 수 있을까? 이 질문에 대해 저는 답을 찾기 시작했고 그 답이 성경에 기록되어 있었습니다. 예수님이 제시하는 삶의 해법은 "수고하고 무거운 짐 진 자들아 다 내게로 오라. 내가 너희를 쉬게 하리라"(마태복음 11:28)에 이어 11장 29절부터 30절에서 더 명확해집니다.

> 나는 마음이 온유하고 겸손하니 나의 멍에를 메고 내게 배우라. 그리하면 너희 마음이 쉼을 얻으리니 이는 내 멍에는 쉽고 내 짐은 가벼움이라 하시니라. 마태복음 11:29-30

"나의 멍에를 메고 내게 배우라"는 말씀이 참 안식과 행복으로 가는 정확한 지름길이라고 생각합니다. 여기서 멍에는 성경 말씀을 말합니다. 예수님을 믿고 그 말씀대로 살아가는 겁니다. 물론 말씀이 부담스럽고 거추장스럽고 짐이나 멍에처럼 느껴질 수 있습니다. 특히 현대인은 어떤 부담으로부터 자유로운 것을 매우 소중하게 여기도록 교육받고 자랐습니다. 하지만 말씀과 더불어 사는 일은 세상의 부담을 내려놓고 가장 편안하게 살아가는 삶을 가능하게 해줍니다. 마치 새에게는 날개가 거추장스럽게 여겨질 수도 있지만 그 날개 때문에 자유롭게 창공을 오를 수 있는 것과 같습니다. 말씀은 자유로움과 평안을 줍니다. 시편은 참 평안과 행복의 길을 압축해서 전달하고 있습니다.

> 복 있는 사람은 악인들의 꾀를 따르지 아니하며 죄인들의 길에 서지 아니하며 오만한 자들의 자리에 앉지 아니하고 오직 여호와(하나님)의 율법(성경 말씀)을 즐거워하여 그의 율법을 주야로 묵상하는도다. 그는 시냇가에 심은 나무가 철을 따라 열매를 맺으며 그 잎사귀가 마르지 아니함 같으니 그가 하는 모든 일이 다 형통하리로다. 악인들은 그렇지 아니함이여 오직 바람에 나는 겨와 같도다. 시편 1:1-4

말씀을 멀리하는 삶은 항상 흔들립니다. 잠깐 맛볼 수 있는 즐거움을 경험한 다음 끝없이 또 다른 즐거움을 찾아 헤매는 삶을 살아가게 됩니다. 말씀을 가까이 하는 삶은 정말 많은 변화를 가져오게 합니다. 굳이 행복 그 자체를 추구하지 않더라도 말씀을 가까이 하는 삶은 우리들에게 행복을 가져다줍니다. 아무쪼록 말씀과 함께함으로써 여러분 모두에게 참다운 평화와 안식 그리고 행복이 함께하길 바랍니다.

참 행복의 원천은 어디일까?

평안을 너희에게 끼치노니 곧 나의 평안을 너희에게 주노라.
내가 너희에게 주는 것은 세상이 주는 것과 같지 아니하니라.
너희는 마음에 근심하지도 말고 두려워하지도 말라.
Peace I leave with you; my peace I give you.
I do not give to you as the world gives.
Do not let your hearts be troubled and do not be afraid.
요한복음 14:27

행복은 어디로부터 오는 것일까요? 아리스토텔레스가 말하는 '에우다이모니아(eudaimonia, 행복)'는 마땅히 잘 해야 하는 일을 최선을 다해 노력하는 상태에서부터 생겨나게 됩니다. 무슨 일을 하든지 간에 자신이 잘 해야 하는 일이 있다면 대충 대충 할 것이 아니라 열熱과 성誠과 혼魂을 담아서 하면 행복을 누릴 수 있다는 이야기입니다. 행복은 먼 곳에 있는 것이 아니라 지금 여기에 있다는 것이 아리스토텔레스의 행복론입니다. 그는 우리에게 행복 스위치를 켜기만 하면 된다고 말합니다. 행복을 만들어내는 주체는 우리 자신이기 때문입니다.

아리스토텔레스의 행복은 행복에 관한 최초의 체계적인 분석이므로 더 자세히 살펴볼 만한 가치가 있습니다. 그에게 행복은 '최상의 좋음(최고선)'이기도 하고 '으뜸가는 좋음'이기도 합니다. 또한 그는 행복이 사업, 공부, 직장생활, 취미, 휴식 등과 같은 인간의 모든 행위와 선택을 지휘 감독하고 있다는 의미를 갖고 있다고 말합니다. 한마디로 인간의 모든 활동은 행복을 위한 것임을 분명히 하고 있습니다. 아리스토텔레스의 이 같은 주장은 다음과 같이 행복에 대한 정의로 정리할 수 있습니다.

> 인간적인 좋음(행복)은 탁월성에 따르는 영혼의 활동이다. 그리고 탁월성에 여러 가지가 있다면 인간적인 좋음은 이들 탁월성 가운데에서도 최상이자 가장 완전한 탁월성에 따르는 영혼의 활동이다.
>
> 아리스토텔레스,『니코마코스 윤리학』, 1:7 1098a15~17

아리스토텔레스는 자신이 잘 해야 하는 일 즉, 고유한 기능을 최고도로 몰입하고 집중하고, 또 헌신해서 하는 상태를 행복이라 합니다. 서점에 나와 있는 대부분의 행복론이나 자기계발서 등은 직간접적으로 아리스토텔레스의 행복론을 언급하고 있습니다. 그의 행복론을 탐구한 저는 이렇게 재해석한 적이 있습니다.

> 아리스토텔레스의 행복이란 감각적 쾌락이나 욕구의 만족과 같은 주관적인 감정 상태가 아니라 어느 정도 객관적으로 이야기할 수 있는 활동이라고 생각했다는 점이다. 왜냐하면 그에게 행복은 '한 인간이 인간으로서 실현해야 할 기능이나 본성을 잘 발휘하는 상태 또는 활동'을 말하기 때문이다. 이때 기능이나 본성을 가장 잘 발휘하는 활동은 최고의 성

과를 낳고 그런 성과는 곧 성공을 뜻하기 때문에 그의 행복론은 성공론이라 불러도 손색이 없다.

공병호, 『공병호의 고전강독3: 아리스토텔레스에게 진정한 행복을 묻다』, p.59

아리스토텔레스의 행복은 '인간이 만든 행복Man-made Happiness'입니다. 아마도 우리가 아는 대부분의 행복은 '인간이 만든 행복'일 것입니다. 여러분이 맛집을 찾고, 좋은 와인을 마시고, 담소를 나누는 것은 그 일이 즐겁기 때문입니다. 현대인도 고대인도 마찬가지이겠지만, 특별히 교육을 받지 않고 손쉽게 누릴 수 있는 행복은 먹고 마시고 보고 만지는 등과 같은 감각적 즐거움일 것입니다. 세상에는 이따금 본능에 충실한 감각적 즐거움을 극단까지 추구하다가 패가망신하는 사람들도 있지 않습니까? 그들에게 행복은 바로 감각적 즐거움 그 자체를 말합니다.

우리가 좋은 물건을 소비하고 구입하는 것 역시 모두 즐거움 때문입니다. 필요와 욕구를 충족하는 활동은 모두 즐거움과 깊게 연결되어 있습니다. 즐겁지 않은데 비싼 물건이나 서비스를 구입하는 사람은 없을 것입니다. 주로 소유에서 비롯되는 기쁨도 행복의 중요한 부분을 차지합니다. 얼마 전에 부부 심리학 교수가 쓴 소비와 관련된 흥미로운 책 『당신이 지갑을 열기 전에 알아야 할 것들』을 읽었습니다. 돈으로 행복을 살 수 있다는 가정 하에 지출 습관을 조정함으로써 행복의 총량을 증가시킬 수 있다는 방법과 연구결과를 모은 책입니다.

그들의 주장 가운데 흥미로운 것이 있습니다. 물질적 구매 대신에 체험적 구매를 늘리라는 것입니다. 그들은 구매 활동이 일상적인 일로 자리 잡게 될 것을 경계하고 특별하게 만들라고 주문합니다. 보통 커피보다 약간 비싼 카페라떼도 매일 마시면 별것 아니게 느껴지는 법입니다. 그래서 카페라테를 커피점에서 구입하는 일도 이따금 행하는 특별한 의식으로 만들게 되면 기다리는 기쁨도 있고 특별한 체험으로 만들 수 있어서 행복의 총량을 늘릴 수 있게 된다는 주장입니다. 그 밖에 선불카드처럼 먼저 돈을 내고 소비를 나중에 하는 방법과 타인을 위한 봉사활동 등에 투자하는 방법도 괜찮은 방법이라 소개합니다. 작고 구체적인 제안이지만 이런 방법으로도 행복감을 조금씩 향상시키는 데 도움을 받을 수도 있겠다고 생각했습니다.

한편 행복은 성취감에서 얻을 수도 있습니다. 요즘은 '유전자적 숙명론의 저주'에 빠진 사람도 많습니다. 뇌과학자인 이안 로버트슨Ian Rovertson은 『승자의 뇌』라는 책에서 유전자 숙명론을 "능력, 개성, 자아 통제, 행복 등의 여러 가지 속성을 생각할 때 이것들이 어떤 정해진 양만큼만 자기에게 주어져 있다고 믿는 것"이라고 말합니다. 그는 현대인 가운데는 이런 숙명론에 빠져서 더 나은 삶을 누릴 수 있는데도 시도조차 해보지 않고 그 기회를 포기해버리는 사람들이 많다고 경고합니다. 이안 로버트슨은 스스로 부족함을 느끼고 이를 채워가려는 사람들은 풍족한 사람보다는 끈기, 투지, 오랜 시간에 걸친 관심의 일관성 그리고 꾸준하게 노력을 기울이는 인내력에서 뛰어날 수 있다고 말하는 것이지요. 이런 사람들은 작은 것부터 시작해서 스스로 만들어가는 데서 행복감을 누릴 것입니다. 하지만 세상에는 '너는 안 돼' 혹은 '우리 세대는 더 이상 기회가 없는 불행한 세대야'라는 주장을 근사하게 포장한 구호나 용어로 만들어서 유행시키는 지식인들도 있습니다. 예를 들어 '88만원 세대'라는 표현 같은 것을 들 수 있습니다. 이런 표현은 특정 그룹에 속한 사람들이 노력해도 할 수 없다는 것을 정당화시켜버리곤 하지요. 우리는 자칫 '유전자적 숙명론의 저주'에 빠지지 않도록 주의해야 합니다.

작은 사례이기는 하지만 성취감 하면 떠오르는 개인적인 체험이 있습니다. 이제는 성인이 되었지만 제 큰아들은 레고를 무척 좋아했습니다. 만들어보지 못한 레고가 없을 정도로 다양한 레고를 만들었습니다. 아이는 만들어진 장난감보다 아주 복잡한 레고 블록을 하나하나 만들어가면서 몰입하는 즐거움과 만들어내는 즐거움을 누리곤 했지요. 성인이 되고 나서도 저는 이따금 큰아들에게 해적선과 같은 레고 블록으로 된 배를 만들어달라고 청합니다. 어린 시절만큼 행복감을 누리지는 못할 겁니다. 그러나 유독 배를 좋아하는 아버지를 위해서 몇 시간 동안 뚝딱뚝딱 노력해서 배를 만드는 아들은 아버지에게 무언가를 해줄 수 있다는 점에서 행복감을 느낄 것입니다. 그래서 우리 집의 곳곳에는 레고 블록으로 만들어진 배가 놓여 있습니다.

한편 행복감 중에서도 또 빼놓을 수 없는 강력한 것이 하나가 있습니다. 평정심을 유지하는 일이지요. 이를 유독 강조했던 사람들은 로마 시대의 스토아 철학자들입니다. 유교나 불교도 평상심 유지를 중요하게 여깁니다. 명상도 이런 평정심에서 오는 즐거움을 누리기 위한 하나의 방법일 것입니다. 제가 그동안 읽었던 행복을 다룬 많은 책들은 대부분 '인간이 만든 행복'에 대해 말합니다. 예를 들어 세계 백 명의 학자들이 천 개의 단어로 행복을 말한 레오 보만스Leo

Bormans 외 2인의 『세상 모든 행복』, BBC 다큐멘터리를 편집한 리즈 호가드Liz Hoggard 외 행복 전문가 5인의 『행복』, 하버드대학교 졸업생의 인생 성장보고서인 조지 베일런트George E. Vailant의 『행복의 조건』, 심리학자 이민규 교수의 『행복도 선택이다』 등은 대부분 '인간이 만든 행복'을 다룹니다.

상황도 변하고 인간도 변화하기 때문에 '인간이 만든 행복'은 항상 특정한 조건이 만족될 때만이 가능한 것들입니다. 예를 들어 심리학자인 이민규 교수가 다루는 행복 제조법 즉, 미소를 지으면 좋은 일이 일어난다(안면 피드백 이론), 비난을 극복해야 비상이 가능하다(전환 전략), 공감과 배려로 지지를 끌어낸다(공감적 소통), 질문을 바꾸면 답이 달라진다(긍정탐구 기법), 통제감이 높아지면 수명도 길어진다(통제감의 효과), 최악을 상상하면 최선의 방법이 생긴다(대비효과) 등은 모두 개인이 주도적으로 노력해서 만드는 행복 제조법입니다.

그러나 이 글의 첫머리에 소개한 요한복음 14장 27절에 나오는 행복은 '하나님의 행복God-made Happiness'과 '인간의 행복Man-made Happiness'을 잘 대비시키고 있습니다. 예수님이 주시는 행복은 조건 불문, 상황 불문, 결과 불문, 기분 불문이란 것이지요. 그것은 믿는 자에게 하나님으로부터 거저 주어지는 행복이기 때문입니다. "내가 너희에게 주는 것과 세상이 주는 것이 같지 아니하리라"라는 점을 예수님은 분명히 하고 계십니다. 하지만 사람의 행복은 환경에 따라, 처한 상황에 따라, 자신의 기분에 따라, 상대방의 태도에 따라 들쭉날쭉하게 마련이지요. 하지만 하나님의 행복은 다르답니다. 언제 어디서나 행복을 누릴 수 있도록 해줍니다. 세상의 행복은 일시적이고 불완전하지만 하나님의 행복은 영속적이고 완전합니다. 성경에는 오늘날의 행복과 엇비슷한 '평안'이란 용어가 모두 199개의 문장에서 등장합니다. 이들의 공통점은 자신이 평안을 제공하는 주체가 아니라 하나님이 주체가 된다는 점입니다. "평강의 주께서 친히 때마다 일마다 너희에게 평강을 주시고 주께서 너희 모든 사람과 함께하시기를 원하노라"(데살로니가후서 3:16), "하나님의 나라는 먹는 것과 마시는 것이 아니요 오직 성령 안에 있는 의와 평강과 희락이라"(로마서 14:17)

사도 바울은 로마서에서 여러분이 믿는 자가 되어 하나님 나라가 임하게 되면 의righteousness, 평강peace 그리고 희락joy이 함께하게 된다고 증거하고 있습니다. 믿는 자에게는 하나님의 나라가 임하기 때문에 의, 평강 그리고 희락을 누릴 수 있게 됩니다. 믿는 자들마다 자신이 만든 행복이 아니라 하나님으로부터 주어지는 행복을 누릴 수 있게 되는 것을 말합니다. 여러분 중 몇몇은 '정말 그럴까요?'라고 물어볼 수도 있습니다. 저는 제대로 믿는 사람들이 누리는 큰 특권 가운데 하나가 '하나님의 행복'을 함께 누리는 것이라고 확신을 갖고 말씀드릴 수 있습니다. 비가 오나 눈이 오나, 일이 잘 풀릴 때나 그렇지 않을 때나, 상대방이 불손하게 대할 때나 공손하게 대할 때나 늘 평안이 함께한답니다.

우리는 '사람이 만든 행복'과 '하나님이 만든 행복'의 차이를 뚜렷하게 구분해야 합니다. 세상의 많은 행복은 대부분이 '사람이 만든 행복'을 다루고 있습니다. 제가 그동안 집필해온 많은 자기계발서도 암묵적으로 이런 토대 위에 행복론을 펼치고 있습니다. 개인이 노력하면 얼마든지 행복을 스스로 만들 수 있다는 이야기입니다.

하지만 신앙의 토대 위에 자기계발과 자기 경영이 이루어져야 한다는 주장은 큰 전환을 의미합니다. 토대를 새롭게 구축하게 되면 어떤 경우에서든 변함없는 행복을 늘 누릴 수 있다고 말합니다. 흥미로운 사례를 하나 소개하겠습니다. 앞에서 소개한 세계 백 명의 학자들이 천 개의 단어로 이야기하는 행복에는 아주 예외적인 것이 하나 있습니다. 말레이시아의 국제이슬람대학교에서 심리학 교수로 있는 노라이니 M. 누어Noraini M. Noor는 행복에 대해 이렇게 말합니다.

> 이슬람교도에게 행복으로 가는 길은 유일신에 복종하는 것이다. '진심으로 신을 기억하면서 마음의 평안을 얻는다.'(코란 13:28) 신을 믿는 사람에게 행복이란 외부에서 오는 것이 아니라 마음속에 자리 잡은 감정이며, 조용한 만족감 그리고 자신과 이 세계와의 평화로운 조화를 뜻한다. 그런데 유일신에게 무조건 복종하면 행복해질까? 이슬람교에서는 인간이 신의 창조물이고 신은 이 세상의 모든 일을 주관하며 정의로운 신은 인간에게 번영과 안녕을 약속한다고 말한다. 신은 인간에게 몸(마음/지성, 물질/육체)의 힘과 영혼(정신)의 힘을 부여했다. 인간이 평안하고 행복하기 위해서는 먼저 신과의 관계가 정립되어야 하고, 동시에 육체와 영혼의 조화가 이루어져야 한다. 그 조화가 유지되지 않으면, 예컨대 영혼의 욕구를 무시한 채 지성에만 욕심내고 물질을 좇으면(세속적인 가치 추구에만 집착하면), 어느 시점에서 내면의 공허, 불안, 허무를 느끼게 된다. 마찬가지로 영혼에만 극단적으로 빠져드는 것도 바람직하지 않다. 광신의 위험에 빠질 수 있기 때문이다.
>
> 노라이니 M. 누어, 「영혼을 돌볼 시간」, 레오 보만스 외, 『세상 모든 행복』, p.91

흥미로운 점은 이슬람교 역시 불교와 마찬가지로 구원이나 행복은 모두 자신의 노력에 의해 가능하다고 믿는다는 사실입니다. 반면에 그리스도교는 이슬람교와 달리 마음의 평화와 기쁨 그리고 행복은 믿는 자와 함께하는 하나님(성령님)의 임재하심으로 인한 선물이라고 말합니다. 내세에 누리는 행복에 대해서도 이슬람교는 물리적 행복을 말하지만 그리스도교의 행복은 신령한 행복에 대해 말합니다. 이슬람교도에게 천국은 먹고 마시며 열락하는 곳이지만 성경에서의 천국은 성령 안에서 열락이고 하나님과의 신령한 연합을 말합니다.

이슬람교의 경전인 코란은 성경 중 구약 가운데 70~80퍼센트를 차용하여 만들어졌지만, 이슬람교가 모시는 알라신의 배경을 알게 되면 고개를 갸우뚱하게 됩니다. 알라신은 중동 지역 사람들이 오랫동안 널리 숭배해왔던 달의 신이고, 마호메트는 이를 이슬람교의 신으로 모셨기 때문에 사람이 만든 유일신이라는 생각을 하지 않을 수 없습니다. 그래서 신학자들은 '이슬람교가 기독교와 같은 정통 유일신교가 아니다'라고 주장하기도 합니다. 다시 말하면 이슬람교는 알라라고 불리는 또 다른 우상을 숭배하는 종교에 지나지 않는다고 간주합니다.

이런 사실에도 불구하고 누어 교수의 지적 가운데서 주목해야 할 점이 두 가지가 있습니다. 하나는 세속적인 것에서 아무리 많은 성취를 하더라도 인간은 공허감이나 허무감으로부터 자유로울 수 없다는 점이고 다른 하나는 신과의 관계가 정립되어야 한다는 점입니다. 사람이 부지런히 행복을 추구하지만 행복할 수 없는 근본적인 원인은 하나님과의 관계가 정상화되어 있지 않기 때문입니다. 하나님과의 관계가 정상화되지 않는다면 잠시 누리는 행복은 가능할지 모르지만 영속적인 행복을 누리기는 힘듭니다.

여기서 하나님과의 관계는 무엇을 말하는 것일까요? 성경은 하나님이 인간을 창조하신 목적(혹은 이유)에 대해 분명히 말씀하시고 계십니다. 하나님의 자녀로서 창조된 인간은 하나님에게 영광을 돌리는 삶을 살아야 한다는 것입니다. 인간만이 아니라 하나님이 창조하신 우주 만물은 모두 하나님께 영광을 돌리고 기쁨을 드리기 위해서 존재한다는 사실입니다. 사도 요한은 "우리 주 하나님이여 영광과 존귀와 능력을 받으시는 것이 합당하오니 주께서 만물을 지으신지라. 만물이 주의 뜻대로 있었고 또 지으심을 받았나이다 하더라"(요한계시록 4:11)라는 말씀으로 만물이 하나님께 영광을 바치도록 창조되었음을 고백하고 있습니다. 사도 요한, 사도 바울, 다윗 등 성경에 등장하는 훌륭한 인물들은 하나같이 하나님께 영광을 돌리는 일을 게을리하지 않았습니다. 반면에 하나님 대신에 우상을 숭배함으로써 하나님을 불쾌하게 만드는 사람들도 성경에는 많이 등장하고 있습니다.

여기서 우리가 주목해야 할 흥미로운 내용이 있습니다. 아리스토텔레스가 행복은 "자신의 고유 기능을 잘 수행하는 상태"에 얻어진다고 말한 것처럼 성경 역시 행복은 "사람이 본래 수행해야 할 고유 기능인 하나님에 대한 영광 돌리기를 잘 수행하는 상태"에서 얻을 수 있다고 말한다는 사실입니다. 자신의 고유 기능을 잘 수행해야 행복을 얻을 수 있습니다. 그러나 죄로 인하여 하나님으로부터 멀어져버린 인간, 하나님에 대해 잘 알지 못하는 인간, 어떤 존재에 의해서 하나님을 볼 수 있는 영안을 잃어버린 인간은 아무리 노력하더라도 행복을 맛보기가 쉽지 않습니다. 우리 모두가 행복하기 위해 산다면 우리에겐 하나님을 제대로 이해해야 할 충분한 이유가 있습니다. 바로 이 부분이 믿는 자의 대열에 들어서기 전과 후의 저에게 일어난 큰 차이이자 변화라 할 수 있습니다.

하나님은 어떤 분이신가?

믿음이 없이는 하나님을 기쁘시게 하지 못하나니
하나님께 나아가는 자는 반드시 그가 계신 것과 또한 그가
자기를 찾는 자들에게 상 주시는 이심을 믿어야 할지니라.
And without faith it is impossible to please God,
because anyone who comes to him must believe
that he exists and that he rewards those who earnestly seek him.
히브리서 11:6

"오, 하나님. 제발 도와주세요."

위급 상황이 발생하면 자신도 모르는 사이에 '하나님'이란 단어가 툭 튀어나오기도 하고 자신을 도와달라고 간절히 구하기도 합니다. 믿는 사람도 믿지 않는 사람도 본능적으로 그렇게 행동한답니다. 이처럼 인간은 절대적 존재를 믿는 보편적인 믿음을 갖고 태어납니다.

지구상의 여러 민족들을 보더라도 보편적 믿음을 갖지 않는 민족은 드물 것입니다. 물론 유일신 사상을 가진 민족도 있고 범신론을 가진 민족도 있습니다. 하지만 많은 사람들이 천지만물을 창조하고 움직이는 절대자가 있음을 받아들입니다. 또한 누구든지 혼자 조용한 시간을 갖게 될 때면 자연스럽게 절대자를 떠올리게 됩니다. 다만 그런 절대자를 어떤 존재로 생각하는가와 어떻게 표현하는가라는 점

이 다를 뿐입니다.

성경은 하나님의 존재를 입증하려는 시도를 하지 않습니다. "어떤 사람도 보지 못했고 또 볼 수 없는 이시니"(디모데전서 6:16)라는 말씀과 "하나님은 영이시니"(요한복음 4:24)라는 말씀처럼 볼 수 없는 불멸의 영이기 때문입니다. 영은 전기나 전파와 같이 비인격적인 것이 아니라 생각, 감정 그리고 의지를 가진 인격체입니다. 그래서 성경은 처음부터 하나님의 존재를 인정하고 "태초에 하나님이 천지를 창조하시니라"(창세기 1:1)라는 말씀으로 시작됩니다.

과연 하나님이 존재하는가라는 질문에 대한 답은 믿는 자와 믿지 않는 자 사이에 좁힐 수 없는 간격을 만들게 됩니다. 믿는 자들 가운데 어떤 사람은 논리적이고 이성적인 측면에서 하나님의 존재를 인정하며 또 어떤 사람은 체험을 통해서 하나님의 존재를 인정합니다. 또한 믿지 않는 자들 중에도 하나님이 존재하지 않는 이유를 대는 일에 열심인 전문가들도 있습니다.

이런 사람들 중 하나가 바로 1997년에 과학주의 운동의 본거지인 회의주의 학회 스켑틱스 소사이어티를 설립한 마이클 셔머Michael Shermer입니다. 그는 『믿음의 탄생』이란 책에서 "나는 신이 인간을 창조한 것이 아니라 인간이 신을 창조했다는 주장에 주목할 만한 증거가 있다고 믿는다"고 이야기하기도 합니다. 이 사람 역시 "신이 없다는 증거는 이것이다"라고 말할 수 없기 때문에 "신이 없다는 것을 믿는다"고 말할 뿐입니다.

또한 옥스퍼드대학교의 석좌교수인 리처드 도킨스Richard Dawkins는 『만들어진 신』에서 종교는 네 가지(설명, 훈계, 위로, 영감) 역할을 해왔기 때문에 “신이 실제로 존재하든 그렇지 않든 (그런 필요성은) 충족되어야 한다”는 사실에 동의합니다. 그럼에도 불구하고 그는 “신이 채우는 틈새를 다른 무엇으로 채우는 것이 더 나을 수도 있지 않을까? 아마도 과학으로? 예술로? 인간의 우정으로? 인본주의로?”라고 반문하기도 합니다. 여러분은 믿음을 과학이나 예술이나 우정이 대신할 수 있다고 생각하십니까? 웬만큼 나이가 들었다면 그게 그렇지 않다는 사실을 겸허하게 인정하는 사람들이 훨씬 많을 것입니다. 리처드 도킨스처럼 과학에 대해 깊은 신뢰를 가진 사람을 제외하면 말입니다.

분명한 사실은 믿음을 갖지 않은 사람이 볼 수 없고 만질 수 없는 하나님을 믿는 것은 쉬운 일이 아니라는 것입니다. 제 경험에 의하면 ‘믿는다’는 표현보다는 ‘믿어지기 시작한다’는 표현이 더 적절하다고 봅니다. 어느 순간 이성을 넘어서 영성이란 부분을 자신의 한 부분으로 깊이 받아들이기 시작하는 날이 오게 되지요. 물론 영영 그런 의문을 갖지 않는 분들도 있지만 대개 나이가 들면서 자신이 통제할 수 없는 세계, 잘 모르지만 존재하는 세계, 물적인 세계를 넘어선 영적인 세계, 그리고 죽음 이후의 세계에 대해서 많은 생각을 하게 됩니다. 때로는 인생에서 큰 고난을 겪으면서 심경의 변화를 일으키기도 합니다. 누구든 어떤 순간이 오면 믿음을 갖지 않는 분들도 하나님의 존재에 대해 생각하게 됩니다. 그렇지만 믿어지지 않는 분들에겐 하나님은 여전히 멀리 있는 분이기만 한데, 이를 성경은 잘 묘사하고 있습니다.

> 육에 속한 사람은 하나님의 성령의 일들을 받지 아니하나니 이는 그것들이 그에게는 어리석게 보임이요, 또 그는 그것들을 알 수도 없나니 그러한 일은 영적으로 분별되기 때문이라. 고린도전서 2:14

하나님을 만나는 일이나 성경이 믿어지는 일은 영(靈,spirit)의 영역에 속합니다. 영의 눈으로 성경을 대할 때 성경 말씀이 지금도 살아 있는 말씀으로 받아들여집니다. 또한 영의 눈으로 하나님을 대할 때만이 하나님을 만나는 일이 가능합니다. 하지만 지성이나 지식과 같은 혼(魂,soul)의 눈으로만 바라보는 성경은 믿기 어려운 신화나 이야기책에 가까울 수 있습니다. 마찬가지로 하나님을 만나는 일 또한 허무맹랑한 이야기로 들릴 것입니다. 그래서 신학을 오랫동안 연구해온 신학자들 가운데도 영의 눈이 뜨이지 못한 분들에게 성경은 믿음의 대상이기보다는 비평과 분석의 대상에 지나지 않습니다. 지식으로만 성경과 신학을 대해온 분들은 "어떻게 하나님을 만날 수 있어요?"라고 물을 수 있습니다. 성경은 그 방법을 정확하게 제시하고 있습니다. "마음이 청결한 자는 복이 있나니 그들이 하나님을 볼 것이요(Blessed are the pure in heart, for they will see God.)"(마태복음 5:8)라는 말씀에 해답이 들어 있습니다. 영안이 떠진 사람들에게 하나님은 영광체이기 때문에 정확하게 볼 수는 없지만 그분의 존재를 확인할 수 있을 뿐만 아니라 만날 수 있는 분이십니다. 그들은 주로 기도를 통해서 하나님을 만나게 됩니다. 그런데 기도의 첫걸음은 하나님을 제대로 아는 일에서부터 시작됩니다.

한편 전문가들의 연구에 의하면 만 년 정도를 기준으로 인간 사회에는 만여 개의 종교와 천여 개의 신이 등장했다고 합니다. 여호와 하나님 이외에도 알라, 아프로디테, 아폴로, 바알, 브라만, 가네샤, 이시스, 미트라, 시바, 토르, 비슈누, 보탄, 제우스 등이 줄을 이었습니다. 성경은 하나님과 그 밖의 신들을 어떻게 이해하고 있을까요? 성경은 하나님과 기타 등등의 신들로 받아들입니다. 고린도후서 4:4에는 '이 세상의 신the god of this age'이란 표현이 등장합니다. '이 세상의 신'은 대부분 특정 시대와 장소 그리고 특정 민족이나 부락에서 유행하다가 사라지고 마는 신입니다. "이 세상의 신이 믿지 아니하는 자들의 마음을 혼미하게 하여"(고린도후서 4:4)라는 말씀처럼 '이 세상의 신'이 하나님을 알지 못하도록 방해한다는 말씀이 있습니다.

하나님과 '이 세상의 신' 즉, 다양한 종교가 믿는 신 사이에는 큰 차이가 있습니다. 종교는 '사람이 만든 신'을 믿습니다. 그리스 신화에 나오는 다양한 신은 모두 고대 그리스 시대를 살았던 사람들의 필요와 욕구에 따라 만들어진 것입니다. 힌두교의 다신들도 마찬가지입니다. 반면에 성경은 하나님이야말로 시작도 끝도 없이 이 세상의 등장 이전부터 본래 존재하고 계셨다고 말합니다.

성경 속의 하나님 혹은 그리스도교 속의 하나님은 "태초에 하나님이 천지를 창조하시니라"(창세기 1:1)라는 말씀처럼 영원한 하나님이십니다. 하나님은 모세에게 "나는 스스로 있는 자이니라(I AM WHO I AM.)"(출애굽기 3:14)라고 말씀하시기도 했습니다. 하나님이 자존하신다는 말씀은 아무런 근원도 가지고 계시지 않는다는 것을 뜻합니다. 또한 "나(예수님)는 알파요 오메가요 처음과 나중이요 시작과 끝이라"(요한계시록 22:13)라고 말씀하셨습니다. 뿐만 아니라 모든 종교가 믿는 신은 썩어 없어지지만 하나님만은 썩지 않습니다. 성경은 하나님의 영원함에 대해 "만세의 왕 곧 썩지 아니하고 보이지 아니하고 홀로 하나이신 하나님"(디모데전서 1:17)이라고 말씀하십니다.

하나님과 다른 신 사이의 작은 차이를 예로 들어보겠습니다. 일반 신은 무섭고 잔인하고 보복을 자주 하는 신이지만 하나님은 사랑과 긍휼이 풍성하십니다. "사랑하지 아니하는 자는 하나님을 알지 못하나니 이는 하나님은 사랑이심이라"(요한일서 4:8)라는 말씀처럼 하나님의 특성 가운데 뚜렷한 것은 사랑의 하나님이라는 사실입니다. 우리가 믿는 자가 되면 사랑의 하나님이 내 마음 속에 함께하기 때문에 우리도 풍성한 사랑으로 차고 넘치게 됩니다. 진정한 그리스도인은 하나님 사랑이 이웃 사랑으로 발전하게 된답니다.

또한 하나님은 불순종하더라도 오래 참으며 분노를 늦게 터뜨리기 때문에 더디 노하시는 분이십니다. 만일에 하나님이 이방신과 같았다면 지구상에는 인간의 씨가 남지 않았을 것입니다. 인간이 죄를 지을 때마다 하나님의 분노하여 인간에게 죽음을 맞게 했더라면 말입니다. 우리는 사랑의 아버지에게 언제든지 기도하고 간구할 수 있으며, 그 기도에 대해 하나님도 응답을 하실 것입니다. "너희는 내게 부르짖으며 와서 내게 기도하면 내가 너희를 들을 것이요 너희가 진심으로 나를 찾으면 나를 만나리라"(예레미아 29:12-13)

믿는 자가 되기 위해서 내가 믿는 하나님이 어떤 분인가를 정확하게 이해할 수 있어야 합니다. 하나님을 제대로 알면 알수록 더 잘 믿을 수 있기 때문입니다. 여기서 잘 믿는다는 것은 하나님에게 경배하는 일을 더 잘 수행할 수 있음을 말합니다. 이런 사람일수록 하나님을 기쁘게 할 수 있을 뿐만 아니라 자신도 진정한 행복과 축복을 누릴 수 있습니다.

하나님을 잘 아는 방법 가운데 하나는 하나님의 이름과 그 의미를 아는 일입니다. 여호와, 야훼, 엘로힘(전능하신 하나님, 창세기 2:4), 엘욘(축복의 하나님, 시편 7:17), 아도나이(다스리시는 하나님, 창세기 15:2), 여호와이레(준비하시는 하나님, 창세기 22:14), 여호와삼마(현존하시는 하나님, 에스겔 48:35), 여호와니시(우리를 위해 싸우시는 하나님, 출애굽기 17:15), 여호와샬롬(평강의 하나님, 사사기 6:24), 여호와로이(보호해주시는 하나님, 시편 23:1), 여호와로피(치료하시는 하나님, 출애굽기 15:26), 엘엘욘(지극히 높으신 하나님, 창세기 14:22), 주Lord 하나님 등입니다.

기독교의 하나님은 어떤 분이실까요? 종교개혁 이후 영국, 스코틀랜드, 미국 등 세계 여러 나라들의 장로교회들이 정통 기독교 신앙에 대한 지침서로 합의한 『웨스트민스터 신앙고백서』는 하나님의 속성을 이렇게 설명하고 있습니다.

> 오직 한 분 살아 계시고 참되신 하나님이 계신데, 그는 존재와 완전성에 있어서 무한하시며, 지극히 순결한 영이시며, 볼 수 없으시며, 몸이나 부분들이나 정욕이 없으시며, 불변하시며, 광대하시며, 영원하시며, 다 이해할 수 없으시며, 전능하시며, 지극히 지혜로우시며 지극히 거룩하시며, 지극히 자유로우시며 지극히 절대적이시며, 모든 일을 자신의 영광을 위해 불변하시며 지극히 의로우신 뜻의 계획을 따라 행하시며, 지극히 사랑하시며 은혜로우시며 자비하시며 오래 참으시며 선하심과 진실하심이 풍성하시며 악과 범법과 죄를 용서하시며, 부지런히 그를 찾는

자들에게 상 주시는 이시며, 더욱이 그의 판단들에서 지극히 공정하시고 두려우시며, 모든 죄를 미워하시며, 유죄자를 결코 죄 없다고 하지 않으실 분이시다.

「웨스트민스터 신앙고백서」, 2.1 하나님의 속성들

한편 '웨스트민스터 소요리문답' 제4문답은 하나님의 10가지 속성에 대해 "하나님은 그의 존재와 지혜와 능력과 거룩과 의와 선과 진실에 있어서 무한하시고 영원하시고 불변하신 영이십니다"라고 간단명료하게 답했습니다. 하나님은 영이시기 때문에 인간과 같은 육체를 갖지 않으며 사람은 육신의 눈으로 볼 수 없습니다. 또한 하나님은 살아 계신 인격적 존재이기 때문에 사람과 같이 지정의知情意 즉, 지식과 감정과 의지를 가진 분이십니다. 따라서 성경은 하나님이 생각하시고, 감정을 갖고 스스로 무엇인가를 결정하시고, 행동하시는 인격적 하나님임을 증거하고 있습니다.

하나님의 11가지 속성들 중에서 무한하심, 영원하심 그리고 불변하심은 그 어떤 피조물에서도 발견할 수 없는 하나님만의 고유한 속성으로 '비공유적 속성들'이라 부릅니다. 반면에 영이심, 지혜로우심, 능력이 있으심, 거룩하심, 의로우심, 선하심, 사랑하심 그리고 진실하심은 피조물들과 어느 정도 나누어 갖는 속성으로 '공유적 속성들'이라 부릅니다. 아미선교센터의 황용현 목사는 창조주 하나님의 정체성을 12가지로 일목요연하게 정리하여 제시함으로써 우리로 하여금 하나님을 잘 이해할 수 있도록 돕습니다.

존재론적ontological, existential 속성

1. 삼위 하나님Trinity God
2. 지존하신 하나님Self existent God
3. 영원하신 하나님Eternal God
4. 불변하신 하나님Immutable God

사역적ministerial 속성

5. 창조자이신 하나님Creator God
6. 전지하신 하나님Omniscient God
7. 전능하신 하나님Omnipotent God
8. 무소부재하신 하나님Omnipresent God

성품적characteristical 속성

9. 사랑의 하나님Loving God
10. 자비로우신 하나님Merciful God
11. 은혜로우신 하나님Gracious God
12. 공의의 하나님Righteous God

황용현, 『여자의 후손』, p.296

하나님의 속성을 정확히 아는 일, 하나님에 대해 깊이 묵상하는 일, 하나님을 인정하고 고백하는 일은 믿는 자에게는 하나님을 경배하는 일이기도 하고 하나님을 기쁘게 하는 일입니다. 이를 다른 시각으로 보면 믿는 자가 하나님으로부터 주어지는 권위와 능력을 제대로 누리는 일이기도 합니다. 잘 모르는 상태에서 경배하고 찬양할 수는 없는 일이기 때문입니다. 그리스도인이 되는 첫걸음은 하나님이 누구이신가를 정확히 아는 일입니다. 성경에 등장하는 뛰어난 인물들에 대한 이야기 속에는 항상 "하나님이 그와 함께하여"라는 말씀이 등장합니다. 전지하고, 전능하고, 무소부재한 하나님이 늘 자신과 함께한다면 어떤 역경이나 고난이나 위험 속에서도 그분이 확실히 지켜주실 것이라는 믿음을 가질 수 있습니다. 왜냐하면 하나님이 그런 능력을 가진 분이시기 때문입니다. 하나님을 잘 이해하는 일 그리고 하나님의 속성을 잘 이해하는 일은 하나님에 대한 믿음을 갖는 데 매우 중요합니다.

한편 창세기 1장과 2장은 천지창조와 삼라만상의 창조를 증거하고 있습니다. 하나님은 모든 존재의 유일한 원천이고, 그로부터 그를 통해, 또 그를 향해 삼라만상이 존재한다고 말합니다. 하나님이 세상을 정복하고 다스리는 존재로서 인간을 창조하는 과정은 다음과 같습니다.

> 하나님이 자기 형상 곧 하나님의 형상대로 사람을 창조하시되 남자와 여자를 창조하시고. 하나님이 그들에게 복을 주시며 하나님이 그들에게 이르시되 생육하고 번성하여 땅에 충만하라, 땅을 정복하라, 바다의 물고기와 하늘의 새와 땅에 움직이는 모든 생물을 다스리라 하시니라. 창세기 1:27-28

창세기에 의하면 인간에겐 특별한 지위가 부여되었음을 알 수 있습니다. 하나님은 인간에게 삼라만상을 다스릴 수 있도록 허락했습니다. 다른 한 가지 특별한 것은 인간에게만 '자유의지'를 허락했다는 점입니다. 인간은 선한 사람이 될 수도 있고 악한 사람이 될 수 있는 의지를 가진 유일한 피조물입니다.

다음 글로 넘어가기 전에 이 책에서 자주 등장하는 '웨스트민스터 신앙고백'과 '웨스트민스터 소요리문답'에 대해 잠시 설명해둘 필요가 있습니다. 성경 진리를 체계적으로 조직화한 것에는 신조creed, 교의dogma, 교리doctrine가 있습니다.

신조信條는 교회에 의해서 그 권위를 인정받은 믿음의 내용에 대한 객관적인 표현으로, 대표적인 것에는 신앙고백 문서인 사도신조(사도신경)와 성경을 체계적으로 잘 정리해놓은 소요리문답이 있습니다. 교의教義는 종교회의를 통하여 공적인 인정을 받은 신앙의 내용으로 객관성을 갖습니다. 반면에 교리敎理는 성경 진리에 대한 개인의 진술로서 교회의 공적 인정을 받지 못한 신앙의 내용입니다.

'웨스터민스터 소요리문답The Westminster Shorter Catechism/1648'은 1643년 7월 1일부터 1649년 2월 22일까지 영국의 웨스트민스터에서 열린 신학자 총회에서 '웨스트민스터 신앙고백The Westminster Confession/1647'과 '웨스터민스터 대요리문답The Westminster Larger Catechism/1648'과 함께 개혁주의(정통) 신학의 정신을 가장 잘 나타낸 것으로 평가받는 신조 중의 하나입니다. 신조는 성경 내용을 압축한 것이기 때문에 신앙 교육이나 교회의 일치와 질서 유지 그리고 이단과 거짓 교사를 판별하는 데 기준이나 표준이 됩니다. 믿는 자를 위한 나침판과 지도 역할을 하는 것이 신조라 할 수 있습니다.

삼위일체는 무엇인가?

주 예수 그리스도의 은혜와 하나님의 사랑과 성령의 교통하심이
너희 무리와 함께 있을지어다.
May the grace of the Lord Jesus Christ, and the love of God,
and the fellowship of the Holy Spirit be with you all.
고린도후서 13:13

여호와 하나님, 예수 그리스도, 보혜사 성령. 성경을 읽게 되면 맨 처음 만나는 궁금함이 '왜 이렇게 명칭이 많을까?'라는 것입니다. 자주 헷갈리기도 하지요. 하나님은 한 분이시지만 세 가지 '위격(位格, Person)'을 갖고 계십니다. 여기서 세 가지 위격은 성부 하나님(여호와 하나님), 성자 하나님(예수 그리스도), 성령 하나님(보혜사 성령)을 말하며 이를 두고 삼위일체(三位一體, Trinity) 하나님이라고 말합니다. 다시 말하면 삼위Three Persons이신 성부, 성자, 성령 하나님이 한 하나님이시라는 뜻입니다. 성경에 나오는 용어는 아니지만 그리스도교의 핵심 교리 가운데 하나가 '그리스도의 하나님은 삼위일체 하나님이다'라는 뜻입니다.

예를 들어 여기에 김민정 씨란 분이 계신다고 해보지요. 이분은 자

녀를 둔 어머니입니다. 한편으로 직장에서 일하는 직장인입니다. 또 다른 한편으론 한국인입니다. 김민정 씨는 한 사람이지만 동시에 어머니, 직장인, 그리고 한국인이란 직분(혹은 기능)을 갖고 있습니다. 세 가지 직분을 갖고 있다고 해도 김민정이란 사람의 본체와 본질에는 변함이 없으며 동일성을 갖고 있습니다. 여기서 본체는 구체적인 실체를 가리키는 용어이며 본질은 김민정 씨란 분을 뜻하는 모든 것을 가리키는 추상적인 개념입니다.

한편 아일랜드에 그리스도교를 전파한 성 패트릭St.Patrick은 삼위일체를 설명하기 위해 세 잎 클로버를 예로 들기도 했습니다. 세 잎 클로버는 클로버라는 동일한 식물에서 나왔지만 첫 번째 잎, 두 번째 그리고 세 번째 잎은 모두 클로버 잎이라는 데는 변함이 없습니다. 본체와 본질은 동일하지만 클로버 잎들은 첫 번째, 두 번째, 그리고 세 번째 잎으로 위치에 따라 각각 그 이름만 다를 뿐입니다.

마찬가지로 삼위의 하나님은 서로 분리될 수 없는 한 분 하나님이시지만 성부, 성자, 성령으로 존재하십니다. 하나님이 세 가지 위격을 갖고 계시지만 하나님의 본체와 본질에서 하나이십니다. 본체와 본질이 동일하기 때문에 삼위일체의 하나님은 성부 하나님이 가지는 모든 속성(영원성, 전능성, 전지성, 무소부재함, 거룩함, 진리, 자비심 많음 등)을 똑같이 나누어 가집니다.

한 분의 하나님이시지만 세 위격 사이에는 일정한 위계질서가 있습니다. 위계질서가 있다고 해서 주종관계를 말하는 것은 아닙니다. 성자 하나님은 성부 하나님으로부터 나시고, 성령 하나님은 성부 하나님과 성자 하나님으로부터 나십니다. 다시 말하면 아버지 하나님이 아들 하나님을 보내셨고 아버지와 아들 하나님이 성령 하나님을 보내셨습니다. 325년 니케아 공회에서 교회가 삼위일체를 받아들이는 데 큰 역할을 한 알렉산드리아 교회의 교부였던 아다나시우스 Athanasius의 주장을 반영한 '아다나시우스 신조'는 세 위격 사이의 위계질서를 잘 설명하고 있습니다.

> 성부는 타자에 의해 만들어지거나 피조되거나 출생되지 않았다. 성자는 만들어지거나 피조되지 않았지만, 오로지 성부에 의해 출생되었다. 성령은 만들어지거나 피조되지 않았지만, 성부와 성자로부터 나왔다. 그러므로 세 아버지가 아니라 한 아버지가 있으며, 세 아들이 아니라 한 아들이 있으며, 세 성령이 아니라 한 성령이 있다. 이 삼위일체에서 선후나 대소가 없다. 세 분 모두 다른 분과 같이 영원하고 동등하다. 따라서 상술한 대로 일체가 삼위로, 삼위가 일체로 예배되어야 한다. 그러므로 누구든지 구원받기 원하는 사람은 삼위일체를 믿어야 한다.
>
> '아다나시우스 신조' 중에서

성경에는 삼위의 하나님에 대한 이야기를 충분히 증거하고 있습니다. "때가 차매 하나님이 그 아들을 보내사 여자에게서 나게 하시고"(갈라디아서 4:4) 혹은 "아들을 공경하지 아니하는 자는 그를 보내신 아버지도 공경하지 아니하느니라"(요한복음 5:23)를 미루어 보면 성자 하나님은 성부 하나님에서 나셨지만 신성을 공유하고 있음을 알 수 있습니다. 단 주의해야 할 점은 성부 하나님과 성자 하나님의 관계는 인간관계에서 보는 아버지와 아들과는 전혀 다른 관계라는 점입니다. 성자 하나님은 창세 전에 출생함으로써 (성부) 하나님의 속성인 영원성을 함께 나누어 갖고 있다는 사실을 잊지 않도록 해야 할 것입니다.

초대교회에서 작성된 아다나시우스 신조는 삼위일체를 뚜렷하게 증거하고 있습니다.

> 아버지도 영원하시고, 아들도 영원하시고, 성령도 영원하시다. 그러나 영원한 본질은 셋이 아니라 하나만 존재한다. 그와 같이 피조되지 않은 본질이나 무한한 본질도 셋이 아니라 하나만 존재한다. 마찬가지로, 성부도 전능하고, 성자도 전능하고, 성령도 전능하다. 그러나 전능한 본질은 셋이 아니라 하나만 존재한다. (…) 기독교 진리가 우리에게 세 분이 각기 신이며 주님임을 인정하도록 요구하지만, 동시에 세계교회의 신앙은 우리에게 세 신이나 세 주님이 있다고 말하는 것을 금한다.
>
> '아다나시우스 신조' 중에서

삼위의 하나님은 개입하셔야 할 일에 대해서는 긴밀하게 협력하여 활동하십니다. 기도를 예로 들어보겠습니다. 우리는 하나님께 직접 기도를 할 수도 있습니다. 또한 예수님의 이름으로 기도를 할 수도 있습니다. 주로 우리는 '주 예수 그리스도 이름을 받들어 기도드리옵나이다'라고 합니다. 성자 하나님(예수님)은 성부 하나님에게 구하는 자에게 자신이 응답할 것임에 대해 "내가 진실로 진실로 너희에게 이르노니 너희가 무엇이든지 아버지께 구하는 것을 내 이름으로 주시리라"(요한복음 16:23)라고 말씀하고 계십니다. 마찬가지로 예수님에게 직접 구하는 것에 대해서도 예수님이 응답하실 것임에 대해 "지금까지는 너희가 내 이름으로 아무것도 구하지 아니했으나 구하라 그리하면 받으리니 너희 기쁨이 충만하리라"(요한복음 16:24)라고 말씀하시기도 합니다. 성부 하나님이나 성자 하나님과 마찬가지로 성령 하나님도 우리의 기도에 응답하십니다. "성령도 우리의 연약함을 도우시나니 우리는 마땅히 기도할 바를 알지 못하나 오직 성령이 말할 수 없는 탄식으로 우리를 위하여 친히 간구하시느니라"(로마서 8:26)라는 말씀이 성경에 기록되어 있습니다. 이처럼 삼위의 하나님은 창조, 기도, 구원, 중생 등에 있어서 통일성을 이루어 활동하십니다.

여기서 우리는 단순하지만 매우 중요한 의문을 갖게 됩니다. 왜 성부 하나님이 성자 하나님을 이 땅에 보내셨을까요? 그렇게 해야 할 특별한 이유라도 있었던 것일까요? 우리가 자식을 사랑하듯 하나님도 자기의 형상을 본받아 창조한 인간을 사랑하십니다. 부모 말을 듣지 않고 속을 썩이는 자식이라도 부모는 나몰라라는 식으로 내팽개칠 수 없듯이 하나님 역시 죄를 짓고 자신으로부터 떨어진 인간을 두고 볼 수는 없었습니다. "하나님이 세상을 이처럼 사랑하사 독생자를 주셨으니 이는 그를 믿는 자마다 멸망하지 않고 영생을 얻게 하려 하심이라"(요한복음 3:16)라는 말씀처럼 성부 하나님은 예수님(성자 하나님)을 이 땅에 보내셨습니다.

하나님이 예수님을 이 땅에 보내시게 된 이유를 조금 더 자세히 살펴보겠습니다. "하나님이 자기 형상 곧 하나님의 형상대로 사람을 창조하시되 남자와 여자를 창조하시고"(창세기 1:27)라는 말씀처럼 인간은 하나님의 형상대로 창조되었습니다. 본래 인간은 하나님과 함께 충만한 기쁨과 평화를 누릴 수 있을 정도로 완전함, 성숙함, 아름다움, 건강함, 도덕성을 갖고 하나님과 함께 충만한 기쁨을 누렸습니다.

그러나 그런 영광의 시간은 오래가지 못했습니다. 인간의 시조인 아담이 하나님이 금지한 선악과를 따먹음으로써 죄를 범했기 때문입니다. 흔히 이런 죄를 원죄라고 하지요. 아담의 죄 지음으로 인하여 "그들은 모든 인류의 뿌리였으므로 그들로부터 일반적 출생법으로 태어나는 모든 후손들에게 이 죄의 죄책罪責이 전가되었고 죄로 인한 그 동일한 부패성이 전달되었다"('웨스트민스터 신앙고백' 6:3)라는 사실 때문에 인간은 누구든지 원죄로부터 자유로울 수 없는 존재가 되고 말았습니다. 이런 딱한 상황에 대해 하나님은 대책을 마련하지 않을 수 없게 되었습니다. 죄의 상태에 빠진 인간을 어떻게 대해야 하겠습니까? 언약 속에 하나님의 해결책 즉, 해답이 들어 있습니다.

하나님은 인간을 언약(약속)의 방법으로 다룹니다. 그래서 성경은 신구약 모두가 언약의 책입니다. 언약은 두 가지입니다. 하나는 행위 언약이고 다른 하나는 은혜 언약입니다. 하나님이 인간과 맺은 첫 번째 언약은 아담 자신이 하나님에게 완전한 순종을 하는 조건으로 그와 후손들에게 영원한 생명을 약속하셨습니다. 그러나 아담은 이를 지키지 못했으며, 죄의 결과는 사망이기 때문에 아담의 죄로 말미암아 인간은 모두 죽음에 처하게 되었습니다. "여호와 하나님이 그 사람에게 명하여 가라사대 동산 각종 나무의 실과는 네가 임의로 먹되 선악을 알게 하는 나무의 실과는 먹지 말라. 네가 먹는 날에는 정녕 죽으리라 하시니라"(창세기 2:16,17)라는 언약을 인간이 어겼고 어긴

죄의 대가는 사망입니다.

성경은 인간의 대표자인 아담의 범죄로 말미암아 인간 전체가 사망이란 딱한 상황을 맞게 될 처지에 놓이게 되었음을 더욱 생생하게 전하고 있습니다. "그러므로 한 사람으로 말미암아 죄가 세상에 들어오고 죄로 말미암아 사망이 들어왔나니 이와 같이 모든 사람이 죄를 지었으므로 사망이 모든 사람에게 이르렀느니라"(로마서 5:12) 그런데 이때 사망은 우리가 흔히 생각하는 육체의 죽음뿐만 아니라 혼의 죽음과 영의 죽음을 모두 포함합니다.

육의 죽음은 영원히 썩지 않는 육체를 가졌던 아담이 타락한 이후에 일정한 수명밖에 살지 못하는 썩는 육체를 가진 인간으로 변한 것을 말합니다. 혼의 죽음은 인간의 마음과 정신에 질투와 시기 그리고 살인의 마음과 같은 사탄의 마음이 들어서는 것을 말합니다. 영의 죽음은 하나님의 영이 빠져나가고 대신에 사탄의 영이 들어서는 것을 말합니다. 육과 혼과 영의 죽음은 하나님과의 관계가 단절되고 하나님이 떠나게 되는 것을 말합니다. 성경에서는 생명의 근원인 하나님을 떠나는 혼과 영의 죽음을 대단히 중요하게 여깁니다. 인간은 하나님을 떠나서는 그 어떤 행복과 평안을 누릴 수 없는 존재가 되어버리기 때문입니다. 다양한 즐거움으로 행복을 추구하면 할수록, 그리고 지위나 권력 등을 추구할지라도 기대하는 행복을 손에 넣을 수 없는 근본적인 원인은 무엇일까요? 그것은 인간이 하나님을 떠난 존재가 되어버렸기 때문입니다.

인간이 처한 참담한 상황을 하나님이 그냥 내버려둘 수 있겠습니까? 우리는 하나님은 사랑의 하나님이란 사실을 늘 기억해야 합니다. 인간이 처한 딱한 상황을 해결하기 위해 하나님은 은혜 언약을 마련하십니다. 행위로 보면 인간은 모두 죄인이며 사망할 수밖에 없습니다. 하지만 하나님은 죄인들 가운데서 일부를 선택하여 그들을 구원하시기로 결정하십니다. 누구를 선택할지는 전적으로 하나님의 주권에 속합니다.

이때 사용한 구원의 방법이 은혜 언약입니다. 은혜 언약은 하나님께서 선택한 자들에 한하여 하나님의 은혜와 예수 그리스도에 대한 믿음으로 구원하고 영원한 생명을 주겠다는 약속입니다. 하나님이 이 땅에 예수님을 보내신 것은 죄로 인하여 사망할 수밖에 없는 사람들이긴 하지만 이들 중에 믿는 자에 한해서 영원한 생명을 주기 위함입니다. '웨스트민스터 신앙고백'은 행위 언약과 은혜 언약의 상호관계를 잘 설명해주고 있습니다.

> 사람은 타락으로 그 언약(행위 언약)에 의해 생명을 얻을 수 없게 되었으므로 주께서는 은혜 언약이라고 불리는 두 번째 언약을 맺기를 기뻐하셨는데 그 언약으로 그는 죄인들에게 구원을 얻기 위해 예수 그리스도를 믿으라고 요구하시고 영생에 이르도록 작정된 모든 사람들로 하여금 즐거이 믿을 수 있도록 그들에게 그의 성령을 주실 것을 약속하시며 예수 그리스도로 말미암는 생명과 구원을 죄인들에게 값을 치르지 않고 주신다.
>
> '웨스트민스터 신앙고백' 7:3

지금까지의 이야기를 종합해보면 우리는 "하나님은 세 분이면서 어떻게 한 하나님이실 수 있는가?"에 대한 생각을 정리할 수 있었습니다.

한 번 더 강조하는 의미에서 웨인 그루뎀Wayne Grudem의 『조직신학-상』에 나오는 삼위일체에 대한 요약 즉 "하나님은 성부, 성자, 성령 삼위로 영원히 존재하는데, 삼위는 각자 완전한 하나님이시다. 그럼에도 하나님은 한 분이시다"로 마무리하겠습니다.

성육신은 무엇인가?

그(하나님)의 아들(예수님)에 관하여 말하면,
육신(인성)으로는 다윗의 혈통에서 나셨고,
성결의 영(신성)으로는 죽은 자들 가운데서 부활하사
능력으로 하나님의 아들로 선포되셨으니 곧 우리 주 예수 그리스도시니라.
Regarding his Son, who as to his human nature was a descendant of David, and who through the Spirit of holiness was declared with power to be the Son of God by his resurrection from the dead: Jesus Christ our Lord.
로마서 1:3-4

북한의 명문 의과대학을 졸업한 탈북자 분을 만나서 이야기를 나누던 중이었습니다. "성경을 읽어보셨습니까?"라는 물음에 그분은 이렇게 답했습니다.

"중국에서 숨어 지내는 동안 읽어보았습니다. 좋은 이야기들이 많아서 도움이 되었습니다. 그런데 몇 가지는 믿기 어려운 내용이라서 도저히 이해할 수 없었습니다. 처녀가 어떻게 아이를 낳을 수 있지요? 그리고 죽은 사람이 어떻게 다시 살아날 수 있는 건가요?"

현대 교육을 받은 분들 특히 과학을 공부한 사람에게 볼 수 있는 자연스러운 반응입니다. 그리스도교에서 성육신(成肉身, Incarnation)은 즉, '성자 하나님인 예수 그리스도가 인간의 몸을 하고 이 땅에 오신 것' 혹은 '인성을 입으신 성자 하나님의 행위'를 말합니다. 라틴어

'incarnatio'에서 유래된 성육신은 접두사 in과 육체를 의미하는 caro라는 어간의 합성어입니다. 여기서 'in'의 의미는 '무엇(신성)이 다른 무엇(인성)이 되도록 만든다'는 의미를 갖고 있습니다. 빌립보서에는 인간의 모습을 하고 이 땅에 오신 예수 그리스도를 더 상세하게 그리고 있습니다.

> 그(예수 그리스도)는 근본 하나님의 본체시나 하나님과 동등됨을 취할 것으로 여기지 아니하시고 오히려 자기를 비워 종의 형체를 가지사 사람들과 같이 되셨고 사람의 모양으로 나타나사 자기를 낮추시고 죽기까지 복종하셨으니 곧 십자가에 죽으심이라. 빌립보서 2:6-8

성육신은 그리스도교의 주춧돌 가운데 하나라고 말할 수 있을 정도로 중요합니다. 왜 그럴까요? 하나님은 인간을 위해서 죽을 수 없기 때문입니다. 인간의 몸을 갖고 있을 때만이 인간의 죄를 대신해서 죽을 수 있고 이를 통하여 인간의 죄를 대신해서 갚을 수 있기 때문입니다. 그러나 일반인들의 상식이나 과학적 지식으로 미루어 볼 때 성육신은 받아들이기 힘든 일입니다. 이런 면에서 보면 탈북한 의사분의 의문은 자연스러운 일입니다.

믿는 자가 되기 전에는 성경이 어렵고 지루한 책으로 여겨집니다. 그때는 혼(지식과 이성)의 눈으로 성경을 읽기 때문입니다. 성경은 영으로 쓰인 책이기 때문에 혼의 눈으로는 이해하기가 무척 힘듭니다. 믿는 자가 되면 마치 러브레터를 읽는 것처럼 성경 말씀을 사랑하게 됩니다. 믿는 자가 되면 영의 눈으로 영으로 쓰인 성경책을 대하기 때문입니다. 때문에 예수를 믿는 사람들은 그렇지 않은 분들에게 자주 비판을 받거나 바보스런 사람으로 여겨질 수도 있습니다. "십자가의 도(믿는 자)가 멸망하는 자(믿지 않는 자)들에게는 미련한 것이요"(고린도전서 1:18)라는 말씀은 이를 잘 말해주고 있습니다. 누구든지 혼의 눈으로 영으로 쓰인 책을 이해하기 힘들기 때문입니다.

한편 예수의 어원인 히브리어 '여호수아Yehoshoua'는 '하나님께서 구해주신다'는 뜻입니다. 예수님은 신약성경의 중심 인물이며 신약과 구약 모두를 통해서 증거되었을 뿐만 아니라 고대의 몇몇 역사서를 통해서도 등장하는 실존했던 분이십니다. 신약 중에서도 4복음서가 예수님의 생애를 상세하게 다루고 있습니다. 신기한 것은 성경 공부를 하면 할수록 구약과 신약을 가리지 않고 모든 내용이 예수 그리스도와 관련된 내용으로 받아들여진다는 사실입니다.

예수님은 기원전 4년 이스라엘의 헤롯 왕의 통치 시기에 베들레헴에서 탄생하셨습니다. 그는 마리아의 아들이었고 법적인 아버지는 다윗의 후손인 나사렛의 목수 요셉이었습니다. 예수님은 어린아이와 유대 청년으로 30년을 이 땅에서 지냈으며, 구약성서를 열심히 읽고 그것에 심취하기도 했습니다. 기원후 26년 무렵, 예수님이 30세가 되던 해에 예수님은 요르단 강가에서 세례자 요한으로부터 세례를 받은 이후 공적 사역을 시작하셨습니다. 3년간 이 땅에 하나님 나라와 말씀을 전했으며 많은 병 고침과 귀신 쫓아냄과 같은 이적을 행하셨습니다. 예수님께선 처음에는 홀로 가르침과 치유를 베푸셨지만 곧 열두 제자를 불러 함께 다녔습니다. 기원후 30년 33세가 되던 해에 체포되어 사형 언도를 받고 바로 그 다음날 십자가에 못 박혀 죽음을 당하게 됩니다. 죽음 이후 사흘 만에 부활하셔서 40일 동안 "확실한 많은 증거로 친히 살아 계심을 나타"(사도행전 1:3)내셨을 뿐만 아니라 하나님 나라의 일을 말씀하셨습니다. 제자들에게 성령과 특별한 능력 주실 것을 약속하기도 하고 땅 끝까지 복음을 전하라는 부탁을 하신 다음에 다시 오실 것을 약속하고 승천하셨습니다.

믿는 자와 그렇지 않은 자 사이에는 성육신을 바라보는 시각에 큰 차이가 있습니다. 믿는 자는 성육신을 하나님이 인간을 죄로부터 구원하기 위해 행하신 위대한 사역으로 받아들입니다. 하나님이 기적을 통해 인간 구원에 대한 자신의 약속을 성취한 사건으로 받아들입니다. 신학자 웨인 그루뎀은 "우리가 보일 수 있는 합당한 태도는 성육신에 관한 성경의 핵심적이고 분명한 가르침을 부인하는 것이 아니라 그것이 (영원히 이해할 수 없는) 역설로 남아 있을 것임을 인정하고 단지 그것만이 하나님께서 우리에게 계시하기로 하신 것으로 참된 것이라고 인정하는 것이다"라고 말합니다. 또한 그는 "하나님과 성경의 말씀에 복종하려면 우리는 그것을 믿어야 한다"라고 주장합니다. 너무 중요하기 때문에 그리스도교의 핵심인 성육신에 대해 더 자세히 살펴볼 필요가 있습니다.

예수 그리스도는 신이 갖는 모든 속성들인 신성神性과 사람들이 갖는 모든 속성들인 인성人性을 함께 가진 하나님의 또 다른 모습입니다. 완전한 하나님이면서도 동시에 완전한 인간인 분이십니다. 예를 들어 예수 그리스도는 하나님의 속성 열 가지(영원하심, 변함없음, 전능하심, 무소부재하심, 전지하심, 거룩하심, 의로우심, 사랑, 자비로우심, 미쁘심)를 가지신 분입니다. 또한 예수 그리스도는 하나님의 일 다섯 가지(창조, 보존, 용서, 죽은 자를 살리심, 심판)를 모두 행하실 수 있는 능력을 갖춘 분입니다. 예수님의 신성을 분명히 증거하는 말씀은 성경의 여러 군데에 등장합니다.

사도 요한은 "말씀(하나님)이 육신이 되어 우리 가운데 거하시매 우리가 그의 영광을 보니"(요한복음 1:14)라고 증거하고 있습니다. 여기서 '말씀'은 '하나님과 구별되지만 하나님이신 말씀'을 이야기합니다. 이때 '말씀'은 단순히 말을 가리키는 것이 아니라 하나님인 인격적 존재를 말합니다. 사도 요한은 창조주 하나님이 인간의 모습을 지닌 채 이 땅에 오셨다고 이야기하고 있습니다. 예수님의 신성에 대한 강력한 증거 가운데 하나입니다.

이런 신성뿐만 아니라 예수 그리스도는 지극히 인간적인 모든 특성을 다 갖춘 분이십니다. 보통 사람처럼 피와 살로 이루어진 사람일 뿐만 아니라 예수라는 사람의 이름을 갖고 있었고, 굶주림이나 목마름을 느낌, 피곤함을 느낌, 수면을 취함 등과 같은 사람이면 누구나 행하는 특성을 갖고 있었습니다. 또한 예수 그리스도는 인간의 성장 법칙에 따라 아이로 태어나서 지혜가 성장했습니다.

인성이란 면에서 예수 그리스도가 보통 사람들과 다른 점이 있다면 대표적인 것으로 두 가지를 들 수 있습니다. 하나는 원죄로부터 자유로운 사람이었고 다른 하나는 스스로 저지른 죄를 갖고 있지 않았다는 사실입니다. 예수님이 인간의 아들로 태어났다면 아담에서 비롯된 원죄를 고스란히 갖고 계셨을 것입니다. 이 경우, 예수님은 인간의 죄를 대신해서 갚아줄 수는 없습니다. 예수님이 완벽한 하나님이자 완벽한 인간일 때만이 하나님과 인간 사이에 중보자(仲保者,

Mediator, 대립관계에 있는 사이에서 화해를 얻게 하는 자)가 될 수 있고 인간을 하나님께로 인도할 수 있습니다.

여기서 우리가 주의해야 할 점은 예수님이 신성과 인성을 적당히 조합한 존재인 혼합hybrid이 아니라 완벽한 하나님(참 하나님)이면서 동시에 완벽한 사람(참 인간)이었다는 사실입니다. 이를 두고 한 인격 안의 '2성 연합'이라는 표현을 사용하기도 합니다. 성육신은 신성의 감소가 아니라 완전한 인성의 획득으로 이해해야 합니다. 그러니까 본래 신적 인격인 분이 사람의 죄를 대속하기 위함이라는 필요 때문에 인성을 취하게 된 것입니다. "하나님은 한 분이시요 또 하나님과 사람 사이에 중보자도 한 분이시니 곧 사람이신 그리스도 예수라"(디모데전서 2:5)

한때 기독교와 뿌리를 같이 했던 유대교는 예수 그리스도가 인간의 신분으로 이 땅에 오신 것을 받아들이지 않습니다. 그들은 창조주 하나님이 피조물 중의 하나가 되어야 한다는 개념을 신성 모독으로 받아들입니다. 그들은 예수가 스스로 하나님의 아들이라고 말하는 것에 대해 분노합니다. 그들은 하나님께서 이스라엘의 구원을 위해 그들 조상들에게 거듭해서 약속했던 메시아가 바로 예수라는 사실을 알아보지도 못했을 뿐만 아니라 인정하기를 원하지 않습니다. 그래서 그들은 아직도 메시아를 기다리고 있습니다.

여기서 우리는 한 가지 중요한 내용을 확인할 수 있어야 합니다. 죄인이 죄인을 용서할 수 있는가? 가능한 일은 아닙니다. 원죄로부터 자유로운 분이 반드시 필요합니다. 오직 예수님만이 원죄로부터 자유로운 분이십니다. 따라서 이분만이 죄인들의 죄를 대속할 수 있습니다. 만일에 예수님이 죄인이라면 인간의 죄를 대속할 수는 없는 일입니다. 여기서 매우 중요한 하나님의 역사가 일어나게 됩니다. 바로 동정녀 탄생 기적을 말합니다. 예수님이 인간의 아들이 아니라 성령에 의한 잉태임에 대해 성경은 "아들을 낳기까지 동침하지 아니하더니 낳으매 이름을 예수라 하니라"(마태복음 1:25)라고 전합니다. 의사인 누가는 성령 잉태에 대해 상세히 설명하고 있습니다. 대표적인 내용 가운데 하나는 다음과 같습니다.

> 마리아가 천사에게 말하되 나는 남자를 알지 못하니 어찌 이 일(임신)이 있으리이까. 천사가 대답하여 이르되 성령이 네게 임하시고 지극히 높으신 이(하나님)의 능력이 너를 덮으시리니 이러므로 나실 바 거룩한 이는 하나님의 아들이라 일컬어지리라. 누가복음 1:34-35

오늘날 자유주의 신학자들 중 동정녀 마리아에 의한 예수 탄생에 대해 공격을 하는 분들도 있습니다. 그들의 주장대로 예수가 인간의 아들이라면 죄인인 예수가 다른 인간들을 구원할 수는 없는 일입니다. 그렇다면 그리스도교는 기반부터 흔들리게 되는 것이지요. 구원과 기독교는 동정녀로부터 예수 탄생이라는 기초 위에 우뚝 서 있습니다.

언젠가 한 작가가 임종했을 때 동료 소설가 한 분이 "그분이 '인간 예수'라는 작품을 낼 계획을 갖고 있었는데…"라면서 아쉬워하는 내용을 인터뷰로 알 수 있었습니다. 조금이라도 기독교에 대해 이해하는 분이라면 '인간 예수'라는 내용의 글을 쓰기는 힘들었을 것입니다.

그것은 '정통 기독교인은 아닙니다'라는 사실을 공개적으로 밝히는 일이기도 하지만 동시에 예수의 신성 자체를 부정하는 일이기 때문입니다. 저는 예수님의 완전한 인성도 매우 중요하지만 신성을 인정하지 않는 사람을 두고 과연 그 혹은 그녀를 그리스도인이라고 부를 수 있는가라는 의문을 가질 때가 있습니다. 이처럼 예수님의 완전한 신성과 인성은 기독교에서 결정적으로 중요한 주춧돌에 해당합니다.

한편 성육신으로 이 땅에 오신 예수의 탄생은 구약의 여러 곳에서 이미 충분히 예언되었습니다. 창세기 3장 15절에는 "내(하나님)가 너(사탄)로 여자와 원수가 되게 하고 네 후손도 여자의 후손(예수님)과 원수가 되게 하리니 여자의 후손은 네 머리를 상하게 할 것이요 너는 그의 발꿈치를 상하게 할 것이니라 하시고"라는 매우 중요한 내용이 들어 있습니다. 또한 예수님이 탄생하기 740년 전에 이사야는 하나님의 말씀에 기초해서 이렇게 예언한 바가 있습니다.

> 그러므로 주께서 친히 징조를 너희에게 주실 것이라. 보라 처녀가 잉태하여 아들을 낳을 것이요 그의 이름을 임마누엘이라 하리라. 이사야 7:14

> 이는 한 아기가 우리에게 났고 한 아들을 우리에게 주신 바 되었는데 그의 어깨에는 정사를 메었고 그의 이름은 기묘자(Wonderful Counselor)라, 모사라, 전능하신 하나님(Mighty God)이라, 영존하시는 아버지라(Everlasting Father), 평강의 왕(Prince of Peace)이라 할 것임이라. 이사야 9:6

예수님의 인성과 신성을 믿는 일, 예수님의 동정녀 탄생을 믿는 일은 이성의 눈으로 보면, 원인과 결과라는 틀에서는 의문이 생길 수가 있습니다. 누군가는 '원인이 없는데 어떻게 결과가 있을 수 있을까?'라는 의문을 가질 수도 있습니다. 또한 신성과 인성을 모두 갖춘 존재가 과연 존재할 수 있을까라는 의문을 가질 수도 있을 것입니다. 그런데 어떤 사람은 어느 순간부터 두 가지 사실 모두를 진리로 자연스럽게 받아들이게 되고, 이를 시작으로 해서 믿는 자의 대열에 들어서게 됩니다. 세상의 모든 것을 '혼의 눈'(지성)으로 보다가 어느 순간부터 '영의 눈'(영성)이 더해지기 시작하면서부터 변화가 일어나게 됩니다. 왜 그들은 이런 대사건들을 받아들이게 되는 것일까요? 하나님이 인간 구원이라는 약속을 실천하기 위해 아담의 타락 이후부터 수천 년에 걸쳐서 정교하게 계획된 인간 구원 계획의 하나로 받아들이기 때문입니다. 그러니까 그냥 우발적인 기적이 아니라 삼위일체 하나님이 오래전에 협의에서 계획하셨고 구약을 통해 수없이 예표했던 약속이 실천에 옮겨진 일이기 때문입니다. 예수님을 믿게 되면 우리의 눈에 보이는 세상이 작은 부분이란 사실을 받아들입니다. 그리고 눈에 보이는 세계를 넘어 '더 있음'을 확신하게 된답니다.

2부

행복을 방해하는 세력, 사탄과 마귀들

평강의 하나님께서 속히 사탄을 너희 발아래에서 상하게 하시리라.
The God of peace will soon crush Satan under your feet.
로마서 16:20

사탄은 누구인가?

우리의 싸움은 혈과 육에 대한 것이 아니요
정사政事와 권세와 이 세상의 어두움의 주관자들과 하늘에 있는
악의 영들에게 대함이라.
For our struggle is not against flesh and blood,
but against the rulers, against the authorities,
against the powers of this dark world and
against the spiritual forces of evil in the heavenly realms.
에베소서 6:12

"나는 이제 악마(마귀)가 되어 바뀔 수가 없다."

한 가정을 무너뜨린 흉악범의 입에서 튀어나온 말입니다. 그는 경찰 수사 과정에서 자신도 어찌할 수 없을 정도로 성욕과 관련된 특정한 생각이 온종일 자신의 머릿속을 꽉 채우고 있었다고 고백했습니다. 또한 그는 "내 안에는 욕망의 괴물이 있다"고 말하기도 했습니다. 범죄자들 중 평생 동안 교도소를 들락거리는 이들의 비율은 전체 범죄자 가운데 6퍼센트 정도라고 하는데 이들로 하여금 범죄를 저지르게 만드는 욕망의 이면에는 특별한 존재가 있습니다. 그것은 악마와 악마성입니다.

프랑스의 생물학자이자 의사로서 『인간 속의 악마』라는 흥미로운 책을 집필한 장-디디에 뱅상Jean-Didier Vincent은 현대 사회에서 악마

는 종교적인 의미에 국한되는 것이 아니라 광범위하게 존재한다고 말합니다. 생물학 전문가이자 의사인 과학자가 말하는 악마에 대한 이야기라서 더 호기심을 갖게 됩니다.

그는 악마에 대해 "악을 행하도록 종용하는 상징적인 유기체로서의 역할을 맡고 있으며, 신과는 별개로 단독적인 힘을 과시하며 이 세상에 그 뿌리를 내리고 있다"고 말합니다. 또한 악마는 "증오, 복수, 질병, 공포, 광기, 전쟁 등 인간성을 방해하는 모든 요소들을 관장하는 힘 즉, '악을 행하는 힘'이라는 괴테식 정의로 표현할 수 있다"고 말하기도 합니다. 장-디디에 뱅상의 '악마의 생물학'에 의하면 "악마는 생명체이며 우리의 존재의 한 가운데서 쉼 없이 활발히 활동하고 있다"고 합니다.

뱅상이 말하는 악마의 특징은 어떤 것일까요?

하나, 악마는 살아 있는 영이 아니라 살아 있는 생명체입니다. 성경은 악마(사탄 혹은 마귀)를 악한 영으로 이해하는 데 반해서 장-디디에 뱅상은 이에 반대합니다. 그는 생물학자로서 과학적 관찰을 한 결과, 악마는 나쁜 영이 아니라 생명체라고 주장합니다.

둘, 악마는 하나님의 작품을 망치려고 시도합니다. 하나님의 형상에 따라 지어진 사람이 악마의 주요 공격 대상이 됩니다. 장-디디에 뱅상은 "전지전능한 유일신에 맞서는 악마는 고귀한 조물주가 창조를 거의 다 완수했을 시기에 개입하여 신의 작품을 망가뜨리려 한다"고 말함으로써 악마의 최종 목적이 무엇인가를 분명히 알려주고 있습니다.

셋, 악마는 일신교에서만 독자적인 성격을 갖습니다. 다신교에서는 선한 일을 행하는 신이 있는 반면에 악한 일을 행하는 신이 있기 때문에 악마가 들어설 공간이 좁습니다. 예를 들어 소크라테스와 플라톤의 저술에 등장하는 고대 그리스의 영 즉, 다이몬daimon은 악령이 아닙니다. 이들은 시인이나 철학자들에게 영감을 불러일으키는 존재였습니다.

넷, 악마는 성경에만 등장하는 유대인의 발명품은 아닙니다. 악마는 기원전 6세기에 페르시아에서 출현했던 조로아스터교에서 처음으로 선보였으며, 기원전 3세기 마니교에서도 비슷한 존재가 등장합니다. 모세오경에서는 악마의 기원을 다루지만 구약은 악마에 대해 중요하게 다루지 않습니다. 악마의 활동이 활발한 모습을 보이는 것은 신약이며 이 가운데서도 복음서입니다.

악마(사탄 혹은 마귀)는 어떻게 인간을 조종하는 것일까요? 악마는 자신이 직접 움직이지 않고 인간의 두뇌를 조종하는 방법을 선택합니다. 악마는 인간의 두뇌를 교묘하게 조종해서 악을 행하게 만듭니다. 이 점이 현대인에게 중요한 지적입니다. 악마는 언어나 지식이나 이데올로기의 모습으로 변신해서 두뇌 속에 들어가서 악마에 사로잡힌 자들을 마음껏 조종할 수 있다는 이야기가 흥미롭습니다.

> 악은 육체 안에 있지 않다. 악은 살아 있는 것이 아니라, 인간의 뇌가 자신의 욕망과 다른 사람의 감동받은 얼굴에서 발견한 열정에 근거해서 만들어낸 '이론화'의 산물이다. 또한 악은 악마가 인간들에게 가르쳐준 기술이다. 악마는 인간의 몸 속에 악을 직접적으로 심어주는 대신, 말하는 능력을 지닌 인간의 두뇌를 지배한다. 즉, 악마는 언어를 통해서 자신의 삶

> 의 기쁨과 타인에 대한 욕구, 그리고 죽음에 대한 강박관념을 호소할 수 있는 능력을 갖게 된 인간의 두뇌 속에 자리 잡고 있다. 그러므로 악마는 굳이 인간 속에 악을 심어놓을 필요가 없다. 그러지 않고서도 명석한 두뇌를 가진 인간을 조종해서 악의 길로 빠지는 방법을 가르쳐주기만 하면 된다. (…) 악마는 언어라는 표현수단을 이용해 살짝 신호만 보내면 된다.
>
> 장-디디에 뱅상, 『인간 속의 악마』, p.58, 98

여기서 말하는 악마는 성경에 등장하는 '마귀' 혹은 '사탄'과 동의어로 받아들일 수 있습니다. 성경은 마귀에게 틈을 보여주지 말 것을 주문함과 아울러 근신하고 깨어서 믿음을 굳게 갖고 마귀에 대적해야 한다는 말씀을 전합니다. 왜냐하면 마귀는 끊임없이 사람을 마귀의 종노릇하는 존재로 삼기를 갈망하기 때문입니다. 지금 이 순간에도 약간의 틈만 보이면 마귀는 공격을 감행해서 자신의 백성으로 삼으려 노력합니다. "근신하라. 깨어라. 너희 대적 마귀가 우는 사자같이 두루 다니며 삼킬 자를 찾나니 너희는 믿음을 굳게 하여 저를 대적하라"(베드로전서 5:8)는 말씀은 마귀의 공세에 맞설 것을 주문하고 있습니다.

예를 들어 마약 중독자나 노름 중독자 그리고 심각한 의처증이나 의부증과 같은 정신질환은 특별한 사람만이 앓게 되는 것은 아닙니다. 모든 인간에게 가능성의 문이 열려 있습니다. 중독에 빠진 사람은 영원한 결핍의 고통을 겪을 뿐만 아니라 가질 수 없는 것을 탐한 죄로 엄청난 형벌을 겪어야 합니다. 우리는 마약이나 노름하는 그 행위 자체에 주목할 수도 있지만 그보다는 중독을 일으키는 근원적인 요인으로 악마의 교활한 활동에 주목해야 합니다. 뿐만 아니라 멀쩡하게 보였던 사람이 어느 날 갑자기 무당들의 신 내림을 받게 되는 일 역시 악마(혹은 귀신)가 사람의 몸과 마음에 들어오는 것을 말합니다. 어떤 사람이 벗어나고 싶지만 알게 모르게 계속해서 빠져 들어가는 대부분의 비정상적이고 일탈적인 행위는 악마의 공격으로 이해할 수 있습니다. 이처럼 인간이 처한 딱한 상황을 두고 샤를 보들레르Charles Baudelaire는 "악마는 우리가 매달려 있는 줄을 제멋대로 이리저리 흔들고 있다"고 지적을 한 바 있습니다.

선과 악, 성령과 악령, 빛과 그림자, 진실과 거짓, 양과 음처럼 두 가지를 대비시키는 것은 우리에게 익숙합니다. 성경이 그리는 세상의 모습도 이와 비슷합니다. 어두움의 세력이 존재하고 그들은 지금 이 순간에도 사람들에게 분열, 갈등, 질병, 사상적 오류, 정신적 문란 및 도덕적 타락을 일으키고 있습니다. 그들은 어떤 자들일까요?

성경에서 말하는 사탄Satan은 '대적하는 자'란 의미를 갖고 있으며 '마귀'라고 부르기도 합니다. 영어로 마귀Devil와 헬라어인 디아블로스(diabolos, 중상하는 자 혹은 파괴하는 자)에 그 어원을 두고 있습니다. 하나님은 '사탄'이라 부르는 데 반해서 사람들은 주로 마귀라고 부릅니다. 여기서 마귀들은 마귀Devil와 그 졸개들인 마귀들로 이루어집니다.

사탄은 단 하나이며 우두머리로서 휘하에 타락한 천사들rebellious fallen angels로 이루어진 마귀들과 귀신들을 이끕니다. 마귀들은 공중권세 잡은 자들로서 공중전을 펼치는 데 반해서 귀신들demons은 지상에서 사람들의 몸에 들어가 서식하면서 사악한 짓을 저지르게 됩니다. 사탄의 졸개들인 마귀들과 귀신들의 차이점은 이렇습니다.

> 마귀는 타락한 천사의 우두머리로서 우주 공간에 자리를 잡고 하나님을 대적하고 성도들을 괴롭히며 타락한 천사 귀신들의 무리를 다스리고 있다. (…) 반면에 귀신은 마귀의 조종과 다스림을 받으며 때로는 무덤을 배회하며 때로는 제사를 받으며 때로는 사람들에게 들어가 정신착란증이나 육체의 질병을 가져다주는 일을 하고 있다. (…) 성경에 보면 마귀를 대적하라는 말씀으로 권면하고 있다. 그러나 귀신을 내어 쫓도록 명령하셨다. 마귀는 장차 그리스도께서 오셔서 결박할 대상자이다. 단 그리스도를 믿는 자는 마귀의 유혹을 물리치거나 그의 역사를 대적하고 물리칠 수 있지만 귀신처럼 그렇게 제어하거나 내어 쫓을 수가 없다. 우리 주 예수 그리스도께서 이 땅에 강림하셔서 결박하여 무저갱이나 영원한 지옥 형벌에서 처하시기 전에는 이 세상의 왕으로 군림하고 있기에 그렇다.
>
> 조준상, 『마귀를 대적하라』, p.88~89

성경에는 마귀의 다른 명칭으로 '공중의 권세 잡은 자', '하늘에 있는 악의 영', '악한 자(악마)', '이 세상 임금', '바알세불', '뱀', '용', '파괴자', '시험하는 자', '거짓의 아비' 등이 등장합니다. 이들은 타락한 천사들로 본래 거룩하고 선하고 진실한 성품을 가졌지만 하나님처럼 되고자 하는 교만함 때문에 자기 지위를 지키지 않고 자기 처소를 떠나 마귀들이 되었습니다. 앞의 인용문(에베소서 6:12)은 우리의 전쟁이 '이 세상의 어두움의 주관자들'과 '악의 영'들과의 전쟁이라 말하고 있으며 믿는 자는 사탄과의 영적 전쟁에서 승리해야 한다는 사실을 강조하고 있습니다. 선지자 이사야는 사탄이 하나님보다 더 높아지려는 교만함으로부터 생겨났음을 추측하게 하는 말을 전합니다. "내(바빌론왕=루시퍼)가 하늘에 올라 하나님의 뭇 별 위에 내 자리를 높이리라 내가 북극 집회의 산 위에 앉으리라. 가장 높은 구름에 올라가 지극히 높은 이와 같아지리라 하는도다"(이사야 14:13-14)

사탄은 타락한 천사들의 두목으로 지금도 그들을 이끌고 있으며, 그의 존재 이유는 하나님의 일을 방해하고 혼란시키고 대항하는 것입니다. 구체적으로 사람이 하나님으로부터 점점 멀어지도록 온갖 일을 도맡아 하는 무리의 우두머리가 사탄입니다. 성경에는 사탄의 왕성한 활동들이 생생하게 그려져 있는데 이를 두고 '사탄의 역사(役事, 힘을 발휘해서 일을 추진하다)' 혹은 '사탄이 역사한다'고 말합니다.

오늘날처럼 과학이 발달한 시대에 사탄이 어디에 있냐고 반문할 수도 있지만 저는 사탄의 활동은 역사적 사실일 뿐만 아니라 지금 이 순간에도 일어나고 있는 일이라는 사실을 받아들입니다. 과학기술의 발전은 크게 이루어졌지만 인간의 영혼과 관련된 일은 과거나 현재나 크게 달라진 것이 없기 때문입니다.

대체로 믿는 자들은 사탄의 존재와 역사를 받아들입니다. 물론 사탄의 존재를 인정하지만 사탄이 힘을 발휘하는 일을 매우 중요하게 생각하는 분들도 있고 그렇지 않은 분들도 있습니다. 신학자들 가운데는 사탄의 활동을 중요하게 여기는 분들이 다수는 아닙니다. 그러나 현장 전도를 통해 일어선 여러 목회자들 가운데는 사탄의 활동을 중요하게 여기는 분들이 있습니다. 후자에 속하는 분들은 직접 세상 사람들을 만나면서 '이게 정말 보통 일이 아니구나'라고 절실히 깨우치게 됩니다. '사탄의 역사가 정말 중요한 문제이고, 교회와 목회자의 주요 사명 가운데 하나이구나'라고 깨우친 분들도 있습니다. 한 목회자는 귀신들림에 대한 자신의 경험담을 이렇게 말합니다.

> 나는 현장 목회 중에 교회를 다니는 성도 중에서의 귀신들림 현상을 자주 목격했는데 (…) 거듭나지 않은 모든 사람들이 어느 정도는 마귀의 세력 아래에 있다고 믿는다.
>
> 송기찬, 『성경적 마귀론』, p.46

특히 낙후된 국가들을 대상으로 전도 활동을 펼치는 선교사들은 사탄의 활발한 활동 때문에 현지인들이 겪는 다양한 어려움에 대해 생생한 증언을 합니다. 필리핀에서 선교 사역을 담당했던 알반 더글라스Alban Douglas는 사탄에 대해 주목할 만한 이야기를 합니다.

> 옛날 사탄은 구원받지 못한 사람들의 정신을 혼미케 만들었다. 오늘날도 사탄은 인간을 다시 지배하기 위하여 인간의 정신을 차지하기 위하여 온갖 노력을 다하고 있다. 사탄은 그릇된 생각이나 인상을 통하여 인간의 정신 속에 들어가 그 안에 거하려고 애쓴다.
>
> 알반 더글라스, 『100가지 주제에 관한 성경의 해답』, p.189

마태복음 8장 28절에서 34절에는 예수님이 가다라 지방에서 귀신들린 자를 치유하는 장면이 나옵니다. 그들은 몹시 사나워서 아무도 그 길을 지나갈 수 없는 지경이었지만 예수님은 귀신을 쫓아냅니다.

이런 역사적 사실을 과거의 특정 장소에서 특정 시점에 일어난 기적일 뿐이라고 받아들이는 사람들도 있습니다. 하지만 오늘날도 예수의 이름으로 귀신들린 사람을 치유한 분들의 이야기를 듣는 일은 어렵지 않습니다.

오늘날도 악신이 내린 사람들이 있습니다. 본인은 피하고 싶지만 운명처럼 어찌할 수 없이 무당 일을 하는 분들이 있습니다. 나이 열셋에 신 내림을 받아 평생 무당의 길을 걸어온 장보배 할머니는 1994년 85세의 나이로 세상을 떠났습니다. 생전에 행한 한 인터뷰에서 "귀신이 덮어씌워야 만신萬神하지 배우고 싶다고 해 되는 것 아니에요. 과학문명이 앞서가는 요즘 세상에 무슨 '귀신 씻나락 까먹는 소리'냐고 빈정대기도 하는데 그런 사람은 접신돼봐야 이 고통을 알 겁니다"라고 말합니다. 장보배 할머니 이야기 가운데 "접신돼봐야 이 고통을 알 겁니다"라는 말은 아직도 악령의 역사를 직접 체험해보지 않고선 인정하기가 쉽지 않다는 이야기입니다.

제가 아는 목회자들 가운데 예수님의 이름으로 귀신을 쫓아내는 사역을 행한 분들이 있습니다. 이런 분들 가운데는 무속인들에게 집중적으로 전도하는 분들도 있습니다. 사람은 귀신을 이길 수 없지만 예수님은 귀신을 이기는 능력을 갖고 있기 때문입니다. 예수님은 사탄을 무찌르는 '참 왕'이시기 때문입니다. 목회자들 가운데는 '예수 그리스도 이름으로 명하노니 사탄은 물러갈지어다'라는 기도로 귀신에 사로잡힌 사람들을 치유하는 분들도 있습니다. 또한 이분들은 이런 기도문을 사용해서 믿는 자로 하여금 자신을 공격하는 귀신들을 물리치기를 권합니다.

귀신이나 마귀의 활동의 존재를 믿지 않으신다면, 설교에서 들었던 어느 지방의 축제 이야기를 해드리겠습니다. 역사가 제법 오래된 그 지방의 축제 첫날에는 인근의 무속인들이 모여서 크게 굿을 하는 행사가 있습니다. 구경꾼 중에는 마귀를 쫓는 영적인 힘이 센 세 명의 목회자가 있었습니다. 무속인들은 통째로 구운 돼지를 삼지창으로 들어 올리거나 날이 시퍼렇게 선 작두 위에서 굿을 하기로 되어 있었습니다. 세 명의 목회자들은 악령을 쫓는 기도를 열심히 하고 있었습니다. 삼지창으로 돼지를 번쩍 들어 올리는 일은 일반인들에게는 쉽지 않지만 영험이 있는 무속인들은 악령의 도움으로 할 수 있는 일이었습니다. 또한 날선 작두 위에서도 굿을 하는 것도 어려운 일이 아니라고 합니다. 하지만 그날 무속인은 땀을 뻘뻘 흘리면서 여러 번이 시도했지만 포기하고 말았습니다. 뿐만 아니라 작두 위에 서는 일을 자꾸만 주저하는 일이 계속되었습니다. 여러 번의 시도에 지친 무속인은 "여기에 예수 믿는 사람들이 있는 모양인데, 행사가 순조롭게 진행되도록 제발 다른 곳으로 가주시기 바랍니다"라고 읍소했다고 합니다. 귀신이나 악령이 실재하는 존재임을 보여주는 이야기입니다.

마태복음 9장에는 예수님이 중풍 병자를 고치는 일, 혈루증 앓는 여자를 고치는 일, 두 맹인을 고치는 일 그리고 벙어리를 고치는 일들이 기록되어 있습니다. 중풍, 혈루증, 소경 그리고 벙어리는 모두 질병의 증세는 다르지만 성경은 귀신들을 제압하는 예수님의 능력을 보여주신 대표 사례로 증거하고 있습니다.

인자(예수님이 자기 자신에 대해 사용하신 가장 일반적인 칭호)가 세상에서 죄를 사하는 권능이 있는 줄을 너희로 알게 하려 하노라 하시고 중풍병자에게 말씀하시되 일어나 네 침상을 가지고 집으로 가라 하시니 그가 일어나 집으로 돌아가거늘 무리가 보고 두려워하며 이런 권능을 사람에게 주신 하나님께 영광을 돌리니라. 마태복음 9:6-8

합리와 이성을 중시하는 현대 교육을 받아온 사람들이 사탄의 역사나 사탄의 나라를 믿기는 쉽지 않습니다. 사람들은 자신이 믿을 수 있는 것은 눈으로 볼 수 있거나 검증할 수 있어야 한다고 생각하기 때문입니다. 그러나 저는 사탄의 역사나 사탄의 세계 그리고 예수님의 역사와 하나님의 나라를 받아들입니다. 단순히 받아들이는 것이 아니라 사람들이 겪는 고통의 원인 가운데 무시할 수 없는 부분이 사탄의 역사라는 시각으로 세상을 바라봅니다.

인간이면 도저히 범할 수 없는 흉악한 범죄를 저지른 사람들은 살인의 순간에 사탄이나 악령에 사로잡힐 수가 있습니다. 그들 가운데는 치밀한 계획에 따라 범죄를 저지른 자들도 있지만 순간적으로 무엇인가에 사로잡혀서 범죄를 저지르는 경우가 대부분입니다. 어떤 사람이 극심한 중독에 빠진 경우를 생각해보시기 바랍니다. 도박 중독이나 마약 중독은 헤어나려고 노력하면 할수록 점점 수렁에 빠지게 됩니다.

자살도 마찬가지라고 생각합니다. 죽기로 결심한 사람에게는 환청으로 '그래 잘 생각했어. 빨리 죽어. 그게 최선의 길이야'라고 속삭이는 사탄(마귀)의 역사가 있습니다. 물리치려고 노력하면 할수록 점점 헤어나지 못할 정도로 사탄은 집요하게 공격합니다. 이런 상황에 놓이게 되면 인간적인 의지나 노력이 성공을 거두는 드문 경우도 있지만 대부분은 빠져나오지 못합니다. 도박이나 마약에 주목할 수 있지만 그 이면에 숨겨진 부분을 주시하게 되면 사탄이 역사하는 사례 가운데 하나로 이해할 수 있습니다. 사탄은 속임수에 매우 능합니다. '이것이 사탄에 의한 것이다'라는 말로 사탄의 계략임을 가르쳐주지 않습니다.

저는 제 자신을 합리적이고 이성적인 사람이라 생각합니다. 그러나 어느 순간 외부 자극에 따라 갑작스러운 분노가 분출될 때는 내 스스로를 통제하지 못할 때가 있습니다. 젊은 날에는 더 심했습니다. 그런 순간에 직면할 때 혹은 분노의 순간이 지나고 났을 때 저는 분노의 순간에 제 자신이 악령에 사로잡히고 있다는 생각을 하게 됩니다. 그래서 순간적인 분노 때문에 사회적으로 용인되기 힘든 범행을 저지르는 분들에 관한 신문 기사를 접할 때면 인간의 연약함과 죄성 그리고 사탄의 역사에 대해 한 번 더 깊이 생각하게 됩니다.

현대인은 과학문명의 혜택을 톡톡히 누리고 있습니다. 하지만 인간의 정신과 영혼에 관한 한 과거에 비해 커다란 발전은 이루어지지 않았다고 봅니다. 오늘날도 악령에 지배되어 고통을 당하는 사람들이 있고 이유를 알 수 없는 각종 정신질환으로 고통을 당하는 사람들이 늘어나고 있습니다. 영혼이 병든 사람들은 과거에 비해 비교할 수 없을 정도로 늘어나고 있습니다. 그런 문제를 모두 사탄의 역사라는 관점으로 바라볼 수는 없지만 일부에 대해서는 충분히 사탄의 문제로 접근할 수 있습니다. 성경이 담고 있는 사탄과 귀신들에 대한 주장은 현대 사회에도 의미 있게 받아들일 수 있습니다. 예를 들어 목회자들이 설교에서 흔히 사탄의 작은 계략이라고 말하는 것들이 있습니다. 하나님을 믿기로 작정하는 일, 성경 공부를 열심히 하는 일, 예배에 참석하는 일, 말씀에 집중하는 일 등을 방해하기 위해 사탄은 열심히 활동한다고 말하곤 합니다.

여러분은 컴퓨터의 기본값default이라는 것에 대해 들어보셨을 겁니다. 프로그램 사용자가 어떤 값을 정해두지 않는 모든 경우에 미리 정해져 있는 값(설정치)이 자동으로 작동하게 되는 것을 말합니다. 왜 사탄의 문제가 중요한 것일까요? 특별한 조치를 취하지 않으면 사람은 인간이 가지고 있는 죄성으로 말미암아 사탄의 자녀로 사탄의 백성으로 살 수밖에 없기 때문입니다. 성경은 인간이 특별한 조치를 취하지 않으면 사탄의 자녀 신분으로 사탄에 의해 지배된 상태로 살아갈 수밖에 없다고 말합니다. 다행스럽게도 성경은 마귀나 귀신들로부터 벗어나는 방법을 제시하고 있습니다.

사탄을 이기는 법

내가 하나님의 성령을 힘입어 귀신을 쫓아내는 것이면
하나님의 나라가 이미 너희에게 임했느니라.
사람이 먼저 강한 자를 결박하지 않고서야 어떻게 그 강한 자의 집에 들어가
그 세간을 강탈하겠느냐. 결박한 후에야 그 집을 강탈하리라.
But if I drive out demons by the Spirit of God,
then the kingdom of God has come upon you. Or again,
how can anyone enter a strong man's house and carry off his possessions unless
he first ties up the strong man? Then he can rob his house.
마태복음 12:28-29

저는 바닷가에서 유소년기를 보냈습니다. 바다라는 자연 환경에서 삶을 꾸려가는 사람들에게 유독 세상은 귀신이나 악령으로 가득 차 있었습니다. 어린 시절의 기억 속에는 풍어를 위해 돼지를 잡고 돼지머리를 놓고 고사를 지내는 일, 폭풍우에 목숨을 잃은 영혼을 위로하는 대규모 위령제 등이 큰 부분을 차지합니다. 그때에는 도처에 귀신들이 있었습니다. 바다 속에도, 어장막(멸치 건조장) 뒤의 영험한 바위에도, 멸치를 잡는 배 위에도, 집의 장독대에도. 어머니는 바위에도 빌고, 바다에도 빌고, 보름달에도 빌고, 큰 나무에도 빌었습니다. 지금 와 생각하면 저는 악령으로 차고 넘치는 시절을 지냈던 것이지요.

어느 날 저녁 〈따따부따〉라는 오래전의 한국 영화를 보았습니다.

작은 산골마을에서 지관과 무당과 관상가들이 마을의 실세로 크고 작은 일을 주관해가는 모습을 코믹하게 그린 영화였습니다. 코믹한 영화였지만 저는 아주 진지하게 영화를 보았습니다. 주인공 병주의 어머니는 아무리 노력해도 살림이 피지 않고 집안에 우환이 겹치자 입버릇처럼 "조상 묘를 잘못 써서 이렇게 살림이 펴지 않는다"고 하는 말과 "어렵게 얻은 손자 준이가 오래 살지 못한다"는 이야기를 듣고 고민합니다. 결국 돈을 모두 털어서 큰 굿을 하고 맙니다. 영화에서는 지관, 관상가 그리고 무당들이 사람들의 허약한 마음을 교묘히 이용해서 한몫을 잡으려고 순박한 사람들을 호립니다.

영화를 보면서 구한말 이 땅에 선교사들이 찾았을 때 한국의 모습은 온통 귀신들로 가득 찬 세상이었을 것이라는 생각을 해보았습니다. 굿과 사주 그리고 지관을 이용하는 것이 거의 일상의 일부로 자리를 잡고 있었을 것입니다. 1884년 9월 20일에 입국하여 세브란스 의대 전신인 제중원을 세웠던 알렌 선교사가 남긴 기록이 인상적입니다. 그는 서울의 밤 시간에 정적을 깨뜨리는 소리는 세 가지였다고 합니다. 여인들의 다듬이질 하는 방망이 소리, 굿하는 무당들의 북소리 그리고 개 짖는 소리가 퍽이나 인상적이었다고 합니다. 악령으로 가득 찬 세상이었습니다.

그러면 오늘은 어떤가요? 과학의 발달과 함께 과거처럼 귀신이 지배하는 영역은 축소되었습니다. 그럼에도 불구하고 불확실하기 짝이 없는 세상살이에서 점집을 찾는 사람들은 여전히 많습니다. 그리고 예전에 보기 힘들었던 각종 정신질환이나 변태 그리고 중독질환들은 더욱 만연하고 있습니다. 여러분이 생활을 찬찬히 살펴보시기 바랍니다. 도처에 유혹입니다. 자본주의는 그 속성상 상대방을 심하게 중독시키기 위해 노력하도록 만드는 체제입니다. 세상에는 선한 중독도 있지만 악한 중독도 있지요. 다양한 모습들의 유혹들, 잘못된 사상들, 특정 교주를 추앙하게 만드는 사이비 종교들은 겉모습은 제각각이지만 악한 사람들이 그렇지 않은 사람들을 구렁텅이로 내 모는 일들입니다. 사탄의 역사로 바라볼 수 있습니다. 사탄의 역사로 간주되는 것들의 공통점은 인간의 정신을 차지하기 위한 집요한 공격이란 점입니다.

사탄이 역사하는 세상에서 우리는 자신과 가족 그리고 세상을 어떻게 보호할 수 있을까요? 마태복음 13장에는 예수님이 귀신들려 눈 멀고 귀머거리 된 자를 고치시면서 하는 말씀이 소개되어 있습니다. 예수님이 눈이 멀고 벙어리 된 자를 고쳐주자 바리새인들은 "귀신의 왕 바알세불을 힘입지 않고는 귀신을 쫓아내지 못한다"(마태복음 12:24)라고 말합니다. 옛 선인들이 바위나 나무에 빌었던 것은 '귀신의 왕'이 임해서 문제를 해결해달라고 요구했던 것입니다. 조상 묘지를 잘 쓰면 후손들이 음덕을 입는다는 것도 조상귀신의 힘을 빌리려는 생각입니다. 예수님은 사탄을 쫓아내는 방법 즉 바알세불을 힘입어 귀신을 쫓아내는 방법이 무지한 방법일 뿐만 아니라 올바르지 않은 방법이라고 말씀하십니다.

예수님은 사탄을 쫓아내는 방법과 순서에 대해 말씀하시고 계십니다. 방법은 "내가 하나님의 성령을 힘입어 귀신을 쫓아내는 것"이며, 순서는 "먼저 강한 자를 결박 후"(마태복음 12:29) 귀신을 쫓아내야 한다고 말합니다. 여러분이 보시기에 참 구체적이고 실용적이지 않습니까? 저는 성경을 읽으면서 그냥 읽다보면 추상적이고 모호한 내용이 많다는 생각을 갖게 됩니다만, 파고들어가게 되면 구체적이고 실용적인 내용들이 듬뿍 들어 있음을 확인하게 됩니다.

예수님은 모든 사탄과 마귀 그리고 악령의 활동들을 퇴치하는 방법을 친절하게 가르쳐주고 계십니다. 사탄을 결박한 이후에 쫓아낼 수 있음을 말씀해주고 계십니다. 그래서 우리는 기도문에서 '나에게 혹은 지인들에게 역사하는 사탄은 예수 그리스도 이름으로 명령하노니 떠나갈지어다'와 같은 기도문을 자주 자주 활용해야 할 것입니다. 예수님은 자신이 갖고 있는 힘이기 때문에 그렇다 치더라도 믿는 자가 이런 힘을 과연 이용할 수 있을까요? 마태복음 10장에는 예수님이 파송하는 열두 사도(하나님 나라를 전파하기 위해 세상으로 보내심을 받은 자)들에게 더러운 귀신이나 마귀 그리고 사탄을 쫓아낼 수 있는 힘을 부여하는 대목이 등장합니다. 사도들에게 이런 힘이 주어진다면 당연히 제자(하나님 나라에 대해 배우기 위해 부르심을 받은 자)인 믿는 자들에게 같은 권세(자격, 권위)와 능력이 주어지게 됩니다. "예수께서 그의 열두 제자를 부르사 더러운 귀신을 쫓아내며 모든 병과 모든 약한 것을 고치는 권능을 주시니라"(마태복음 10:1)

신약에서 중요한 비중을 차지하는 사도행전에는 예수님의 권능(권세와 능력)을 받은 사도들이 성령에 힘입어 귀신을 쫓아내는 기적들이 소개되어 있습니다. 사도행전은 예수님이 부활 승천하신 이후 약속하신 성령이 강하게 임하심으로써 기적이 일어나고 복음이 왕성하게 전파되는 기록을 담고 있습니다. 예를 들어 베드로와 요한은 성전 미문에서 구걸하는 앉은뱅이를 나사렛 예수의 이름으로 치유하는 기적을 행합니다. “베드로가 이르되 은과 금은 내게 없거니와 내게 있는 이것을 네게 주노니 나사렛 예수 그리스도의 이름으로 일어나 걸으라 하고 오른손을 잡아 일으키니 발과 발목이 곧 힘을 얻고”(사도행전 3:6-7) 사마리아 성에서도 사도 빌립의 사역에 대해 성경은 “많은 사람에게 붙었던 더러운 귀신들이 크게 소리를 지르며 나가고 또 많은 중풍병자와 못 걷는 사람이 나으니(With shrieks, evil spirits came out of many, and many paralytics and cripples were healed.)”(사도행전 8:7)라고 기록하고 있습니다.

예수님의 이름으로 사탄을 무찌를 수 있는 권세와 능력이 믿는 자에게 주어졌음을 잊지 마시기 바랍니다. 사도 베드로와 야고보는 모든 믿는 자들에게 마귀를 대적할 것을 권했습니다. 또한 사도 바울도 모든 믿는 자들에게 영적 전쟁을 위한 전신갑주를 입으라고 권했습니다. “마귀의 간계를 능히 대적하기 위하여 하나님의 전신갑주를 입으라”(에베소서 6:11)

다시 한 번 강조하고 싶은 점은 예수님을 믿는 자가 가질 수 있는 큰 권위나 자격은 예수님의 이름으로 사탄과 귀신들을 쫓아낼 수 있다는 것입니다. 예수님을 믿는 일은 사탄을 물리치는 일에 관한 자격증, 이를테면 법적인 신분을 갖게 되는 것을 말합니다. 예수님이 자격증을 발급하신 것입니다. “오늘 날짜로 자네에게 내가 갖고 있는 귀신을 퇴치하는 능력을 주겠네. 단 예수 그리스도의 이름으로 말이야”라고 예수님이 말씀하신 것입니다. 물론 사탄을 물리치는 일을 얼마나 잘 수행할 수 있는가 즉 능력이 얼마나 큰가는 믿음의 순도에 따라 결정될 것입니다. 이 점을 믿는 자는 잊지 말아야 하고 믿지 않는 자는 주목해서 봐야 합니다.

사탄을 물리치는 구체적인 명령 가운데 하나는 '나에게 역사하는 사탄은 혹은 ○○에게 역사하는 사탄은 예수 그리스도의 이름으로 명하노니 떠나갈지어다'라는 기도문입니다. 사탄을 쫓아내는 일은 믿는 자 자신의 힘이 아니라 예수 그리스도의 이름으로 행할 수 있음을 기억해야 할 것입니다. 왜냐하면 예수 그리스도(예수는 이름이고 그리스도는 직분으로서 '기름부음을 받은 자'라는 뜻)는 '참 왕'의 직분을 갖고 이 땅에 오셨고 우리를 위하여 사탄과의 전쟁에서 늘 승리하는 분이시기 때문입니다. 예수 그리스도는 믿는 자를 대신해서 늘 사탄과 마귀, 그리고 귀신들을 제압할 수 있는 자격과 능력을 갖고 계신 참 좋은 분이심을 잊지 않도록 해야 할 것입니다. 성경에는 왜 하나님의 아들이 이 땅에 오셨는가에 대해 "하나님의 아들이 나타나신 것은 마귀의 일을 멸하려 하심이라"(요한일서 3:8)라고 이를 분명히 증거하고 있습니다. 하나님의 자녀가 된 사람이라면 누구든지 예수 그리스도의 이름으로 사탄을 물리칠 수 있는 권세를 갖고 있음을 잊지 말아야 합니다. 믿는 자라면 갖고만 있지 말고 자주 자주 사용하면서 자신의 영적인 힘을 확인하고 강화할 수 있어야 할 것입니다.

하늘나라는 어떤 곳일까?

내(사도 바울)가 그리스도 안에 있는 한 사람을 아노니
그는 십사 년 전에 셋째 하늘에 이끌려간 자라.
I know a man in Christ who fourteen years ago was
caught up to the third heaven.
고린도후서 12:2

저는 '잘 알고 싶다'는 소박한 필요에 의해서 성경 공부를 시작했습니다. 믿음이 정말 소중하고 그것이 진리라면 그것을 더 잘 이해하기 위해 합당한 시간과 에너지를 투입해야 하지 않는가? 바로 이런 의문에서 시작된 공부에서 저는 매우 중요하지만 상대적으로 소홀하게 다루어지고 있는 것을 만나게 됩니다. 그것은 하늘, 하늘나라, 천사, 사탄, 마귀, 귀신에 대한 내용이라 생각합니다.

조직신학자인 웨인 그루뎀의 『조직신학–상』을 구성하고 있는 25개 장에는 '19장: 천사들'과 '20장: 사탄과 마귀들'로 2개 장이 소개되어 있습니다. 『조직신학』이 모두 3권으로 구성되어 있음을 고려하면 상대적으로 소홀하게 다루어진 감이 없지 않습니다. 근래에 읽었던 책 가운데 이 주제를 상세하게 다룬 책은 황용현 목사의 『여자의 후손』입

니다.

누군가 저에게 이렇게 물어볼 수 있습니다. "내가 왜 예수님을 믿어야 하는 거죠?" 여러분이 믿는 자라면 여러 가지 답을 내놓을 수 있을 것입니다. 이 가운데 하나가 마귀와 귀신들이 우글거리는 세상에서 자신과 지인들을 보호하고 확고한 승리를 거두기 위함입니다. 그들에게 속지 않고 압도되지 않아야 하나님께 더 큰 영광을 돌릴 수 있을 것이며, 우리 또한 참다운 행복을 맛볼 수 있을 것입니다.

우리가 그리스도교를 더 잘 이해하기 위해 해야 할 일 가운데 하나가 하늘Heaven과 하늘나라The Kingdom of Heaven를 정확하게 이해하는 것입니다. 하늘은 연극에 비유하자면 배우들의 무대입니다. 무대는 3층으로 구성되어 있으며 인격체인 배우들은 천사, 인간, 사탄(마귀), 귀신들이며, 이들 가운데 천사와 인간은 하나님에 의해 창조된 자들입니다. 사탄과 귀신들은 스스로 타락한 자들이지만 하나님에 의해 생존과 활동이 허락된 자들입니다.

성경적 시각에서 하늘은 어떻게 생겼을까요? 하늘은 단단한 반구형 물체처럼 생겼으며 3층으로 구성되어 있습니다. 무대에 서서 3층으로 된 공연장을 바라보는 것을 머리에 떠올리시면 이해가 쉬울 겁니다. 그러나 히브리인들은 비유를 실제처럼 사용하는 능력을 갖고 있었기 때문에 반드시 하늘이 반구형 물체일 필요는 없습니다.

1층천the first heaven 지상으로부터 100킬로미터까지의 하늘을 말하며 흔히 공중air 혹은 대기권atmosphere으로 불립니다. 유대인들은 새들이 날아다니는 하늘을 첫째 하늘로 받아들였습니다.

2층천the second heaven 궁창sky이나 우주universe로 불리며 유대인들은 1층천으로부터 시작해서 해와 달 그리고 별이 있는 하늘을 둘째 하늘로 받아들였습니다. 인공위성이 갈 수 있는 곳을 말합니다.

3층천the third heaven 앞의 인용문(고린도후서 12:2)에서처럼 해와 달과 별이 있는 하늘 위에 있는 하늘로서, 유대인들은 하나님이 계신 곳으로 받아들였습니다. 3층천은 믿는 자(의인)들이 죽음 이후에 가는 낙원paradise을 말합니다. "오늘 네(예수님과 함께 십자가에 매달려 죽은 도둑 두 사람 가운데 한 사람으로 예수님에게 '예수여 당신의 나라에 임하실 때에 나를 기억하소서'라고 요청한 선한 도둑)가 나(예수님)와 함께 낙원에 있으리라 하시니라"(누가복음 23:43)라는 말씀처럼 믿는 자(의인)들은 죽음 이후에 영적인 상태로 재림 때까지 낙원에 머물게 됩니다. 낙원은 예수님의 재림 이후 천국에 갈 때까지 믿는 자가 머무르는 임시 거처입니다. "동산 가운데에는 생명나무와 선악을 알게 하는 나무도 있더라. 강이 에덴에서 흘러나와 동산을 적시고 거기서부터 갈라져 네 근원이 되었으니"(창세기 2:9-10)라는 말씀에 따르면 과실나무 동산으로 네 줄기 강이 흐르며 그 중앙에는 생명나무가 있습니다. 흔히 3층천은 '하늘의 하늘', '여호와의 거룩한 하늘', '하나님의 보좌가 있는 곳', '하나님의 말씀이 있는 곳', '하나님께서 하늘에서 사람들을 살피시는 곳', '하늘의 하늘', '예수님이 승천하여 가신 곳', '창세 전에 이미 존재했던 곳' 등으로 성경에 등장합니다. 성경에는 3층천을 표현하는 여러 말씀이 증거되고 있습니다. "여호와께서 하늘에서 굽어보사 모든 인생을 살피심이여"(시편 33:13), "주께서 하늘에서 판결을 선포하시며 땅이 두려워 잠잠했나니"(시편 76:8), "진리는 땅에서 솟아나고

의는 하늘에서 굽어보도다"(시편 85:11), "여호와께서 그의 높은 성소에서 굽어보시며 하늘에서 땅을 살펴보셨으니"(시편 102:19)

한편 하늘뿐만 아니라 지상 위에서 활동하는 배우들은 누구일까요? 천사, 인간, 사탄(마귀)과 그 졸개들인 귀신들이 있습니다. 이들은 하늘과 땅이라는 무대 위에서 여러 가지 활동을 하는 인격체들입니다. 여기서 인격체는 사람처럼 지적인 요인, 정서적인 요인 그리고 의지적인 요인들을 두루 갖춘 존재를 말합니다.

흔히 죽은 자들 가운데 믿는 자는 낙원에 머물다가 '천국' 혹은 '하늘나라'에 들어간다고 하는데 이때 천국은 어떤 곳일까요? 지상에서 특정 왕의 통치 권력이 미치는 곳을 왕국이라 부르는 것과 마찬가지로 하나님의 통치 영역 혹은 권위 영역을 '천국', '하늘나라', 혹은 '하나님의 나라'라고 부릅니다. 천국은 하나님이 거하시는 곳으로 때로는 하나님이 통치하는 백성이나 통치 자체를 말하기도 합니다.

천국은 언제 세워진 것일까요? "태초에 하나님이 천지를 창조하시니라"(창세기 1:1)에서 천지창조를 명확히 언급하지만 그 이전부터 존재해왔을 하나님 나라에 대해서는 이야기하지 않습니다. 그래서 우리는 천국이 언제 창조되었는지를 정확히 알 수 없습니다. 하지만 "태초에 말씀이 계시니라. 이 말씀이 하나님과 함께 계셨으니 이 말씀은 곧 하나님이시니라"(요한복음 1:1)를 미루어 보면 창세기 1장 1절의 천지창조 전에 이미 천국이 존재하고 있었음을 추측할 수 있습니다.

천국은 어떤 특징을 가진 곳일까요? 아주 높은 곳이며, 거룩한 곳이며, 행복한 곳이며, 죽음과 눈물과 슬픔과 고통이 없는 곳이며, 밤과 어두움이 없는 곳이며, 굶주림과 목마름이 없는 곳입니다. 또한 천국은 몇 가지 측면에서 완전한 곳이자 이상적인 곳이기도 합니다. 완전한 만족, 완전한 공급, 완전한 무죄, 완전한 통치, 완전한 봉사, 완전한 친교, 완전한 영광이란 면에서 완전한 곳이자 완벽한 곳입니다.

한편 천국에 누가 들어갈 수 있고 거주할 수 있을까요? 하나님 아버지, 천사, 믿음과 순종으로 하나님과 동행하여 하늘나라로 올라간 에녹과 엘리야, 예수 그리스도를 믿고 죽은 사람들, 하나님에 의해 장사 지내신 모세 등입니다. 반면에 누가 천국에 들어갈 수 없는 것일까요? 마귀, 육체의 악한 일들(음행, 더러운 것, 호색, 우상 숭배, 주술, 원수 맺는 것, 분쟁, 시기, 분냄, 당 짓는 것, 분열함, 이단, 투기, 술 취함, 방탕함 등(갈라디아서 5:19-21))을 행하는 자는 하늘나라에 들어갈 수 없습니다. 또한 믿지 않는 자들 역시 천국에 들어갈 수 없습니다.

그러면 믿는 자는 모두 천국에 들어갈 수 있는 것일까요? 그렇습니다. 믿는 자는 죽음 이후에 임시거처인 낙원에 머물다가 예수님의 재림과 함께 천국에 들어갈 수 있습니다. 다만 천국은 계급사회이기 때문에 이 땅에 사는 동안 예수 그리스도의 성품으로 자신을 채워온 사람들, 지상 계명이나 지상사명을 제대로 수행해온 사람들에게는 하나님으로부터 '큰 상급great reward'이 주어지게 됩니다. 그들은 천국에서도 높은 자리에 설 수 있게 됩니다.(요한복음 5:24, 에베소서 2:9, 로마서 8:1)

성경공부를 하면서 의문을 가졌던 것은 예수를 믿는 사람들 가운데 나쁜 일을 많이 하는 사람은 어떻게 되는가라는 점입니다. 입으로는 예수를 믿는다고 말하면서도 믿지 않는 자보다 더 악행에 익숙한 사람들을 볼 수 있습니다. 그때마다 "저 양반들은 죽음 이후에 어디를 갈까?"라는 의문을 가질 수 있습니다. 그리고 "그들은 믿지 않는 자들이 가는 음부를 거쳐 지옥으로 갈 것이다"라는 추측을 할 수 있습니다. 목회자이자 신학자였던 로버트 루이스 댑니R. L. Dabney는 "성령이 성화聖化를 유력한 방법으로 삼아 그 영혼을 하늘나라에 갈 수 있도록 성숙시킨다"고 말합니다. 이런 말을 곰곰이 새겨보면 믿는 자라고 해서 백 퍼센트 천국 입국이 보장되지 않을 수도 있다는 의문을 가질 수 있습니다. 한걸음 나아가 믿는 자라도 천국에 들어가기 전에 엄격한 입국 심사를 받게 되며, 성화(예수님의 성품을 닮아가는 일)는 하늘나라에 입국하기 위해 필요한 추가적인 자격일 수 있다는 추측을 할 수 있습니다.

예를 들어 열심히 종교생활을 했지만 천국 입국이 거절되는 사람들도 있지 않을까라는 의문을 가질 수 있습니다. 이들은 이 세상을 사는 동안 하나님의 의가 아니라 자신의 의에 따라 살았던 사람들입니다. 이들을 불의한 자라고 부를 수 있습니다. "나더러 주여 주여 하는 자마다 천국에 다 들어갈 것이 아니요 다만 하늘에 계신 아버지의 뜻대로 행하는 자라야 들어가리라"(마태복음 7:21)라는 말씀처럼 불의한 자는 입국이 허락되지 않아 생명나무에 나아갈 자격을 얻을 수 없을 것이라는 추측을 할 수도 있습니다. 그러나 이 말씀은 형식적인 고백 즉 죽은 신앙고백에 대한 경고의 말씀에 해당합니다.

저의 추측은 누구든지 가질 수 있는 의문입니다. 하지만 이런 추측은 성경적 진리는 아닙니다. 구원을 받은 모든 자들은 그들의 행위에 관계없이 죽음 이후에 낙원을 거쳐 천국으로 갈 수 있는 자격을 갖게 됩니다. 다만 천국에서 받는 상급이 달라질 뿐입니다. 믿는 자는 그의 행위에 관계없이 낙원행이 가능하고 낙원을 거쳐 천국행이 보장됩니다. 믿는 자로서 악행을 저지른 사람조차 낙원행이나 천국행이 보장된다는 주장은 상식으로는 이해가 되지 않지만 성경의 진리에 해당합니다.

그래서 제가 아는 목회자에게 "입으로 예수님을 시인한 다음에 습관적으로 악행을 범하는 사람들에게 낙원과 천국행이 보장되는 것이 공평한 것 같지는 않은데요?"라고 물었습니다. 그분의 말씀은 "천국에서 상급의 차이도 있지만 이 세상에 사는 동안 대단히 고생스럽게 살아가게 됩니다"라는 이야기를 더해주었습니다.

성경은 우리를 이 땅에서 잠시 머물다 가는 나그네라고 부릅니다. 우리가 영원히 머물러야 할 고향은 하늘나라라고 말씀하십니다. 예수를 믿는 사람은 하늘나라에서 영원히 사는 일에 소망을 두고 살아가는 사람들입니다. 그러니까 '이 세상'을 살면서 '저 세상'에 대한 소망을 갖고 살아가는 사람들입니다. 그래서 믿는 자는 세상 기준으로 성공한 사람이라 할지라도 하늘나라 입국에 필요한 것을 준비하지 못한 채 살아가는 사람을 안타깝게 생각합니다. 그분들은 인생에서 가장 중요한 것을 놓쳐버린 분들이기 때문입니다.

이따금 "그리스도인 가운데 왜 나쁜 사람이 많은가?"라는 질문을 던지는 분들을 만나게 됩니다. 구원은 받았지만 예수님을 닮아가는 삶을 살지 않는 사람도 많기 때문입니다. 믿는 자 가운데서 이런 분들이 제법 많습니다. 하지만 성경은 모든 믿는 자에게 천국 입국을 보장하지만 상급의 차이가 분명히 있을 것임을 증거하고 있습니다.

천사와 타락한 천사들

그들의 천사들이 하늘에서
하늘에 계신 내 아버지의 얼굴을 항상 뵈옵느니라.
For I tell you that their angels in heaven
always see the face of my Father in heaven.
마태복음 18:10

여러분은 '수호천사'에 대해 한번쯤은 들어보셨을 것입니다. 하나님을 믿는 이라면, 누구에게나 어린아이들에게조차도 그들을 보호하는 수호천사가 있습니다. 그리고 그 수호천사들은 하나님을 늘 대하는 존재들입니다. 때문에 귀하게 대해야 한다는 것이 위의 인용문(마태복음 18:10)의 의미입니다. 성경은 부모가 자격이 되면 당연히 자식도 천사의 도움을 받을 수 있다고 말하고 있습니다. "모든 천사들은 섬기는 영으로서 구원받을 상속자들을 위하여 섬기라고 보내심이 아니냐"(히브리서 1:14)는 말씀은 구원받은 부모의 자식들을 천사가 보호해준다고 말합니다.

'개역 성경'을 기준으로 '천사'라는 단어가 구약에서는 모두 50번, 신약에서는 모두 150번 등장합니다. 관련 어구를 더 검색해보면 훨씬 늘어날 것입니다. 이는 성경이 천사의 존재와 활동을 중요하게 받아들이고 있음을 의미합니다. 특히 신앙 간증을 하는 분들은 자주 수호천사에 대한 체험담을 털어놓곤 합니다.

천사들은 누구일까요? 조직신학자 웨인 그루뎀은 천사들을 "도덕적 판단력과 고등의 지성을 가지고 있으나 육체를 지니지 않은 피조된 영물들"이라고 정의합니다. 천사들은 인간들을 도와주기 위해 하나님께서 창조한 우주의 일부이기 때문에 '하나님의 아들들'로 표현되곤 합니다. 천사의 어원은 헬라어인 '안겔로스Angelos'이며, 원래의 뜻은 신이 파견한 메신저, 전달자, 심부름 하는 자를 말합니다. 오늘날 천사의 이미지는 한 쌍의 날개를 가진 아름다운 모습이지만 원래는 여러 개의 날개와 많은 눈을 가진 괴물 같은 모습이었습니다. 이런 모습은 유대교와 그리스도교 그리고 이슬람교에서 천사라는 개념을 받아들이면서 점점 순화되어 오늘날처럼 아름다운 모습으로 자리잡게 되었습니다.

천사는 언제 창조되었을까요? 하나님에 의해 인간보다 먼저 창조되었습니다. 정확한 창조 시점을 알 수는 없지만 하나님이 천지창조를 마치고 휴식을 취하는 칠 일째 되던 날 이전이었을 것으로 추측됩니다. 천사들은 지정의知情意를 가진 영적 인격체입니다. 그들은 영이기 때문에 자연법칙의 구속을 받지 않습니다. 잠겨 있는 감옥에도 들어갈 수 있고, 감옥 문을 열 수도 있고, 불꽃 가운데로 올라갈 수도 있습니다. 또한 그들은 사람들보다 더 지혜로울 뿐만 아니라 강한 권능을 갖고 있습니다. 죽지 않는 존재이고, 거룩한 존재이며, 사람의 일에 관심이 많은 존재입니다. 그들이 맡은 역할도 다양합니다. 사람을 인도하며, 필요한 도움을 제공하며, 보호하며, 메시지를 배달하며, 방향을 제시하며, 위로하며, 우리를 대신해서 싸워주며, 하나님의 자녀들을 돕습니다. 하나님을 섬기는 천사들은 하나님을 찬양하고 하나님을 호위하고 하나님의 명령을 수행하는 영적 군대들입니다.

예를 들어 "이 밤에 여호와의 사자가 나와서 앗수르 진영에서 군사 십팔만 오천 명을 친지라 아침에 일찍이 일어나 보니 다 송장이 되었더라"(열왕기하 19:35)는 말씀은 천사가 얼마나 강한 힘을 가진 존재인가를 말해줍니다. "능력이 있어 여호와의 말씀을 행하며 그의 말씀의 소리를 듣는 여호와의 천사들이여 여호와를 송축하라"(시편 103:20)는 말씀은 천사가 하나님의 명령을 충실히 수행하는 존재임을 말해줍니다. 또한 백부장 고넬료의 기도 가운데 천사가 나타나 "네 기도와 구제가 하나님께 상달되어 기억하신 바 되었다"(사도행전 10:4)는 말씀처럼 하나님의 메신저 역할을 수행하기도 합니다.

천사의 숫자는 얼마나 될까요? 사도 요한은 천사에 대해 "내가 또 보고 들으매 보좌와 생물들과 장로들을 둘러선 많은 천사의 음성이 있으니 그 수가 만만이요 천천이라"(요한계시록 5:11)라고 말하는 것을 미루어 보면 셀 수 없이 천사가 많음을 알 수 있습니다. 또한 "여호와께서 그 청년의 눈을 여시매 그가 보니 불말과 불병거(천군천사, horses and chariots of fire)가 산에 가득하여 엘리사를 둘렀더라"(열왕기하 6:17)라는 말씀은 엘리사 주위에 불말과 불병거로 가득 차 있는 산을 보았음을 말합니다. 천사들의 숫자가 얼마나 많은가를 짐작할 수 있습니다.

천사들의 세계도 군인들의 세계처럼 위계질서가 있는 것일까요?

그렇습니다. 천사들의 세계는 모두 9가지 계급이 있습니다. 상위 3계급을 다른 영물들로 간주하고 천사들에게는 포함하지 않는 신학자들도 있지만 여기서는 편의상 천사들의 계급에 포함시키도록 하겠습니다. 천사들은 엄격한 위계질서가 있으며 한번 정해진 계급은 바뀌지 않습니다.

제1계급, 치품熾品천사(스랍들) 세라핌 Seraphim 단수는 '스랍Seraph'으로 하나님과 가장 가까우며, 하나님의 뜻에 따라 주변에서 공명하며 노래하면서 계속해서 "거룩하다 만군의 여호와여"라고 경배하는 역할을 맡은 천사들입니다. 이사야가 3층천에서 본 스랍과 사도 요한이 밧모 섬에 있을 때 3층천에 올라가 본 스랍은 모두 6개의 날개를 갖고 있었습니다.(이사야 6:2,8, 요한계시록 4:6) 참고로 제1계급의 천사 중에서 최고위직이 루시퍼Lucifer입니다.

제2계급, 지품智品천사(그룹들) 케루빔 Cherubim 단수는 '그룹Cherub'으로 에덴동산으로 들어가는 입구를 지키라는 임무를 받았으며, 하나님은 종종 그룹들 사이에 좌정하거나 그룹을 타고 날아다니십니다. 성전의 가장 안쪽에 있는 지성소의 보좌를 날개로 덮는 천사들입니다.(에스겔 28:14, 10:14)

제3계급, 좌품座品천사(보좌들) 오파님 Ofanim '왕권들thrones'로 하나님의 판결과 심판을 인간에게 전해줄 뿐만 아니라 하나님의 옥좌를 나르는 존엄과 정의의 천사들로 '의지의 지배자'로 불리는 천사들입니다.

제4계급, 주품主品천사(주관들) 도미니온즈 Dominions 통치 혹은 지배를 뜻하며 '주권Loadship'으로 불리기도 하며, 신의 뜻을 우주에 알리기 위해 다양한 활동을 펼치는 천사들로, 지휘관은 하시말 혹은 자드키엘입니다.

제5계급, 역품力品천사(권세들) 버츄즈 Virtues 사람들에게 믿음과 용기를 전하기 위해 영웅들에게 힘을 빌려주거나 지상의 기적을 이루는 일을 수행하는 천사들로, 그리스도의 승천 때 곁을 따랐던 천사입니다. 지휘관은 미카엘Michael, 라파엘Raphael 등입니다.

제6계급, 능품能品천사 파워즈 Puissance 타락한 천사들인 사탄에 맞서 최전선에서 싸우는 역할을 맡고 있기 때문에 일종의 국경수비대 역할을 하는 천사들입니다. 이 군단의 지휘관은 '신을 바라보는 자'로 불리는 자인 카마엘Chamael로 파괴, 징벌, 복수, 죽음의 천사를 지휘합니다.

제7계급, 권품權品천사(정사 혹은 통치자들) 프린시펄리티즈 Principalities '정사들rulers'로 지상에 내려가 나라나 도시를 통치하는 역할을 맡아 인간들의 지도자를 감시하는 '신앙의 옹호자' 성격이 강한 천사들입니다. 이 군단의 지휘관은 아나엘, 에녹을 하늘로 데려간 하미엘, 카마엘 등입니다.

제8계급, 대천사大天使들(천사장들) 아크엔젤스 Archangels '권세들 authorities'이라는 천사로 천사들 중에서 최고의 능력을 지닌 천사들로, 그들은 하나님 앞에 서서 명령을 직접 받는 참모 역할을 맡을 뿐만 아니라 모든 생명을 가진 것들을 수호하고 일반 천사들을 지도하여 하나님께 대항하는 인간을 처벌하는 천사들입니다. 대표적인 대천사장에는 미가엘Migaels과 가브리엘Gabriels 대천사가 있습니다.

제9계급, 천사天使들 엔젤스 Angels 천사 계급의 막내로 인간에게 가장 가까운 존재이며, 우리가 알고 있는 아름다운 모습의 천사들입니다. 이들은 인간 생활의 세세한 부분까지 정의를 격려하고 고무하며, 악을 경계하도록 하며, 대천사의 명령을 실행합니다.

천사의 세계는 기능으로 보면 3개의 부서(치안부서, 총무부서, 음악부서)로 나누어져 있습니다. 따라서 각 계급마다 3개의 기능을 맡은 책임자가 있었습니다. 이 가운데 유명한 천사들의 예를 들어보겠습니다. 제8계급의 미가엘 대천사는 치안부서(군사, 의전, 방위, 질서, 치안 등)를 맡고 있는 핵심 실무 책임자입니다. 마찬가지로 제8계급의 가브리엘 대천사는 부서 간 연락과 조정 그리고 메시지 전달을 맡은 총무부서의 핵심 실무 책임자입니다.

우리는 늘 천사가 인간을 돕기 위해 창조되었다는 사실을 잊지 않도록 해야 합니다. 하나님의 창조 역사에서 인간은 하나님의 형상을 본받아 만들어진 존재이지만 천사는 그렇지 않습니다. 성경은 지상에서 인간이 천사보다 못한 존재처럼 보이긴 하지만 구원이 완성될 때부터는 인간이 천사를 다스리게 될 것임을 증거하고 있습니다. "모든 천사들은 부리는 영으로서 구원 얻을 후사들을 위하여 섬기라고 보내심이 아니냐"(히브리서 1:14)

여기서 우리는 한 가지 중요한 점에 주목합니다. 하나님이 천사를 창조하신 목적은 인간을 위함이기도 하지만 다른 하나는 하나님을 경배하기 위함입니다. 다시 말하면 하나님이 인간을 창조한 목적이 하나님을 경배하기 위함인 것과 마찬가지로 천사를 만든 목적 역시 하나님에게 영광을 돌리기 위함이었습니다. "능력이 있어 여호와의 말씀을 이루며 그 말씀의 소리를 듣는 너희 천사여 여호와를 송축하라"(시편 103:20)는 말씀은 천사 역시 피조물의 하나로서 하나님의 창조 목적을 수행해야 하는 존재임을 말하고 있습니다.

이제부터는 천사의 타락에 대해 설명을 드리겠습니다. 아담이 선악과를 따 먹음으로써 죄를 지은 것과 마찬가지로 제1계급에 속한 천사 중 고위직이 하나님에게 죄를 범하게 됩니다. 자신이 본래 수행해야 할 임무를 저버리고 타락하게 되는 사건이 일어나고 말았습니다. 성경은 정확하게 어떤 이유로 천사가 타락하게 되는가를 설명하고 있지는 않습니다. 유력한 이유는 하나님을 경배하는 것이 아니라 스스로 경배받기를 원해서라고 합니다. 다시 말하면 스스로 하나님처럼 되기를 원하고, 될 수 있다고 믿었던 천사가 등장하게 된 것입니다.

그는 제1계급인 세라핌들 가운데서 최고로 높은 천사 직책을 차지하고 있던 '루시퍼'입니다. 그는 음악 담당 부서를 맡고 있었습니다. 아침의 아들 즉, 계명성the morning star이라 불릴 정도로 하나님으로부터 총애를 받았던 천사였습니다. 그는 기름 부음을 받은 천사였을 뿐만 아니라 잘생기고 지혜가 충만한, 훌륭한 지도자의 모든 조건을 완비한 천사였습니다. 문제는 늘 교만함으로부터 비롯됩니다. 그는 하나님을 경배하고 영광을 돌리는 존재로 남아 있기보다는 스스로 하나님이 되기를 소망했기 때문에 하나님을 배반하고 맙니다.

이는 명백히 창조 목적에 위반되는 대형 사건이었기 때문에 하나님의 진노로 말미암아 그는 3층천(낙원)에서 쫓겨나 1층천과 2층천으로 떨어지고 말았습니다. 놀랍게도 이때 루시퍼를 따라서 타락한 천사의 대열에 동참한 천사의 수가 모든 천사 가운데 3분의 1을 차지할 정도였습니다. 타락한 루시퍼는 '사탄Satan'이 되고 루시퍼를 따라서 하나님을 배반한 천사들은 사탄(마귀, Devil)의 졸개들인 마귀들 혹은 귀신들이 되고 맙니다. 악의 세력을 구성하는 두목과 졸개들이 거대한 조직을 만들게 된 셈입니다. 이처럼 한 천사의 타락으로 말미암아 세상에는 사탄과 그 졸개들이 거대한 세력을 형성하게 됩니다. 우리가 타락한 천사들을 주목하지 않을 수 없는 것은 사회적으로 혹은 개인적으로 수많은 문제의 원인 제공자가 사탄과 귀신들이기 때문입니다. 그들은 예수님이 사시던 시대뿐만 아니라 지금도 왕성하게 활동하고 있기 때문입니다.

3층천에서 쫓겨난 사탄이 지금도 왕성하게 활동하는 공간은 지상과 1층천과 2층천입니다. "그때에 너희는 그 가운데서 행하여 이 세상 풍조를 따르고 공중의 권세 잡은 자를 따랐으니 곧 지금 불순종의 아들들 가운데서 역사하는 영이라"(에베소서 2:2)라는 말씀을 미루어 보면 하늘에서 추방된 사탄은 지금도 1층천인 공중에 자리 잡고 활개를 치면서 활동하고 있음을 알 수 있습니다. 그들은 이따금 하늘나라에 접근할 수 있는데, 이때는 특별한 용무 즉 형제들을 참소하기 위해서만 잠시 방문할 수 있습니다. 요한계시록 12장 10절은 하나님의 구원이 완성될 때까지 사탄의 활동이 지속될 것임을 증거하고 있습니다.

천사의 타락에 대한 이야기를 마무리하기 전에 우리는 두 가지 질문에 답을 해야 합니다. 첫째, 천사들은 언제 타락한 것일까요? 둘째, 전지전능하신 하나님이 왜 천사의 타락을 내버려두셨을까요? 누가 아담의 실족을 유도했는가를 살펴보면 천사들의 타락이 언제 일어났는가를 알아내는 일은 어렵지 않습니다. 아담을 유혹하여 죄를 범하도록 만든 존재는 뱀이었습니다. 겉모습은 뱀이었지만 뱀은 사탄이 사용한 도구였습니다. 늘 사탄은 이처럼 교묘한 방법을 사용합니다. 자신의 모습을 직접 드러내지 않고 도구를 이용하는 데 익숙합니다. "큰 용이 내어 쫓기니 옛 뱀 곧 마귀라고도 하고 사탄이라고도 하며 온 천하를 꾀는 자라"(요한계시록 12:9)는 말씀이 이를 잘 말해주고 있습니다. 천사의 타락으로 생겨난 사탄과 귀신들은 아담의 타락 이전에 이미 존재하고 있었습니다.

그렇다면 사탄의 활동은 언제까지 계속되는 것일까요? 사탄은 하나님이 선택한 자들의 영혼을 구원하는 구원계획이 마무리될 시점에 종결될 것입니다. "내가 또 들으니 하늘에 큰 음성이 있어 이르되 이제 우리 하나님의 구원과 능력과 나라와 또 그의 그리스도의 권세가 나타났으니 우리 형제들을 참소하던 자 곧 우리 하나님 앞에서 밤낮 참소하던 자가 쫓겨났고"(요한계시록 12:10)

하나님이 천사의 타락을 허용한 데에는 깊은 뜻이 숨어 있습니다. 손쉽게 얻은 것의 가치나 고마움을 모른다고 판단하셨기 때문입니다. 인간은 뭐든 귀하게 얻지 않으면 가치를 잘 알지 못하는 존재입니다. 자신이 크게 노력하는 것도 없이 영원한 생명을 공짜로 얻게 되면 어떤 인간이 창조주 하나님을 경배하고 영광을 돌리겠습니까? 쉽게 얻었기 때문에 하나님께 찬송하고 경배하는 일을 게을리할 것입니다. 왜 내가 하나님을 경배해야 하느냐고 오히려 반문하는 사람들이 다수를 차지할 것입니다.

하지만 타락한 천사가 인간이 하나님을 경배하고 영광 돌리는 일을 끊임없이 방해한다면 상황은 달라질 것입니다. 하나님의 창조 사역을 행하신 목적 즉, 하나님을 경배하고 찬송하는 자신의 임무를 다 하는 일이 무척 힘든 일이기 때문입니다. 사람들은 하나님이 자신들을 만든 창조 목적을 더 깊이 새기고 감사하며 이를 더 잘 수행하기 위해 노력하게 될 것이라는 사실입니다. 누구든 귀하게 얻은 것일수록 그 가치를 더 깊이 체험하게 됩니다. 도대체 타락한 천사인 사탄은 어떤 문제를 일으키게 되는 것일까요? 우리는 그들을 어떻게 이해해야 하고 그들을 어떻게 다루어야 하는 것일까요?

사탄, 마귀, 귀신의 교활한 전략

하나님의 자녀들과 마귀의 자녀들이 드러나나니
무릇 의를 행하지 아니하는 자나 또는 그 형제를 사랑하지 아니하는 자는
하나님께 속하지 아니하니라.
This is how we know who the children of God are
and who the children of the devil are: Anyone who does not do what is right is not
a child of God; nor is anyone who does not love his brother.
요한일서 3:10

믿음은 세상을 바라보는 관점을 크게 변화시킵니다. 성경적 시각에서 바라보는 세상의 모습을 정확하게 이해하는 일은 제대로 믿음을 갖는 데 중요합니다. 요한일서는 매우 중요한 두 가지 용어를 우리에게 제시하고 있습니다. '하나님의 자녀'와 '마귀(사탄)의 자녀'입니다.

믿음을 갖지 않은 분에게 언짢게 들릴 수 있기 때문에 망설여지는 이야기지만, 성경이 말하는 그대로 전하도록 하겠습니다. 성경이 세상을 어떻게 바라보는가의 옳고 그름에 대한 판단은 독자 여러분에게 맡기겠습니다. 지상의 재산, 학식, 명성, 성별, 선행 여부 등 그 어떤 것에 관계없이 사람은 '하나님의 자녀'가 되거나 아니면 '사탄의 자녀'로 살아가게 된다는 것이 성경적 시각입니다. 이런 시각을 불편

하게 생각하는 분들도 계실 겁니다. "아니 너무하시네요. 믿지 않는다고 해서 사탄의 자녀라고 폄하하는 것이 말이 되나요. 내가 어떻게 사탄의 자녀인가요? 말도 되지 않는 이야기입니다." 이렇게 화를 내는 분도 있을 겁니다. 충분히 이해하고도 남습니다. 그래서 저는 성경적 시각이란 전제조건을 붙인 채 이야기를 펼치고 있습니다. 성경은 '하나님의 자녀'이면서 동시에 '사탄의 자녀'인 사람은 있을 수 없다고 말합니다. 아주 강력한 이분법적 시각이 성경적 세계관입니다. 여러분이 예수 그리스도를 마음으로 믿고 입으로 시인하게 되면 '하나님의 자녀'가 되지만 그렇지 않으면 '사탄의 자녀'로 살아갈 수밖에 없다는 내용이 성경적 시각입니다.

세상 사람들을 컴퓨터에 비유해보면, 기본값은 '사탄의 자녀'입니다. 그리스도를 마음으로 믿고 입으로 시인하는 특별한 일이 일어나지 않으면 모든 인간은 아담이 선악과를 따 먹은 초대형 사건을 기점으로 원죄를 갖게 됩니다. 아담의 모든 후손들은 '사탄의 자녀'로 살아가게 된다는 것이 성경의 핵심 내용 중 하나입니다.

우리는 이미 사탄이 어떻게 생겨나게 되었는지를 살펴보았습니다. 음악을 맡은 천사장인 루시퍼가 스스로 하나님이 되고자 하는 교만함 때문에 타락하여 사탄이 되고 말았습니다. 그가 타락했을 때 천사 가운데 무려 3분 1이나 그를 따라갔기 때문에 사탄의 부하들인 귀신들로 세상이 득실거릴 것임을 예상하는 일은 어렵지 않습니다. '하나님의 자녀'와 '사탄의 자녀'에 대해 황용현 목사는 이렇게 말합니다.

성서에는 인간을 하나님의 자녀(요한복음 1:12, 사도행전 18:10, 로마서 9:23, 요한일서 3:10, 요한계시록 20:12)와 사탄의 자녀(로마서 9:22, 베드로후서 2:12,14,19, 요한일서 3:10, 요한계시록 20:12, 21:8)로 구분한다. 다수가 사탄의 자녀이며, 소수의 예정된 하나님의 자녀들만이 구원을 받게 된다. 이것은 하나님의 주권이며, 바울 신학과 칼빈 신학도 바로 이 사상에 바탕을 두고 있다.

황용현, 『여자의 후손』, p.34~35

정신의학의 전문가들 중에도 성경적 시각과 비슷한 의견을 제시하는 분들이 있습니다. 악의 문제를 심층적으로 다루었던 정신과 의사 스캇 펙M. Scott Peck은 사탄이 자신의 목적을 달성하기 위해 사람을 어떻게 이용하는가에 대해 다음과 같이 말합니다. 그는 사탄이 인간을 철저히 이용해서 자신의 악마성을 세상에 펼친다는 점을 강조하고 있습니다.

하나님처럼 사탄도 물질적인 존재를 통하여 또는 물질적인 존재들 속에 들어가 자신을 드러낼 수 있다. (…) 오랜 세월 거듭돼온 '왜 귀신들은 인간의 몸에 그토록 집착을 보이는가?' 하는 질문에 대한 해답이 내가 보기엔 바로 여기에 있는 것 같다. (…) 사탄은 인간의 몸 안에 있지 않으면 완전히 무기력해진다는 것이다. 사탄은 인간의 몸을 통하지 않고서는 결코 악을 행할 수 없다. 사탄이 '처음부터 살인한 자'이긴 하지만 그것도 인간의 손을 빌리지 않고는 할 수 없었다. 사탄 스스로는 인간을 죽이거나 심지어 해롭게 할 능력조차 없다. 자신의 악마성을 행사하기 위해서 사탄은 인간을 사용해야만 한다.

스캇 펙, 『거짓의 사람들』, p.396~398

제리 랜킨Jerry Rankin 박사는 23년 동안 인도네시아를 중심으로 아시아에서 선교 사역을 해온 분입니다. 그는 교회들을 중심으로 영적 전쟁에 관한 세미나와 컨퍼런스를 개최해오고 있는데 그는 오랜 경험으로 알게 된 사탄의 활동에 대해 이렇게 얘기합니다. 그는 사탄이 존재하는 것을 알지만 이를 인식하는 사람들은 드물다고 말합니다.

선교사들은 사탄과 마귀의 활동에 대해서 알고 있다. 서구 그리스도인들도 매일의 삶 속에서 사탄의 활동을 대면한다. 그러나 이를 인식하는 사람들은 드물다. 왜냐하면 사탄의 활동이 교묘하게 가장된 형태로 나타나고, 이를 그리스도인들이 이성주의적 세계관으로 평가절하하기 때문이다.

제리 랜킨, 『영적 전쟁 이렇게 승리하라』, p.22~23

이제 우리는 사탄이라 불리는 자들에 대해 더 자세히 살펴볼 필요가 있습니다. 사탄은 마귀들과 귀신들의 두목입니다. 따라서 '사탄과 그 부하들', '마귀와 그 부하들', '사탄과 마귀들' 등과 같이 표현하는 것이 정확합니다. 두목과 졸개들을 구분하는 것도 필요합니다. 앞에서 이미 설명한 바와 같이 '사탄Satan'은 '마귀Devil'라는 이름 이외에 구약성경에는 바벨론 왕, 두로 왕, 파사 왕The King of Persia 등으로 표현됩니다. 신약에서는 귀신의 왕인 바알세불Beelzebul the ruler of the demons, 이 세상 임금the ruler of this world, 공중권세 잡은 자the prince of the power of the air, 우는 사자a roaring lion, 흑암의 권세the dominion of darkness, 광명의 천사an angel of light 등으로 나타납니다. 또한 '사탄'은 '마귀'와도 동의어이며, 더러운 영an evil spirit으로 불리기도 합니다.

특이하게도 사탄이나 마귀가 요한계시록 12장 9절과 20장 2절에서는 용과 옛 뱀으로 나타납니다. 그밖에 무저갱의 사자the Angel of the Abyss, 아바돈Abadon, 아볼루온Apollyon, 큰 붉은 용Great red dragon, 온 천하를 꾀는 자the deceiver of the whole world, 참소하는 자accuser 등으로 나타납니다.

사탄의 활동상을 성경에 등장하는 대표적인 말씀으로 살펴보겠습니다. "근신하라. 깨어라. 너희 대적 마귀가 우는 사자같이 두루 다니며 삼킬 자를 찾나니"(베드로전서 5:8), "그가 우리를 흑암의 권세에서 건져내사 그의 사랑의 아들의 나라로 옮기셨으니"(골로새서 1:13), "사탄도 자기를 광명의 천사로 가장하나니"(고린도후서 11:14), "큰 용이 내쫓기니 옛 뱀 곧 마귀라고도 하고 사탄이라고도 하며 온 천하를 꾀는 자라. 그가 땅으로 내쫓기니 그의 사자들도 그와 함께 내쫓기니라"(요한계시록 12:9)

사탄과 그의 졸개들은 주로 어떤 활동을 하는 것일까요? 우리가 사탄의 자녀가 된다면 사탄은 자녀들에게 어떤 일을 하도록 사주하는 것일까요? 우리가 다시 한 번 상기할 필요가 있는 것은 사탄은 결코 육체만 없는 영이 아니라는 사실입니다. 사탄은 생각을 하고, 감정을 갖고, 의지를 갖고 있는 엄연한 인격체입니다. 인격체이기 때문에 그는 자신이 괴롭히기를 원하는 사람이나 집단이 있다면 의지를 갖고 자신의 뜻을 관철시키기 위해 노력하는 존재입니다.

사탄이 인격체라는 것에 대해 선교사로 오랫동안 활동했던 알반 더글라스Alban Douglas는 "오늘날 많은 사람은 인격체로서 마귀를 믿지 않고 단지 육의 악한 경향성 또는 인간의 약점으로서의 악을 마귀로 생각한다"고 지적하고 있습니다. 사탄은 생각과 의지를 갖는 인격체이기 때문에 훨씬 강력한 영향력을 발휘할 수 있습니다.

사탄이 인격체라는 것은 자신의 목적을 달성하기 위해 머리를 쓸 수 있음을 의미합니다. "사탄도 자기를 광명의 천사로 가장하나니"(고린도후서 11:14)라는 말씀처럼 사탄은 간교함을 가진 존재입니다. 멀쩡한 사람들이 신 내림을 받거나 이단에 속아서 어려움을 겪는 것도 사탄의 간교함 때문입니다. 또한 그는 의지를 갖고 밀어붙일 수 있는 존재입니다. 하나님에게 다가서려 노력하는 사람들의 신앙 간증에는 항상 이를 방해하려는 사탄의 역사가 있습니다. 사탄과 그 부하들은 예수를 제대로 믿는 일을 무진장 싫어하는 존재랍니다. 교묘한 방법으로 믿음을 제대로 갖는 일을 방해합니다. 또한 그들은 사람을 속이는 데 뛰어난 능력을 갖고 있습니다. 이상한 교리로 현혹하는 사람들에게 낚여서 가진 재산을 다 바치고 가족을 떠나는 사람들을 지금도 볼 수 있지 않습니까? 그들 가운데 하나님을 섬기는 것이 아니라 특정 개인을 숭배하는 사람들도 있지 않습니까? 우리는 사탄과 그 부하들이 생명, 지성, 감정, 그리고 의지를 갖진 인격체임을 잊지 않도록 해야 할 것입니다.

사탄이 행하는 사악한 활동들을 구체적으로 살펴보도록 하겠습니다. 적을 잘 알아야 대처 방법을 찾아낼 수 있기 때문입니다. 사탄과 그 졸개들이 행하는 일들을 크게 나누면 모두 10가지로 정리할 수 있습니다.

하나, 사탄은 살인자입니다. 사탄의 살인은 주로 집어삼켜버리는 방법으로 이루어집니다. 근신하여 깨어 있지 않았기 때문에 사탄의 자녀가 되어버린 자는 알게 모르게 범죄를 저지르게 됩니다. "저건 인간이 아니고 악마야"라는 탄성을 내뱉게 만드는 강력 사건들의 주범을 성경적 시각에서 보면 사탄의 침입 혹은 계략으로 바라볼 수 있습니다. "너희는 너희 아비 마귀에서 났으니 너희 아비의 욕심대로 너희도 행하고자 하느니라. 저는 처음부터 살인한 자요"(요한복음 8:44)

둘, 사탄은 거짓말쟁이입니다. 사탄은 사악한 주장이나 교리를 믿도록 만드는 역할을 합니다. 사탄과 그 부하들에게는 처음부터 진리와 진실이란 것이 존재하지 않습니다. 그들은 목적을 위해서라면 거짓말을 서슴지 않습니다. 목적 달성에 도움이 될 수 있다면 무슨 일이든지 다 할 수 있는 존재입니다. "진리가 그 속에 없으므로 진리에 서지 못하고 거짓을 말할 때마다 제 것으로 말하나니 이는 그가 거짓말쟁이요 거짓의 아비가 되었음이라"(요한복음 8:44)

셋, 사탄은 속이는 자입니다. 사탄의 전략 가운데 자주 사용되는 것은 진실을 보지 못하도록 눈을 가리는 일입니다. 그들은 달콤한 미끼를 사용해서 사람들을 잘 속이는 데 익숙한 자들입니다. 사람들은 세상을 살면서 많이 속아 넘어가버립니다. 사람에게 속고, 문화에 속고, 유행에 속고, 분위기에 속고, 이데올로기에 속습니다. 사탄이 특별히 싫어하는 것은 어떤 사람이 예수님을 제대로 이해하고 받아들이는 것입니다. 예수님의 피 흘림과 부활을 증거하는 복음을 받아들이는 것은 흔들림 없는 절대적인 기준을 받아들이는 것을 말합니다. 사탄은 이를 무척 싫어합니다. "큰 용이 내쫓기니 옛 뱀 곧 마귀라고도 하고 사탄이라고도 하며 온 천하를 꾀는 자라"(요한계시록 12:9)라는 말씀은 사탄의 속성 가운데 하나가 속이는 자임을 말해줍니다. 특히 복음을 받아들이는 일은 진리에 다가서는 것이기 때문에 사탄은 필사적으로 이를 싫어합니다. 어느 시대나 예수가 그리스도라는 진리에 혹은 예수 그리스도라는 단어에 알레르기 반응을 보이는 경향이 있는 것도 사탄의 전략 가운데 하나입니다.

넷, 사탄은 간교한 자입니다. 사탄은 절대로 스스로 자신을 전면에 드러내지 않습니다. 자신을 숨긴 채 자신이 이용하려는 대상을 찾습니다. 사탄이 활용하는 대상이 되는 사람은 잘 모르는 채 당하고 맙니다. 사탄이 하와에게 나타나서 선악과를 먹으라고 직접 권한 것은 아닙니다. 그랬다면 하와도 속지 않았을 것입니다. 사탄이 활용한 것은 뱀이었습니다. 뱀 속에 슬며시 들어간 사탄이 하와를 유혹에 넘어가도록 만들어버립니다. "뱀이 그 간계로 하와를 미혹한 것같이 너희 마음이 그리스도를 향하는 진실함과 깨끗함에서 떠나 부패할까 두려워하노라"(고린도후서 11:3)

다섯, 사탄은 도둑입니다. 사탄은 훔치는 데 능합니다. 특히 그는 어떤 사람의 마음의 밭에 뿌려진 성경 말씀을 훔치는 데 통달한 자입니다. 사탄은 예배당에서 말씀을 듣는 사람들을 졸게 만들기도 하고, 의심을 갖도록 만들기도 하고, 교회의 다른 성도들과의 관계를 틀어지게 만들기도 합니다. 이런 모든 활동은 어떤 수단을 사용하든지 성경 말씀으로부터 점점 멀어지게 만드는 것입니다. "아무나 천국 말씀을 듣고 깨닫지 못할 때는 악한 자가 와서 그 마음에 뿌려진 것을 빼앗나니 이는 곧 길가에 뿌려진 자요"(마태복음 13:19)

여섯, 사탄은 사악한 교리를 널리 퍼뜨리는 자입니다. 복음과 유사한 교리를 퍼뜨리는 일에 사탄은 적극적으로 활동합니다. 예수님 탄생 이전부터 이단(異端, 정통교리에서 크게 벗어난 교리나 종파)과 사이비 종교(似而非 宗教, 교리를 교묘하게 짜깁기하여 사람에 의해 만들어진 종교로 주로 대중 사이에 갑자지 퍼져나가는 데 성공한 신흥 종교집단)는 성행했습니다. 여기서 이단은 종교적이고 도덕적 기준이 쟁점이 되지만, 사이비 종교는 법적 기준까지도 위반하는 경우가 많습니다.

오늘날도 영혼의 갈급함을 느끼는 자들의 영혼에 사악한 교리를 집어넣는 역할에 선봉장들이 있습니다. 그들은 영혼 비즈니스를 하는 사업가들인 셈입니다. 성경 말씀 공부를 등한히 한 채 영혼에 갈급함을 느끼는 사람들 가운데 사탄에게 넘어가는 사람들이 많습니다. 이단과 사이비 종교는 이들을 집중적으로 공격합니다. 그래서 믿는 자 가운데도 사탄에 사로잡힌 사람들이 제법 있습니다. "사람들이 잘 때에 그 원수(사탄)가 와서 곡식(예수께서 뿌린 좋은 씨) 가운데 가라지(악한 세력이나 이단 사상 등과 같은 나쁜 씨)를 덧뿌리고 갔더니"(마태복음 13:25)

일곱, 사탄은 이간질하는 자입니다. 교회도 사람들이 모인 곳입니다. 교회가 예수 그리스도의 지체이긴 하지만 지체를 구성하고 여러 활동을 하는 존재는 사람들입니다. 세상 사람들이 손가락질을 하게 만드는 일들이 교회에서 자주 일어납니다. 교회 운영을 둘러싸고 치고 박고 싸우는 일은 세상 사람들이나 믿는 사람들이나 별반 차이가 나지 않을 경우가 있지요. 인간적인 욕심에서 싸운다고 할 수 있지만 이런 교회와 구성원들은 강하게 사탄에 사로잡혀 있는 경우에 해당합니다. 운영을 둘러싸고 벌어지는 다툼은 의견의 차이이지만 의견의 차이를 이용하는 것이 바로 사탄의 계략입니다. "이제 우리 하나님의 구원과 능력과 나라와 또 그의 그리스도의 권세가 나타났으니 우리 형제들을 참소하던 자 곧 우리 하나님 앞에서 밤낮 참소하던 자가 쫓겨났고"(요한계시록 12:10)

여덟, 사탄은 사람들의 마음을 혼미하게 하는 자입니다. 복음은 쉽게 받아들이기가 쉽지 않습니다. 누군가 전하더라도 '세상의 신은 다 똑같지요'라고 말하거나 '다 좋은 일 하자는 것 아니에요?'라는 말로 아예 관심조차 가지지 않는 사람들이 많습니다. 인간적인 면에서는 배움에 대해 문이 닫혀 있는 사람이기 때문이라 할 수 있지만 마음을 혼미하게 하는 사탄의 전략 때문일 수도 있습니다. 진리의 길을 방해하는 것이지요. 눈도 가리고 귀도 가리면서 말입니다. "그중에 이 세상의 신이 믿지 아니하는 자들의 마음을 혼미하게 하여 그리스도의 영광의 복음의 광채가 비치지 못하게 함이니 그리스도는 하나님의 형상이니라"(고린도후서 4:4)

아홉, 사탄은 죽음으로 인도하는 자입니다. 오랫동안 예배당을 오고 간 분이 있었습니다. 믿음이 아주 강하다고 다들 칭송한 분이었습니다. 이분은 병이 들었지만 시름시름 앓을 뿐 병원을 가더라도 별다른 병명을 찾아낼 수 없었습니다. 사탄은 영혼이 지나치게 맑은 사람들을 공격합니다. 그래서 그들로 하여금 시름시름 앓다가 죽음에 달하도록 만들어버리곤 하지요. 이런 상황을 만나게 되었을 때 우리가 사탄의 실체를 정확히 알 수 있다면 그들을 다스릴 수가 있는데 많은 사람들이 이를 이해하지 못하기 때문에 당하고 맙니다.

열, 사탄은 그리스도인들을 시험하는 자입니다. 신앙생활을 오래 지속하기가 쉽지 않은 것은 고난이나 역경의 모습으로 자신을 숨긴 채 찾아오는 사탄 때문입니다. 그리스도인이 되는 것은 영광의 길뿐만 아니라 믿음으로 인한 고난의 길도 기꺼이 갈 수 있음을 인정하는 것입니다. 고난의 길도 반드시 영광의 길로 바뀔 것임을 확신하기 때문이지요. 그런데 막상 극심한 고난이 덮치게 되면 시험을 이겨내지 못하고 하나님 곁을 떠나버리는 사람들이 있습니다. "시몬아 시몬아, 보라 사탄이 밀 까부르듯 하려고 너희를 청구했으나(Simon, Simon, Satan has asked to sift you as wheat.)"(누가복음 22:31)

지금도 제대로 깨어 있지 않은 사람들을 대상으로 사탄은 끊임없이 먹잇감을 찾아 헤매고 있습니다. 이를 제대로 이해하고 격퇴하는 일 그리고 사탄의 자녀로 살아가지 않는 일에 대해 우리는 정확하게 이해해야 합니다. 사탄이나 마귀 그리고 귀신의 활동이 초대교회 시대에나 있을 법한 이야기라고 생각할 수도 있지만, 현대인도 영혼의 문제에 관한 한 여전히 옛 사람들과 비슷한 문제를 갖고 있습니다. 오히려 영적인 건강함에서는 현대인들이 더 많은 문제를 갖고 있다고 할 수 있습니다.

사탄, 마귀, 귀신의 세상

그중에 이 세상의 신이 믿지 아니하는 자들의 마음을 혼미하게 하여
그리스도의 영광의 복음의 광채가 비치지 못하게 함이니 그리스도는
하나님의 형상이니라.
The god of this age has blinded the minds of unbelievers,
so that they cannot see the light of the gospel of the glory of Christ,
who is the image of God.
고린도후서 4:4

하나님이 이루려는 세상이 있다면 당연히 이에 반하여 사탄과 마귀가 이루려는 세상이 있습니다. 앞에서 설명한 10가지의 활동을 통해서 사탄Satan과 마귀Devil가 성취하려는 세상은 어떤 세상일까요? 궁극적으로 모든 사람들을 '마귀(사탄)의 자녀'로 만들어 내는 것이 바로 사탄의 활동 목표입니다. 그렇다면 사탄의 전략이 가진 궁극적인 목표는 무엇일까요?

바로 하나님의 창조 사역과 구원 사역을 방해하여 가능한 더 많은 사람들을 죄의 굴레에서 벗어나지 못한 채 '사탄의 자녀'로 살아가도록 묶어두는 것입니다. 그리고 죽음 이후에는 지옥에 가도록 만듭니다. 다시 말하면 '사탄의 나라'를 이 땅과 공중에 건설하는 일입니다. 따라서 하나님의 나라와 사탄의 나라는 결코 함께할 수가 없습니다.

사탄은 이런 목표를 달성하기 위해 산발적으로 활동하는 존재가 아닙니다. 사탄의 공격은 우연적이고 산발적으로 일어나는 것은 아닙니다.

사탄이 우두머리로서 활동을 전개하기 위해서는 잘 짜인 조직이 있어야 합니다. 앞에서 우리는 9계급으로 구성된 천사의 조직을 보았습니다. 사탄의 조직 또한 마찬가지입니다. 천사의 조직과 마찬가지로 9계급으로 구성되며 각 계급의 천사들이 타락하여 그것에 걸맞은 마귀들 혹은 귀신들이 되었습니다. 사탄은 두목으로서 혼자서 하나님 사역을 방해하는 일을 맡을 수 없습니다. 따라서 사탄은 조직의 경영을 맡고, 필요한 일은 졸개인 마귀들(주로 공중전 담당)과 귀신들(주로 지상전 담당)에게 분담시켜 처리하고 있습니다. 쉽게 말하자면 사탄을 조폭 조직의 최고경영자CEO에 비유해도 좋습니다. 하나님과 달리 사탄은 전능하지도 않고 전지하지도 않고 무소부재하지도 않기 때문에 여기 번쩍 저기 번쩍 할 수는 없기 때문입니다.

여기서 우리는 다시 한 번 창조주 하나님의 창조 목적을 상기할 필요가 있습니다. 하나님은 자신이 만든 피조물들이 다른 우상이 아니라 하나님을 경배하고 찬양하고 존귀를 바치기를 원하십니다. 하나님은 우리의 삶에서, 매일, 언제나, 우리의 모든 행동과 태도를 통해 영광 받기를 원하십니다. 이것이야말로 하나님이 우리를 창조하시고 구원하신 목적입니다. 하지만 사탄은 하나님이 영광 받으시는 것을 싫어합니다. 사탄의 활동은 하나님에게 영광 돌리는 것을 방해하는 것입니다.

또한 창조주 하나님은 피조물 스스로 하나님 안에서 혹은 예수님

안에서 참 평안과 기쁨을 누리도록 허용했습니다. 평화, 기쁨, 능력과 힘, 승리, 거룩함과 축복은 하나님을 믿는 자들이 그리스도 안에서 누릴 수 있는 축복입니다. 사탄은 사람들이 누리는 축복을 싫어합니다. 그래서 사탄은 인간이 스스로 참 행복과 화평을 누리는 일을 집요하게 방해합니다. 마귀나 귀신들은 인간의 몸과 정신을 수시로 괴롭힘으로써 기쁨과 평안이 사라지도록 만드는 것은 물론이고 낙담하도록 만들어버립니다. 그래야 사람들이 자신을 찾아올 것이기 때문입니다. 예를 들어 신 내림을 받는 어떤 사람을 생각해보시기 바랍니다. 마귀는 어떤 사람의 마음과 몸을 집중적으로 공격해서 결국에는 모든 것을 포기하고 자신으로부터 신 내림을 받도록 만들어버립니다. 철저하게 사탄에게 의지하도록 만드는 것이 사탄의 활동 목적입니다.

보통 사람들은 일이 제대로 풀리지 않으면 용한 점집이나 무당을 찾습니다. 불확실한 비즈니스의 세계에서 활동하는 사람들 가운데는 점에 의존하는 사람들이 많습니다. 오랫동안 공부를 많이 해서 학식이 많은 사람이라고 해서 예외가 아닙니다. 그들 역시 영험한 사람을 찾아서 미래를 점치곤 하지요. 학식이나 재물의 많고 적음이나 지위의 높고 낮음에 관계없이 모든 인간은 어딘가에 의지할 수밖에 없다고 봅니다. 미래를 알아보기 위해 점을 친다는 것은 어떤 것을 말하는 것일까요?

점을 치는 사람들 가운데는 그냥 철학 운운하는 사람들도 있지만 신접한 사람들이 많습니다. 이들은 저마다 귀신들을 부르게 됩니다. 더러운 영이 귀신들과 교통하면서 점괘를 내놓곤 하지요. 사무엘상에는 블레셋의 침입에 당황한 이스라엘의 왕 사울이 서둘러 용한 무당을 찾는 일이 소개되어 있습니다. 사울은 무당으로 하여금 죽은 사무엘의 영을 불러달라고 요구합니다. 그러고 나서 사울은 사무엘의 영에게 어떻게 했으면 좋겠느냐고 물어달라고 요구합니다. 무당이 하는 일이 대부분 비슷비슷합니다. 신을 불러서 그들과 영교하여 미래를 점치려 합니다. 하나님은 이런 활동을 무척 싫어하셨습니다. "접신한 자와 박수무당을 음란하게 따르는 자에게는 내가 진노하여 그를 그의 백성 중에서 끊으리니"(레위기 20:6), "또 힌놈의 아들 골짜기에서 그의 아들들을 불 가운데로 지나가게 하며 또 점치며 사술과 요술을 행하며 신접한 자와 박수를 신임하여 여호와 보시기에 악을 많이 행하여 여호와를 진노하게 했으며"(역대하 33:6)

지금까지의 논의를 정리해보겠습니다. 사탄의 모든 활동은 2가지로 통합니다. 하나는 사람들이 하나님에게 영광을 돌리는 일을 방해하는 일이고 다른 하나는 사람을 괴롭게 만드는 일입니다. 그렇다면 사탄의 지배를 받는 사람들은 누구일까요? 사탄은 타락한 천사들 즉, 마귀들과 귀신들을 자신의 졸개로 거느리고 악으로 조직된 나라를 다스리고 있습니다. 사탄이 우두머리라면 사탄의 나라에는 다스림의 대상이 되는 백성들이 있어야 할 것입니다. 믿지 않는 자가 사탄 나라의 백성에 속할 것입니다. 그리고 믿음을 가진 자들 중에서는 교만, 야심, 이기심, 탐욕 그리고 쾌락으로 타락한 사람들이 대상에 속할 것입니다. 다시 말하자면 성화聖化되지 않는 그리스도인들이 사탄의 백성들이 될 것입니다. 그래서 사후에 모든 그리스도인이 낙원으로 갈 수 있고 천국 입국이 허락되지만 이런 사람들은 천국에서도 최하층에 거주하면서 하나님으로부터 주어지는 상급이 적을 것입니다.

믿는 자 가운데도 마귀와 같은 성품을 갖고 있는 사람들은 마귀의 도구로 이용될 수 있습니다. 사탄이 교묘한 속임수로 사람을 속이는 상징적인 사건이 마태복음에 등장하는 예수 그리스도와 베드로의 대화 속에서 들어 있습니다. 사탄은 얼마든지 믿는 자도 사탄의 도구로 이용할 수 있습니다. 승천하려는 예수 그리스도를 말리는 제자 베드로에게 예수님은 "사탄아 내 뒤로 물러가라. 너는 나를 넘어지게 하는 자로다. 네가 하나님의 일을 생각하지 아니하고 도리어 사람의 일을 생각하는도다"(마태복음 16:23)라고 꾸짖습니다. 예수님은 베드로를 도구로 삼아서 활동하고 있는 사탄을 정확하게 보시고 지적하시는 것입니다. 믿는 자라 하더라도 조금만 방심하면 얼마든지 사탄의 도구로 악용될 수 있습니다. 하물며 믿지 않는 자는 더 말할 필요가 없습니다.

대부분 믿는 사람들은 세상 기준으로 보면 선량합니다. 하지만 이들 중에도 사탄의 도구로 이용당하는 사람들이 없지 않습니다. 『악의 비밀』을 펴낸 장성민 박사는 "그리스도인들이 마귀와의 영적 전쟁에는 능하지만 마귀들이 도구로 사용하는 '거짓의 사람들'에 대해서는 전혀 모른다"고 지적하면서 "그래서 영적 전쟁이 아주 힘겨울 수밖에 없다"고 지적합니다. 그는 사람들의 유형을 다섯 가지 즉, 거짓의 사람들, 가짜 거짓의 사람들, 문제의식이 없는 사람들, 소심하고 겁이 많은 사람들 그리고 용기 있고 분별력 있는 사람들로 나눕니다. 선과 악의 차이를 명확하게 구분할 수 있는 유형의 사람은 마지막 사람들뿐이지만 이들은 소수에 불과합니다. 그리스도인들 가운데도 마지막

유형의 사람은 소수에 지나지 않습니다.

장성민 박사는 이런 사람의 수가 다섯 중 한 명 정도가 되지 않을까라고 추측합니다. 나머지 사람들은 언제 어디서나 사탄의 도구로 활용될 수 있습니다. 특히 사탄이 즐겨 활용하는 사람들은 거짓의 사람들입니다. 거짓의 사람들은 위장술이 뛰어나고 보기에 좋기 때문에 많은 사람들이 속임을 당하게 됩니다. 사탄은 이런 자들을 적극 활용하며 경계선에 서 있는 사람들로 하여금 그들을 추종하게 만들어버립니다. 여기서 거짓의 사람들은 마귀와도 같은 성품이 깊이 배어 있는 사람들입니다. 늘 용기 있고 분별력 있는 사람들은 소수에 불과하다는 사실을 잊지 않아야 합니다.

사탄과 세상 종교들

힘찬 음성으로 외쳐 이르되 무너졌도다 무너졌도다.
큰 성 바벨론이여 귀신의 처소와 각종 더러운 영이 모이는 곳과
각종 더럽고 가증한 새들이 모이는 곳이 되었도다.
With a mighty voice he shouted: "Fallen! Fallen is Babylon the Great!
She has become a home for demons and a haunt for every evil spirit,
a haunt for every unclean and detestable bird."
요한계시록 18:2

사탄과 그의 졸개들이 개인이나 단체를 공격하는 것은 그래도 이해할 만합니다. 무한히 팽창하려는 권력의 속성으로 미루어 보면 사탄은 이 정도에서 머물고 말 존재는 아닙니다. 사탄과 귀신들이 힘을 합쳐서 추진하는 초대형 프로젝트가 있습니다. 종교를 통해서 사람들의 눈을 가린 다음 영원히 마귀의 자녀들로 묶어두는 조직적이고 체계적인 활동을 말합니다. 사탄은 인간이 만든 종교를 이용해서 아주 정교한 계획에 따라 조직적으로 '마귀 자녀' 만들기 프로젝트를 추진해왔습니다.

목회자들은 이 문제를 공식적으로 거론하지 않습니다. 왜냐하면 다른 사람들의 종교를 비방하는 것처럼 보일 수 있기 때문입니다. 그러나 드물지만 담대하게 이 문제를 정면으로 거론하는 분들이 있습

니다. 종교를 이용한 사탄 자녀 만들기 프로젝트에 대해서는 황용현 목사의 『여자의 후손』이란 책에 상세하게 다르고 있습니다. 사탄이 주도하는 종교 확장 문제에 대해서는 『여자의 후손』 제1파트, '종교의 기원'의 내용을 기반으로 재정리했습니다. 참고로 제1파트는 1장, 바벨론 종교의 시작, 2장 바벨론 종교의 확산, 3장 현대와 사탄의 종교로 구성되어 있습니다. 저자의 주장을 모두 10가지 포인트로 정리했습니다.

주장 1 성경은 사탄에 의해 형성된 거대한 세력을 '짐승', '큰 성 바벨론', '큰 음녀', '가증한 것들의 어미'로 부릅니다. 사람이 만든 다양한 종교들이나 기독교 이단들을 말합니다. 위에서 인용된 요한계시록 18장 2절에는 '큰 성 바벨론'을 귀신의 처소이자 더러운 영이 모이는 곳으로 표현하고 있습니다. "큰 바벨론이라, 땅의 음녀들과 가증한 것들의 어미라 했더라"로 사탄에 의해 만들어진 종교를 부정적으로 묘사하고 있습니다.

주장 2 성경은 사탄을 '이 세상 신'이라고 말하고 있습니다. "그중에 이 세상의 신이 믿지 아니하는 자들의 마음을 혼미하게 하여 그리스도의 영광의 복음의 광채가 비치지 못하게 함이니 그리스도는 하나님의 형상이니라"(고린도후서 4:4)라는 말씀처럼 '사탄과 그 부하들'은 저마다 종교를 만들어서 다양한 신을 섬기게 되었습니다. 인간이 만든 신은 문명에 따라 다양한 명칭을 갖고 있지만 모든 종교는 바벨론 종교에서부터 시작되었습니다. 세상의 신들은 거의 대부분 바벨론 종교의 신들의 아류에 불과합니다. 일종의 복사 버전인 셈입니다.

주장 3 우리가 아는 대부분의 종교들이 바벨론 종교에 그 뿌리를 두고 있는 세상의 신들에 속합니다. 황용현 목사의 주장에 따르면 거의 모든 세상의 종교를 바벨론 종교의 방계 종교라고 불러도 무리가 없습니다.

> (바벨론 종교는) 그리스 신화의 신들, 로마 신화의 신들, 힌두교의 모든 다신들, 이슬람교 알라신, 시크교 신들, 조로아스터교 신들, 일본 신도교의 각종 신들, 바하이교 신들, 샤머니즘 신들, 토속종교의 여러 정령들, 심지어는 뉴에이지 운동의 신들로까지 파생되었다.
>
> 황용현, 『여자의 후손』, p.28

주장 4 사탄은 종교라는 도구를 활용해서 사람이 만든 각종 우상을 경배하도록 만들었습니다. 여기서 사탄의 전형적인 두 가지 전략을 확인할 수 있습니다. 하나는 종교가 만든 우상을 숭배하도록 만들어서 하나님과 인간 사이의 관계를 이간질하고 더욱 멀어지게 만드는 일입니다. 하나님이 가장 싫어하는 일 가운데 하나가 바로 우상숭배이며, 하나님을 분노케 하는 일을 즐겨하는 존재가 바로 사탄입니다. 다른 하나는 사탄의 정체를 드러내지 않은 채 경배해야 할 다른 대상 즉, 우상을 내세움으로써 사람들을 속이는 일입니다.

주장 5 사탄이 종교를 이용해서 하나님이 싫어하는 일을 집요하게 추진하는 이유는 질투심 때문입니다. 사랑의 하나님이 인간이란 피조물을 사랑하는 것을 도저히 받아들일 수 없는 존재가 바로 사탄입니다. 하나님은 자신의 아들까지 희생시키면서까지 자신의 피조물인 인간을 사랑하십니다. 사탄은 이런 사랑을 참을 수 없어 합니다. 뿐만 아니라 사탄은 하나님의 사랑이 마땅히 천사의 우두머리인 자신에게 향해야 한다고 생각합니다. 왜냐하면 자신 또한 하나님이 만든 피조물이기 때문입니다. 질투심에 눈이 먼 사탄은 분노를 표출하는 방법으로 하나님과 인간 사이에 이간질을 시도하게 되었습니다. 사탄의 본래 의미가 중상하는 자 혹은 이간질하는 자임을 기억하시기 바랍니다. "이 세상의 신이 믿지 아니하는 자들의 마음을 혼미하게 하여"(고린도후서 4:4)라는 말씀은 세상 신이 어떤 목적으로 활동하고 있는가를 보여줍니다.

주장 6 인간에 의해 최초로 조직화된 종교는 바벨론 종교입니다. 바벨론 종교는 모든 종교의 시조이며 이는 창세기 10장에 등장하는 70여 명이나 되는 노아의 후손 가운데 '니므롯'이란 인물이 창시하였습니다. 노아의 세 아들(셈, 야벳, 함) 가운데 셈은 아시안의 조상으로, 야벳은 유럽인의 조상으로, 함은 아프리카의 조상이 되었습니다. 함의 첫째 아들 구스의 6번째 아들이 니므롯인데 그가 바벨론 종교의 창시자가 됩니다. 니므롯의 이름은 '우리가 반역하자'라는 뜻을 지니고 있습니다. 니므롯은 시날 땅 즉, 오늘날 이라크 페르시아 만 지역을 중심으로 권력을 결집하는 데 성공한 자로 우리에게 잘 알려진 하늘에 닿게 하는 높은 바벨탑을 세웠던 자입니다.

주장 7 세상 종교의 기원은 '바벨탑 사건'에서부터 비롯되었습니다. '바벨'의 뜻은 하나님을 만나는 입구입니다. 니므롯은 자신이 바벨탑 꼭대기에 앉아서 사람들로부터 하나님으로 높임을 받겠다는 의도를 노골적으로 드러내었습니다. 다시 말하면 니므롯은 스스로 하나님처럼 높은 자가 될 야망을 가졌습니다. 사람들은 니므롯을 숭배하게 되고 여기서부터 바벨론 종교가 출발하게 되었습니다. 하지만 하나님은 이런 시도를 받아들일 수가 없었습니다. 노한 하나님은 당시 중동을 이루고 있던 70개 부족에 대해 처벌을 하게 되는데 바로 그들을 철저하게 흩어버리신 것이지요.

> 여호와 하나님이 삽시간에 언어를 70개로 나누면서 부족 간의 대화가 단절되었고, 이들이 온 땅으로 흩어지게 되었다. 이들은 흩어져 살면서도 자신들이 믿던 바벨론 종교를 배경으로 갖가지 파생종교를 만들어 그 신들을 섬겼고, 이것이 오늘날까지 이어져오고 있다.
>
> 황용현, 『여자의 후손』, p.44

주장 8 종교의 원형에 해당하는 바벨론 종교는 세 신three gods 즉, 남편 신(태양신) 니므롯, 아내 신(달신) 세미라미스, 그리고 아들 신(별신) 담무스입니다. 바벨론 종교는 그리스도교를 본받아서 니므롯이 성부 하나님 역할을, 세미라미스가 성령 하나님 역할을 그리고 그의 아들이 성자 하나님의 역할을 하는 것처럼 만들었습니다.

언제부터 바벨론 종교가 세상으로 퍼져나가게 되었을까요? 니므롯이 죽은 이후에 바벨론 지역 사람들을 중심으로 자신들이 신으로 모셨던 니므롯이 아들 담무스로 환생했다고 믿고 이를 전파하기 시작했습니다. 그리고 환생한 아들을 낳은 세미라미스를 존경하면서 세미라미스가 아들 담무스를 안고 있는 모자상이 바벨론 종교의 상징이 되었습니다. 이렇게 만들어진 여신 숭배 사상은 중동 지역은 물론이고 고대 그리스 지역까지 확산되어서 그리스 신화 속의 다양한 여신 숭배를 낳게 될 뿐만 아니라 훗날 성모마리아 숭배 사상으로까지 확장됩니다. 바벨론 종교는 세 가지의 주요한 특징을 갖고 있습니다. 해와 달과 별 숭배 사상과 여신 숭배 사상 그리고 용과 뱀의 형상을 숭배하는 것입니다.

주장 9 종교의 원형인 바벨론 종교는 뱀과 용의 형상을 숭배하는데, 이런 특성은 많은 종교들이 갖고 있는 공통점이기도 합니다. 사탄은 '이 세상 신'으로서 숭배받기 위해 사람들의 욕구를 만족시키는 방법을 찾게 되는데 이 가운데 하나가 뱀과 용으로 둔갑하는 일입니다. 황용현 목사는 "세계의 종교 중 영계를 깊이 다루는 종교는 예외 없이 뱀이나 용과 관련이 있다"고 말합니다. 여러분이 조금만 관심을 갖고 세상 종교의 면면을 들어다보면 곳곳에 뱀과 용이 자리 잡고 있음을 확인할 수 있을 것입니다.

위의 주장들을 바탕으로 제 생각을 정리해보겠습니다. 사람이 만든 모든 종교가 사탄의 역사라는 주장에 대해 불편함을 느끼는 분들도 꽤 많을 것입니다. 하지만 성경적 시각에서 보면 사탄에 의한 조직적이고 체계적이며 대규모인 활동이 종교라는 주장은 일리가 있습니다. 조직신학자 웨인 그루뎀은 "오늘날 이 세상에서 하나님의 역사를 대적하는 거의 모든 파괴적인 활동과 죄에 사탄이 관여하고 있음은 사실인 듯하다"라고 말합니다. 또한 황용현 목사는 "우리는 세상 모든 종교가 사탄의 후손이 세운 바벨론 종교에서 출발했음을 확인했다"고 주장합니다.

예를 들어 사탄의 전략 가운데서 극성을 부리는 사례로 기성 종교 이외에 사이비 종교나 이단을 들 수 있습니다. 이단은 정교한 논리와 감성적인 주장으로 인간의 영혼을 장악하고 그렇게 된 사람들로 하여금 누군가를 맹신하게 만들어버립니다. 여기서 맹신의 대상은 인간이 만든 우상이나 교주와 같은 인간입니다. 영혼이 장악된 사람들은 가족도 버리고 재산도 버리고 직장도 버리게 됩니다. 우리 주변에도 그런 사이비 종교나 이단들이 많습니다. 기성 종교에 대한 이야기를 제쳐두고서라도 사악한 사이비 종교나 이단들의 활동을 볼 때면 사탄이 종교라는 이름으로 자신의 모습을 감춘 채 활동하고 있다는 주장에 대해서 수긍하고도 남음이 있습니다.

모든 죄와 살인, 거짓 교훈, 사기 등이 사탄의 계략에 의한 것이라고 단정할 수는 없습니다. 그러나 사탄이 그 모습을 감춘 채 누군가를 사주하여 죄와 살인을 저지르도록 만들 수 있음에 대해 경계의 눈초리를 거두지 않아야 할 것입니다. 웨인 그루뎀은 “사탄을 죄와 살인, 거짓 교훈, 사기, 그리고 죄 전반의 근원자라고 볼 때 오늘날 발생하는 거의 모든 죄와 악에 어느 정도 사탄이 영향이 있다고 신약성경이 가르치고 있다고 결론을 내려도 틀리지 않을 것이다”라고 말합니다.

그렇다면 하나님은 자신의 자녀가 된 자들을 어떻게 보호하실 수 있을까요? 바로 여기서 ‘참 왕’의 직분을 가진 예수님의 등장이 놀랍게도 창세기 3장 15절에 정확하게 약속되어 있습니다. 이 말씀에는 앞으로 ‘여자의 후손The Seed of the Woman’과 ‘사탄의 후손a seed of the Satan’ 사이에 영적 전쟁이 있을 것임을 예고되어 있습니다. 이 전쟁에서 '여자의 후손(예수님)'이 사탄을 멸하실 것임을 약속하셨으며 예수님의 지상 방문과 피 흘려 죽으심으로 인해 정확하게 실현되었습니다.

> 내(예수님)가 너(사탄)로 여자와 원수가 되게 하고 네 후손도 여자의 후손과 원수가 되게 하리니 여자의 후손은 네 머리를 상하게 할 것이요 너는 그의 발꿈치를 상하게 할 것이니라 하시고(And I will put enmity between you and the woman, and between your offspring and hers; he will crush your head, and you will strike his heel.) 창세기 3:15

그렇다고 해서 모든 사람들이 영적 전쟁에서 승리를 거두는 것은 아닙니다. 지금 이 순간에도 패배를 맛보는 사람들이 압도적으로 많은 실정입니다. 지금까지 논의는 종교에 국한하여 말했습니다. 그러나 현대 문명을 유심히 살펴보면 새로운 시각으로 사탄의 계략에 대해 생각해볼 수 있습니다. 우리가 사는 자본주의는 무엇인가를 팔아야 돌아가는 체제입니다. 먹고 마시는 것처럼 물질적인 것에도 불량식품이 있지만 영혼을 타락시키는 상품이나 서비스 또한 과거와 비교할 수 없을 정도로 대량 생산되는 시대를 살고 있습니다. 특정 상품과 서비스를 파는 사람들은 고객을 중독시키려는 강한 의도를 갖고 있습니다. 중독성이 강해서 다른 일상생활을 버려야 할 상황까지 내몰리게 만드는 여러 가지 신제품이나 서비스를 보면 생각이 복잡해집니다. 종교가 영혼을 사로잡듯이 중독성이 강한 상품이나 서비스가 어떤 사람의 정신세계를 장악하여 점점 더 중독의 수렁으로 빠져들게 만들어버리는 일을 목격하게 됩니다.

사탄의 계략은 정신세계를 지배하는 이데올로기에도 해당하는 이야기입니다. 사람들의 머릿속에 도그마화 된 이데올로기가 끼친 해악은 20세기가 경험한 큰 피해 가운데 하나입니다. 인간의 마음이란 연약하기 때문에 언제라도 문명을 파괴하는 이데올로기가 출현하여 사람들의 마음을 독차지할 수 있습니다. 진실을 볼 수 없는 자는 사악한 의도를 가진 자들에게 휘둘릴 수밖에 없다는 것이 세상사의 진리입니다. 또한 스스로를 보호할 수 없는 자는 늘 휘둘리거나 당하고 맙니다. 이는 사탄으로부터 자신을 보호하는 방법이 중요한 이유이기도 합니다.

자신을 지키는 법

내가 너희에게 뱀과 전갈을 밟으며
원수의 모든 능력을 제어할 권능을 주었으니
너희를 해칠 자가 결코 없으리라.
I have given you authority to trample on snakes and
scorpions and to overcome all the power of the enemy;
nothing will harm you.
누가복음 10:19

예수님은 믿는 자들에게 사탄과 악령을 제어할 수 있는 권능(권세와 능력)을 주셨습니다. 이 권능이야말로 믿는 자가 누릴 수 있는 축복입니다. 사탄은 먹이를 찾는 사자처럼 우리의 주변을 헤매고 다닐 뿐만 아니라 작은 틈이라도 보이면 공격을 감행합니다. "사탄도 자기를 광명의 천사처럼 가장하나니"(고린도후서 11:14)라는 말씀처럼 때로는 친한 친구처럼 변장해서 감쪽같이 속이기도 하지요. 마귀의 공격에도 불구하고 믿는 자는 하나님의 자녀라는 특별한 신분을 이용해서 승리를 거둘 수 있습니다. "내게 능력 주시는 자 안에서 내가 모든 것을 할 수 있느니라(I can do everything through him who gives me strength.)"(빌립보서 4:13)라는 말씀은 험한 세상을 살아가는 우리들에게 큰 위안과 용기를 줍니다.

어떻게 해야 우리가 영적 전쟁에서 승리를 거둘 수 있을까요? '사탄을 물리치는 9가지 전략'이란 이름으로 정리해보았습니다.

1. 성경적 시각으로 세상을 바라볼 수 있어야 합니다. '혼의 영역'(지성)과 '영의 영역'(영성)을 구분할 수 있어야 합니다. '요즘 같은 세상에 사탄이나 마귀가 어디에 있어요?' 이런 의문이 생기더라도 눈에 보이지 않는 악령의 세계를 인정할 수 있어야 합니다. 하나님의 자녀와 사탄의 자녀, 하나님의 나라와 사탄의 나라, 빛의 세계와 어둠의 세계, 성령의 세계와 악령의 세상을 구분할 수 있어야 합니다. 이성의 시대를 살아가는 우리는 눈에 보이는 것과 합리와 이성을 중시해야 하지만 그것이 전부는 아니라고 인정하는 지적 겸손이 필요합니다. 한마디로 내가 배워온 세계, 내가 익숙한 세계가 전부는 아니라는 것을 인정할 수 있어야 합니다. '더 있다'는 생각을 갖고 그 세계에도 눈길을 주어야 합니다.

2. 영적 전쟁에 대해서 제대로 이해할 수 있어야 합니다. 타락한 천사인 사탄과 그 부하들이 자신을 드러내는 일은 드뭅니다. 그들은 누군가를 내세워서 그로 하여금 죄를 범하도록 유도하는 습성을 갖고 있습니다. 믿는 자의 대열에 들어선 사람들이라 할지라도 영적 분별력을 키울 필요가 있습니다. 그래야 여러 상황에서 마귀의 활동을 알아차릴 수 있는 능력을 가질 수 있기 때문입니다. 물론 믿지 않는 자라면 당연히 믿는 자의 대열에 동참해야 할 것입니다. 영적 전쟁에서 승리를 거두어야 하기 때문입니다.

3. 사탄과 그 부하들을 쫓아버리는 간단한 기도를 자주 사용할 수

있어야 합니다. 시험을 받고 있다는 생각이 들 때면 마귀를 쫓는 명령을 활용해야 합니다. 'ㅇㅇㅇ에게 역사하는 마귀와 귀신들은 주 예수 그리스도 이름으로 명하노니 떠나갈지어다'라는 말씀을 믿는 자라면 누구든지 사용할 수 있습니다. 짧게는 '예수 이름으로, 사탄은 물러갈지어다' 혹은 '예수의 이름으로 명하노니 물러날지어다'라는 말씀도 좋습니다. 우리의 힘이 아니라 예수 그리스도의 이름으로 명령하는 것입니다. 소리를 내서 명령하는 것이 좋습니다. 구체적으로 어떤 대상에 대해 물러나라고 명령하는 것이 바람직합니다. 사탄은 예수님이 십자가에서 죽으시고 다시 부활하신 사건에 결정적으로 패배했기 때문에 예수 그리스도라는 이름을 듣거나 보는 것을 무척 두려워합니다.

4. 적절한 성경 말씀을 말함으로써 사탄을 쫓아낼 수 있습니다. 하나님의 말씀은 '성령의 검'입니다. 광야에서 예수님이 시험을 받으실 때 예수님은 기도 대신 성경 말씀을 인용하셨습니다. 위에서 인용된 누가복음 10장 19절이나 창세기 3장 15절 말씀을 암송했다가 적절한 상황에서 소리 내어 말하거나 묵상하는 것도 큰 효과를 거둘 수 있을 것입니다. 그 밖에 사탄을 쫓아낼 수 있는 성경 말씀은 다음과 같은 것들이 있습니다. "너희는 하나님께 복종할지어다. 마귀를 대적하라. 그리하면 너희를 피하리라"(야고보서 4:7), "근신하라. 깨어라. 너희 대적 마귀가 우는 사자같이 두루 다니며 삼킬 자를 찾나니 너희는 믿음을 굳건하게 하여 그를 대적하라. 이는 세상에 있는 너희 형제들도 동일한 고난을 당하는 줄을 앎이라"(베드로전서 5:8-9), "죄를 짓는 자는 마귀에게 속하나니 마귀는 처음부터 범죄함이라. 하나님의 아들

이 나타나신 것은 마귀의 일을 멸하려 하심이라"(요한일서 3:8), "자녀들아 너희는 하나님께 속했고 또 그들을 이기었나니 이는 너희 안에 계신 이가 세상에 있는 자보다 크심이라"(요한일서 4:4), 하나님께로부터 난 자는 다 범죄하지 아니하는 줄을 우리가 아노라. 하나님께로부터 나신 자가 그를 지키시매 악한 자가 그를 만지지도 못하느니라"(요한일서 5:18)

5. 구원받은 자는 그 어떤 사탄이라도 해악을 끼칠 수 없음을 잊지 않아야 합니다. 예수님이 대신 죽으시면서 믿는 자마다 구원을 얻었으며 그 구원은 죽음에서 생명으로, 사탄의 권세에서 하나님의 권세로, 지옥에서 천국으로 옮겨간 것을 뜻합니다. 사탄이나 그 부하들이 어떤 간계를 부리더라도 믿는 자의 영원한 생명을 빼앗을 수는 없습니다. "저희를 내 손에서 빼앗을 자가 없느니라"(요한복음 10:28)는 말씀처럼 하나님 자녀가 누릴 수 있는 축복을 잊지 않아야 합니다.

6. 평소에 말씀 공부를 꾸준히 함으로써 사탄이 감히 범접할 수 없도록 자신을 무장시킬 수 있어야 합니다. 말씀 공부를 세속적인 의미로 해석하면 사탄의 공격으로부터 자신을 보호하는 굳건한 성벽을 구축하는 일로 받아들일 수 있습니다. "마귀의 간계를 능히 대적하기 위하여 하나님의 전신 갑주를 입으라"(에베소서 6:11)는 말씀으로 시작되는 에베소서 6장 11절에서 17절에는 사탄과 맞서는 믿는 자가 활용해야 할 것들이 소개되어 있습니다. '진리로 너희 허리띠를 띠고', '의의 호심경을 붙이고', '평안의 복음이 준비한 것으로 신을 신고', '믿음의 방패를 가지고 이로써 능히 악한 자의 모든 불화살을 소멸하고', '구원의 투구', '성령의 검 곧 하나님의 말씀을 가지라'처럼 평소

에 말씀 공부가 충분히 축적되어 있으면 어떤 공격에도 승리할 수 있음을 알 수 있습니다.

7. 믿지 않는 자에게 스스로를 보호할 수 있는 방법을 가르쳐주어야 하고 그를 위해 기도할 수 있어야 합니다. 마태복음 12장 43절에서 45절은 빈집을 사례로 들어서 사탄이 빈집을 어떻게 공략하는가에 대해 설명하고 있습니다. 빈집에는 사탄이 언제든지 졸개들을 데려와서 주거할 수 있음을 이야기해주어야 합니다. 인간 영혼의 기본값은 빈집에 해당합니다. 그 집에 성령이 거하지 않으면 그 집은 악령으로 가득찬 집으로 바뀔 가능성이 아주 높습니다. 영혼에 있어서 진공 상태란 없습니다. 성령이 확고하게 자리를 잡지 않으면 악령이 찾아들게 마련입니다. 사탄은 빈집에 들어가기를 즐겨합니다. 이런 점에서 명상이나 요가의 유용함과 위험함에 대해서도 고민이 있어야 할 것입니다. 빈집에 찾아오는 마귀에 대해 성경은 이렇게 말하고 있습니다.

> 더러운 귀신이 사람에게서 나갔을 때에 물 없는 곳으로 다니며 쉬기를 구하되 쉴 곳을 얻지 못하고 이에 이르되 내가 나온 내 집으로 돌아가리라 하고 와 보니 그 집이 비고 청소되고 수리되었거늘 이에 가서 저보다 더 악한 귀신 일곱을 데리고 들어가서 거하니 그 사람의 나중 형편이 전보다 더욱 심하게 되느니라. 이 악한 세대가 또한 이렇게 되리라. 마태복음 12:43-45

8. 평소의 기도 중에는 마귀의 세력을 나무라거나 쫓아내는 기도

를 사용하는 것이 좋습니다. 자신, 가족, 지인들, 그리고 목회 사역에 종사하는 분들을 위하여 흑암(마귀) 세력을 꺾는 기도는 효과가 있습니다. 자녀를 위한 기도 중에는 자녀를 가로막을 수 있는 다양한 악한 세력들에 대해 언급하고 꺾을 수 있는 기도도 도움이 됩니다. 우리가 자식을 위해 기도할 때 축복을 위한 기도도 필요하지만 흑암 세력을 꺾는 기도도 꼭 필요합니다. "마귀를 대적하라"(야고보서 4:7)는 말씀을 미루어 보면 마귀를 대함에 있어서 공세적으로 공격할 필요가 있음을 알 수 있습니다. 왜냐하면 주변에 온갖 악한 영들이 가득 찬 세상이기 때문입니다.

9. 내 안에 예수 그리스도가 함께 살고 계신다는 굳건한 믿음만으로 마귀의 공격으로부터 완벽한 승리를 거둘 수 있습니다. "내가 그리스도와 함께 십자가에 못 박혔나니 그런즉 이제는 내가 사는 것이 아니요 오직 내 안에 그리스도께서 사시는 것이라(I have been crucified with Christ and I no longer live, but Christ lives in me. The life I live in the body, I live by faith in the Son of God, who loved me and gave himself for me.)"(갈라디아서 2:20)는 말씀을 깊이 묵상하는 것만으로 우리는 내가 사는 것이 아니라 그리스도가 대신 사시는 것임을 믿게 됩니다. 내 안에 그리스도가 사시기 때문에 마귀가 승리할 수 없습니다. 성령의 역사는 늘 마귀의 역사를 이기고도 남음이 있습니다.

사탄과 그 부하들에 대한 이야기를 마무리하면서 현대의 사탄이 과거와 다른 점이 무엇이 있을까를 생각해봅니다. 사탄은 인간의 생각 속으로 들어가서 생각을 조종함으로써 자신이 원하는 바를 이루려고 노력합니다. 그렇다면 오늘날 많은 종류의 중독 현상들도 겉으로 드러난 모습은 중독이란 현상이지만 그 이면에는 사탄의 전략이 들어 있음을 생각하게 됩니다. 옛날의 사탄이 구원받지 못한 사람들의 정신을 혼미하게 만드는 것에 집중했다면 오늘날의 사탄은 특정한 쾌락에 중독되는 것처럼 인간 정신을 지배하는 것을 노립니다. 외로움, 두려움, 좌절감, 질투심 그리고 분노도 사탄에게 틈을 허용하는 중요한 요인들에 속합니다. 사탄에게 일단 정신을 지배당하고 나면 우리는 사탄이 지시하는 대로 움직이는 로봇 같은 존재가 되어버린답니다. 사탄을 멸하는 권세와 능력을 가진 유일한 분이 예수 그리스도이십니다. 때문에 우리가 예수님을 공부해야 할 충분한 이유가 있습니다. 믿는 자라면 예수 안에서 얼마든지 승리할 수 있는 권위와 능력을 부여받았음을 잊지 말아야 합니다.

제가 예수님을 영접하고 나서 생소한 분야에 대해 책을 쓰기로 굳게 결심하게 된 것도 힘들게 살아갈 수밖에 없는 세상 사람들에게 진실을 이야기하고 싶기 때문입니다.

3부

문제를 해결하시는 분, 예수님

내게 능력 주시는 자 안에서 내가 모든 것을 할 수 있으니
I can do everything through him who gives me strength.
빌립보서 4:13

예수님은 누구신가?

예수께서 이르시되 너희는 나를 누구라 하느냐.
시몬 베드로가 대답하여 이르되 주는 그리스도시요 살아 계신 하나님의 아들이시니이다.
예수께서 대답하여 이르시되 바요나 시몬아 네가 복이 있도다.
이를 네게 알게 한 이는 혈육이 아니요 하늘에 계신 내 아버지시니라.
"But what about you?" he asked. "Who do you say I am?" Simon Peter answered,
"You are the Christ, the Son of the living God." Jesus replied,
"Blessed are you, Simon son of Jonah, for this was
not revealed to you by man, but by my Father in heaven."
마태복음 16:15-17

예수님은 누구신가요? 어떤 분이시기에 그 많은 사람들이 흠모할까요?

믿음을 갖고 싶은 분은 이처럼 간단한 질문에 대해 명쾌한 답을 스스로 정리할 수 있어야 합니다. 이는 기독교 신앙의 핵심에 해당하는 부분이기 때문입니다. 기초가 흔들리면 건물의 내부를 아무리 멋지게 치장하더라도 굳건한 집을 지을 수 없습니다. 제가 청년 시절부터 예배당을 들락거렸지만 제대로 된 믿음을 갖지 못한 여러 이유가 있을 겁니다. 이 가운데 하나가 기독교 교리에 대한 핵심 메시지를 전달받을 수 있는 기회가 부족했기 때문이었습니다. 설령 전달되었다고 하더라도 이를 수용할 수 있는 제 자신의 준비가 너무 부족했을 수도 있습니다. 여러분이 믿음 갖기를 소망하거나 혹은 누군가에게 믿음을 가지라고 권하신다면 '예수님은 누구신가?'에 대해 정리된 답을 정확하게 전할 수 있어야 합니다.

언젠가 잭 웰치 회장의 자서전을 읽는데 그분이 흥미로운 이야기를 하시더군요. 경영자가 경영의 핵심 메시지를 직원들에게 제대로 전달하기를 원한다면 같은 메시지를 최소한 700번은 반복할 수 있어야 한다고 합니다. 700번씩이나 하고 놀라는 분들도 있을 것입니다. 무엇이든 기본을 반복해서 듣고 생각하고 새기면서 확실히 토대를 닦는 것이 얼마나 중요한가를 생각하게 하는 사례입니다. 기업 경영이 그러한데, 하물며 삶의 토대가 되는 신앙은 더 말할 필요가 없을 것입니다.

신앙을 영어나 수학처럼 공부하는 과목에 비유한다면 기본을 얼마나 정확하게 습득하는가에 따라서 이후의 성장이 달라지게 됩니다. 오랫동안 교회를 다니고, 성서를 부지런히 읽더라도 신앙이 계속해서 성장하지 못한다면, 거기엔 여러 이유가 있을 겁니다. 이 가운데 하나가 기본에 대한 모호한 지식 때문일 수도 있습니다. 지식이 제대로 뿌리를 내리지 못한다면 그냥 '이것을 해달라' 혹은 '저것을 도와달라'는 기복신앙으로 흘러가버릴 가능성이 높습니다. 귀한 시간과 에너지를 쏟은 다음에 '예수님 이것을 혹은 저것을 좀 해주세요' 정도에 머물고 만다면 억울하다는 생각을 하게 됩니다. 또한 결정적으로 신앙이 도움을 주어야 하는 시점에서 복을 구하는 정도라면 필요한 도움을 얻기도 힘들답니다.

앞에서 소개된 마태복음 16장 13절에서 17절에 예수님이 선택한 '열두 사도' 가운데 늘 맨 처음에 등장하는 베드로는 예수님의 질문에 정확한 답을 내놓습니다. "예수님은 그리스도시요 살아 계신 하나님의 아들이십니다"라는 답입니다. 그리스도는 예수Jesus라는 이름에 붙은 타이틀(직분)에 해당합니다. 영어 '그리스도Christ'는 '(하늘로부터) 기름 부음을 받은 이, 기름 부음을 받아 축성된 이'를 뜻합니다. 그리스어 '크리스토스Khristos'는 '그리스도'의 어원에 해당하며 히브리어 '마샤mashiah'와 같은 뜻이기도 합니다. 마샤에서 '메시아'라는 용어가 나오게 됩니다.

구약에서 대사제나 왕은 기름 부음을 받을 수 있었는데 이는 하나님이 자신이 선택한 누군가에게 권위나 권세를 부여해주는 행위였습니다. 예를 들어 이새의 아들 8명 가운데 막내아들 다윗은 한낱 양치기에 지나지 않았고 형들에 비해서 떨어지는 것처럼 보였지만 사울 대신에 고대 이스라엘의 제2대 왕이 되어 이스라엘을 통치하게 됩니다. 사무엘의 눈에는 다윗의 형들이 왕이 될 제목처럼 보였지만 하나님의 눈에는 달랐습니다. 하나님은 겉모습이 아니라 중심을 보는 분이시기 때문에 사무엘과 보는 방법이 달랐습니다. 하나님은 외모가 준수하지도 않고 왕의 재목처럼 보이지도 않는 다윗을 선택하여 선지자 사무엘을 통해 다윗에게 기름 부음을 받도록 만듭니다. "사무엘이 기름 뿔을 취하여 그 형제 중에서 그에게 부었더니 이날 이후로 다윗이 여호와의 신에게 크게 감동되었다"(사무엘상 16:13) 여기서 '크게 감동되었다'의 의미는 '(여호와께서 사무엘에게) 힘 있게 임하셨다'는 뜻입니다.

한편 그리스도는 '하나님으로부터 기름 부음을 받은' 메시아입니다. 다시 한 번 정리하면 예수 그리스도에서 예수는 이름을, 그리스도는 '기름 부음을 받은 자the Anointed'라는 타이틀을 말합니다. 처음에는 이름과 타이틀이 분리되었지만 시간이 가면서 2가지는 동의어가 되었습니다. 그래서 예수, 그리스도, 예수 그리스도, 나사렛 예수, 메시아 예수 등은 모두 같은 뜻입니다. 하지만 복음서에는 그리스도라는 타이틀이 거의 사용되지 않습니다. 왜냐하면 예수님 자신이 마태복음 16장 20절에서 "이제 제자들에게 경고하사 자기가 그리스도인 것을 아무에게도 이르지 말라 하시니라"라고 말씀하셨기 때문입니다. 왜냐하면 로마 치하에 있는 유대인들이 예수님을 정치적 해방자나 왕으로 받드는 것을 원하지 않으셨기 때문입니다. 그러나 예수님이 십자가에 수난을 당하기 전 취조를 당할 때 대제사장이 예수님에게 묻는 과정에서 예수님은 자신이 그리스도임을 고백합니다.

> 대제사장이 다시 물어 가로되 네가 찬송받을 자의 아들 그리스도냐. 예수께서 이르시되 내가 그니라. 인자가 권능자의 우편에 앉은 것과 하늘 구름을 타고 오는 것을 너희가 보리라 하시니. 마가복음 14:61-62

한편 "너희들은 내가 누구라고 생각하는가?"라는 질문에 대해 베드로를 제외한 다른 제자들에게서 나온 네 사람의 이름과 타이틀(세례자 요한, 능력의 선지자 엘리야, 예민한 예언자 예레미야 혹은 선지자들 중의 한 사람)에 주목하게 됩니다. "예수께서 빌립보 가이사랴 지방에 이르러 제자들에게 물어 이르시되 사람들이 인자를 누구라 하느냐. 이르되 더러는 세례 요한, 더러는 엘리야, 어떤 이는 예레미야나 선지자

중의 하나라 하나이다"(마태복음 16:13-14)

예수님은 이들과는 다른 분이십니다. 하지만 나머지 네 사람을 이해하는 일은 '예수님은 어떤 분이신가?'를 아는 데 중요합니다.

첫째, 예수님은 세례 요한과 같은 분이신가요? 그렇지 않습니다. 세례 요한은 예수님보다 조금 먼저 태어난 사람으로 유대의 광야에서 마음으로 회개할 것을 설교하고 하늘나라가 다가왔음을 예언했던 사람입니다. 그는 이스라엘의 왕 헤롯 안티파스가 그의 형 필립보의 아내 헤로디아와 재혼한 잘못을 비난하여 투옥되었습니다. 헤로디아의 꾐을 받은 딸 살로메의 청에 따라 세례 요한은 목을 잘리는 죽음을 맞게 됩니다. 오늘날 기준으로 보면 세례 요한은 사회 정의를 실천하기 위해 노력한 사회 운동가를 상징한다고 볼 수 있습니다.

오늘날도 사회 정의를 실현한다는 명분을 걸고 시국사건이 터질 때마다 나서는 성직자들을 볼 때가 있습니다. 시민의 한 사람으로서 자신의 의에 따라 행동하는 것에 대해서 이해할 수 없는 것은 아닙니다. 여기서 주의해야 할 것은 하나님의 의를 내세우기보다는 자신의 의를 하나님의 의로 둔갑시켜 내세우는 경우가 있다는 점입니다. 하지만 그것은 본래 성직자나 목회자의 사명은 아닙니다. 예수님을 따르는 데 본이 되어야 하는 분들이 예수님을 세례 요한으로 잘못 알고 따르는 것은 올바른 일은 아니라고 봅니다. 믿는 자들 중에도 그런 성직자들에게 박수를 보내는 분들이 있다면 이분들 역시 예수님을 세례 요한으로 잘못 알고 따르는 사람들입니다. 다시 말하면 예수님은 "나는 세례 요한과 같은 사회운동가는 아니야"라고 말씀하신 겁니다.

둘째, 예수님은 선지자 엘리야와 같은 분이신가요? 그렇지 않습니다. 엘리야는 능력의 선지자로 성경에서 대중적인 인물들 가운데 한 사람입니다. 그는 아합 왕(기원전 874~853)과 그의 왕비 이세벨 시대에 북 유다 왕국에 살았습니다. 아합 왕과 왕비 이세벨이 바알 신을 섬기자 그들을 불신했으며 3년간 비가 내리지 않자 아합 왕에게 일러 갈멜 산에 백성들과 바알의 예언자들을 불러 모았습니다. 그 다음 그들과 대결함으로써 이스라엘의 신만이 하나님임을 증명하는 데 성공하게 됩니다. 엘리야는 많은 기사(奇事, 기이한 일, wonders)와 이적miracles 그리고 표적signs을 행했던 능력의 선지자였습니다. 오늘날도 기사와 표적을 지나치게 추구하면서 그리스도교를 대하는 분들이 있는데 이들은 예수님을 엘리야로 잘못 알고 따르는 분들입니다. 예수님 스스로 "나는 엘리야와 같은 능력의 선지자는 아니네"라고 말씀하신 겁니다.

셋째, 예수님은 예레미야와 같은 분이신가요? 그렇지 않습니다. 예레미야는 예루살렘 역사에서 가장 어두운 시기에 해당하는 기원전 627년부터 587년 사이에 예언자 직분을 수행한 사람입니다. 그는 바빌론 군대의 침입, 예루살렘 성전의 파괴와 화재 그리고 유다 왕국과 예루살렘의 멸망을 한탄해서 눈물을 많이 흘린 박애주의자였습니다. 예레미야처럼 눈물과 동정, 희생과 고난 그리고 애국심이 많은 선지자도 드물었습니다. 하지만 예수님은 "난 예레미야와 같은 박애주의자는 아니야"라는 말씀을 하신 겁니다.

예수님은 사회운동가, 선지자, 박애주의자가 아닙니다. 성직자들이 사회 정의의 실현을 위해서 열심히 활동하거나 사회의 소외되고 가난한 사람을 구제하기 위해 활동하는 것도 그 나름의 의미가 있습니다. 그러나 그것이 예수님의 본래 직분은 아닙니다. 목회자나 성도의 삶이 매일 매일 예수님을 닮아가는 삶이어야 한다면 우리는 그리스도가 어떤 분인가를 정확히 알아야 합니다. 올바른 믿음은 예수님을 정확히 아는 데서부터 시작됩니다.

성경에는 그리스도를 잘못 이해해서 낭패를 당한 사례도 나오고 제대로 알아서 축복을 받은 사례도 나옵니다. 마태복음에 나오는 부자 청년은 예수님을 구주Savior가 아니라 선한 선생님Teacher으로 착각하여 축복받을 기회를 놓칩니다. 반면에 맹인 거지 바디메오는 그리스도가 구주이심을 알고 "다윗의 자손 예수여 나를 불쌍히 여기소서"(마가복음 10:47)라고 부르짖음으로써 눈을 뜨는 축복을 받게 됩니다.

넷째, 예수님은 다른 선지자들 가운데 한 분이신가요? 그렇지 않습니다. 다수의 유대인들은 지금도 예수님을 이스라엘 역사에서 등장했던 여러 선지자들 가운데 한 사람으로 여깁니다만 올바른 의견은 아닙니다. 여기서 유대교에서 그리스도를 어떻게 이해하는가를 잠시 살펴볼 필요가 있습니다. 유대교에서는 예수님을 성경에 등장했던 여러 선지자 중의 한 사람으로 받아들입니다. 예수님이 하나님의 아들이란 사실을 받아들이지 않습니다. 그렇기 때문에 유대교와 기독교는 같은 뿌리에서 출발했고 구약을 함께 나누고 있지만 아주 다른 신앙관을 갖고 있다 해도 무리가 아닙니다. 미국의 유대인 출신의 작가인 메이어 레빈Meyer Levin이 쓴 『유대인이 가르치는 철학 이야기』에는 유대교와 유대인이 예수님을 바라보는 시각이 간략하게 정리되어 있습니다.

> 유대인은 예수가 거듭 가르친 교훈 중 일부는 수긍하지만 그의 신성神性을 인정하지 않는다. 지금까지도 가정에서 '예수'를 이야기하는 유대인은 거의 없다. 심지어 신약성경을 읽는 것도 금기시 된 듯 보인다. 유대인은 대부분 예수가 실패한 메시아 중 하나에 불과하다고 여긴다. 유대인에게 예수는 '거짓'으로 입증된 메시아에 지나지 않는다. 그렇다면 유대인이 기독교를 수용하지 않는 까닭은 무엇일까? 사실, 굵직굵직한 교훈들은 이미 유대교에서도 가르치고 있었지만 기독교를 받아들인다는 것은 우상숭배와 같기 때문이다. 즉, 예수라는 '사람'이 하나님이라는 점을 인정할 수 없다는 얘기다.
>
> 메이어 레빈, 『유태인이 가르치는 철학 이야기』, p.197~199

유대교에서 예수(여호수아 벤 요세프, 나사렛 예수)는 이스라엘 땅에 살았던 '선지자' 분위기가 물씬 풍겼던 인물에 불과할 뿐 그리스도교인들이 받아들이는 하나님의 아들이자 메시아는 전혀 아닙니다. 같은 뿌리에서 출발하지만 유대교와 기독교의 갈등의 원인 가운데 한 부분을 확인할 수 있는 내용이기도 하지요. 이처럼 예수님을 어떤 분으로 받아들이는가는 믿는 자와 그렇지 않은 자를 뚜렷하게 구분할 뿐만 아니라 올바른 믿음의 주춧돌에 해당합니다.

요컨대 그리스도가 '기름 부음을 받은 자'라면 이분은 구체적으로 3가지 직분을 수행할 수 있는 자격과 힘을 갖게 됩니다. 구약에서 기름을 부음을 받은 자는 백성들에게 하나님 말씀을 전하는 선지자, 백성들을 위해 찬양과 제사를 드리는 제사장 그리고 하나님 대신으로 백성을 다스리면서 사탄을 멸하는 왕입니다. 이 3가지 직분은 고스란히 그리스도의 직분으로 이전되어 훨씬 더 강력한 직분으로 발전되게 됩니다. 따라서 예수님은 3가지 직분을 수행하시는 분이시자 이를 통해서 우리를 도울 수 있는 분이십니다.

참고로 그리스도의 세 직분을 최초로 사역에 적용시킨 신학자는 요한 칼빈John Calvin입니다. 그는 『기독교 교리』 2권 제15장에서 '그리스도에서 짧게 고려되어야 할 3가지: 선지자, 왕 그리고 제사장 직분'에 대해 상세하게 설명하고 있습니다.

참 선지자 그리스도

아들을 낳으리니 이름을 예수라 하라.
이는 그가 자기 백성을 그들의 죄에서 구원할 자이심이라 하니라.
이 모든 일이 된 것은 주께서 선지자로 하신 말씀을 이루려 하심이니 이르시되.
She will give birth to a son, and you are to give him the name Jesus,
because he will save his people from their sins.
All this took place to fulfill what the Lord had said through the prophet.
마태복음 1:21–22

긴 배움의 시기를 되돌아보면 아쉬운 것은 배우는 즐거움을 누리는 일에 소홀했다는 사실입니다. 공부는 입시나 어떤 목표를 달성하기 위함이었지 배움 그 자체가 얼마나 즐겁고 유쾌한 일인가를 나이가 들어가면서 깨우치게 되었습니다. 지금도 '한참 배울 때 배우는 즐거움을 알았더라면 얼마나 좋았을까?'라며 아쉬워할 때가 있습니다.

신앙도 마찬가지입니다. 의무감에서 하면 오래가기가 쉽지 않습니다. 신앙도 배움과 마찬가지로 믿는 즐거움이 있어야 합니다. '정말 믿는 즐거움이 있습니까?'라고 묻고 싶은 분도 있을 겁니다. 그럼요. 믿는 즐거움은 정말 큽니다. 믿는 즐거움 가운데 하나는 교리를 정확히 이해하기 위해 공부를 하는 데서 생겨납니다. 그 공부 가운데 으

뜻은 그리스도의 의미를 정확히 정리하는 일입니다.

예수의 직분인 '그리스도'에 대해 더 자세히 알아가면 갈수록 믿는 즐거움도 더욱 커지게 될 겁니다. 그리스도의 직분을 이해하면 할수록 우리는 예수님에 대한 공부가 사치스러운 일도 아니고 남의 일도 아니라 바로 우리 자신이 지금 당장 시작해야 할 일임을 알아차리게 됩니다.

제가 그동안 예배당을 들락날락했던 것도 이런 핵심 메지시를 깨닫는 데 시간이 걸렸기 때문입니다. 저만이 아니라 오랜 시간 동안 신앙생활을 해왔던 분들 중에 저와 비슷한 분들이 드물지 않을 것입니다. 주변의 권유로 교회를 나가기 시작했지만 신앙생활을 해야 하나 말아야 하나를 두고 고민이 생기는 분들이라면 그리스도의 의미를 깊이 새겨봐야 합니다.

그리스도의 직분은 3가지 즉 '참 선지자', '참 제사장' 그리고 '참 왕'으로 나눌 수 있습니다. 흔히 그리스도의 삼중직이라고 부릅니다. 이는 예수님이 3가지 일을 수행할 수 있는 권세와 능력을 가진 분임을 말합니다. "예수님이 누구신가요?"라는 질문에 대해 우리는 서슴없이 "예수님은 참 선지자이십니다"라고 명쾌하게 답할 수 있어야 합니다.

여기서는 그리스도의 첫 번째 직분인 참 선지자에 대해 알아보겠습니다. 그리스도는 하나님을 계시하시고 하나님 말씀을 우리에게 전해주는 일반적인 '선지자'는 물론이고 그 이상의 아주 특별한 직분인 '참 선지자'이십니다. 구약에 등장하는 선지자(예수의 강림(降臨, 신이 하늘에서 인간 세상으로 내려옴)과 하나님의 뜻을 예언한 자로서 기록으로 남긴 이는 대선지자 3명, 소선지자 12명이 있고 그 밖에 기록을 남기지 않은 선지자도 많음)들은 하나님의 말씀을 백성들에게 전달함으로써 하나님을 만나는 방법을 말하는 데 그쳤습니다. 그런데 예수님은 선지자들과 달리 하나님을 만나는 길을 열어주신 분입니다. 그래서 우리는 선지자 가운데서도 위대하고 완전한 선지자라는 의미에서 그리스도의 직분을 '참 선지자'라고 부릅니다.

참 선지자는 2가지 면에서 일반적인 선지자와 뚜렷한 차이를 보입니다. 하나는 예수님은 구약에서 예언의 대상이 된 바로 그분이십니다. 이 땅에 특별한 선지자가 등장하실 것임에 대해 구약은 여러 곳에서 예언한 바 있는데 바로 이 예언된 말씀이 예수님이 이 땅에 오심으로 성취되었습니다. 첫머리에 소개된 "이 모든 일(예수 탄생)이 된 것은 주(예수님)께서 선지자로 하신 말씀을 이루려 하심이니"(마태복음 1:22)는 하나님이 구약에서 선지자의 입을 빌려서 하신 약속을 성취한 것임을 말하고 있습니다.

또한 예수님은 엠마오로 가는 길에 당신 자신이 바로 그 예언의 대상임에 대해 "이에 모세와 모든 선지자의 글로 시작하여 모든 성경에 쓴 바 자기에 관한 것을 자세히 설명하시니라"(누가복음 24:27)라고 말씀하십니다. 이는 구약은 그리스도의 등장을 예언하고 신약은 예언의 성취와 활동에 관한 이야기를 담고 있음을 뜻합니다. 신학자 웨인 그루뎀은 "구약의 선지자들은 그들이 기록한 것에서 그리스도를 바라보았고 신약의 사도들은 그리스도를 뒤돌아보면서 교회의 유익을 위해 그의 삶을 해석했다"고 말합니다. 그래서 믿는 자는 구약과 신약을 모두 예수님에 관한 이야기라고 받아들입니다. 중요한 사실은 예수님이 이 땅에 오시지 않았더라면 인간은 하나님 만나는 길을 알 수 없었다는 것입니다. 예수님은 인간에게 하나님 만나는 길을 열어 주신 고마운 분이십니다. 예수님이 없었더라면 우리는 하나님을 만날 수 없었기 때문에 그분은 이 땅에 참 선지자로 오신 겁니다.

> 예수께서 이르시되 내가 곧 길이요 진리요 생명이니 나로 말미암지 않고는 아버지께로 올 자가 없느니라.(Jesus answered, I am the way and the truth and the life. No one comes to the Father except through me.) 요한복음 14:6

우리는 오직 그리스도를 통해서만 하나님을 만날 수 있습니다. 선지자는 단순히 하나님의 계시를 전달하는 사람 혹은 중개자 혹은 메신저에 지나지 않지만 예수님은 자신이 하나님께로부터 온 계시의 원천이기 때문입니다. 전달만 하는 사람과 원천은 크게 다른데 이는 예수님이 하나님의 또 다른 위격이기 때문에 가능한 일입니다. 예수님이 곧바로 하나님이시기 때문입니다. 따라서 구약에 등장하는 선지자들은 "여호와 하나님께서 말씀하시되"라는 표현을 사용하지만 예수님은 "내가 너희에게 말하노니"라는 표현을 사용하십니다.

하나님 말씀을 선지자를 통해서 중계방송을 듣는 것과 하나님의 말씀을 직접 듣는 것 사이에는 큰 차이가 있습니다. 예수님은 하나님의 또 다른 모습이기 때문입니다. 예수님의 제자 중에는 하나님을 보여달라고 조르는 사람도 있고 예수님이 어떻게 하나님인가를 의심하는 사람들도 있었습니다. 오늘날의 우리도 마찬가지입니다. 예수님은 "이분이 정말 하나님이신가"라고 의심하는 사도 빌립에게 내가 곧 하나님이고 하나님이 곧 나임을 말씀하십니다. "예수께서 이르시되 빌립아 내가 이렇게 오래 너희와 함께 있으되 네가 나를 알지 못하느냐. 나를 본 자는 아버지를 보았거늘 어찌하여 아버지를 보이라 하느냐"(요한복음 14:9)

구약의 선지자들이 하나님의 권위를 빌린 사람이라면 예수님은 하나님을 우리에게 완전히 나타내신 하나님 자신이자 하나님의 말씀입니다. 예수님은 누구의 권위를 빌리지 않고 자신의 권위로 말씀하십니다. 그분 자신이 권위 그 자체인 것이지요. 따라서 우리는 그리스도의 삼중직 가운데 하나를 하나님 만나는 길을 열어주신 분인 위대하고 완전한 하나님 즉, 참 선지자라고 표현할 수 있습니다. "옛적에 선지자들을 통하여 여러 부분과 여러 모양으로 우리 조상들에게 말씀하신 하나님이 이 모든 날 마지막에는 아들을 통하여 우리에게 말씀하셨으니 이 아들을 만유의 상속자로 세우시고 또 그로 말미암아 모든 세계를 지으셨느니라"(히브리서 1:1-2)

오직 예수를 통해서만이 우리는 하나님을 만날 수 있게 되었습니다. 그래서 우리는 '오직 예수'라는 표현을 자주 사용하곤 합니다. 다른 방법으로 하나님을 만날 수 있는 방법은 없습니다. "태초에 말씀이 계시니라. 이 말씀이 하나님과 함께 계셨으니 이 말씀은 곧 하나님이시니라"(요한복음 1:1)처럼 주야로 성경 말씀을 가까이 함으로 우리는 참 선지자인 그리스도를 통해 하나님을 만날 수 있게 되었습니다. 예수님을 믿기 시작하면 기도나 묵상을 하는 동안 곧바로 하나님께로 나아갈 수 있는 자격을 얻게 됩니다. 특히 기도를 하는 동안 하나님과 직접 대화할 수 있다는 것은 여간 놀라운 일이 아닙니다. 그래서 점점 기도는 의무적인 일에서 기쁜 일로 바뀌게 되는 것이지요. 이를 가능하게 하는 분은 예수님이십니다. 참 선지자로서의 예수님이 이를 가능하게 하는 것이지요.

참 제사장 그리스도

그리스도께서 하나님 곧 우리 아버지의 뜻을 따라
이 악한 세대에서 우리를 건지시려고
우리 죄를 대속하기 위하여 자기 몸을 주셨으니
The Lord Jesus Christ who gave himself for our sins to
rescue us from the present evil age,
according to the will of our God and Father.
갈라디아서 1:4

몇 해 전 국립중앙박물관에서 개최되었던 마야문명전은 분위기가 다소 음산했습니다. 들어가는 입구에 마야인의 인신공양을 위한 큼직한 착몰Chaac Mool 상이 전시되었기 때문입니다. 착몰은 신에게 공물과 희생제물을 전달하는 사람인데 착몰이 들고 있는 접시 위에 공물로 받쳐진 인간의 장기를 올려놓았다고 합니다. 대부분의 고대문명은 신을 달래거나 호의를 얻기 위해 희생제사를 바쳤는데 마야문명처럼 인신공양을 행하는 문명도 많았습니다.

히브리인들 역시 희생제사를 바쳤지만 제사를 마야인과 다르게 바라보았으며 방법도 달랐습니다. 그들은 제사를 하나님께 무엇인가를 바치는 것이 아니라 하나님이 그들에게 주시는 선물로 받아들였습니다. 또한 그들은 율법이 인신제사를 금지했기 때문에 동물을 바쳤으며 죄인이 직접 제사를 드릴 수 없었기 때문에 제사장이 죄를 지은 인간과 거룩하신 하나님 사이에 중재자 역할을 맡았습니다. 그러면 왜 이처럼 희생제사가 필요했을까요? 하나님으로부터 죄 사함을 받고 하나님을 기쁘게 하기 위해서 였습니다. 제사를 드리는 사람이 죄인이기 때문에 먼저 죄 문제를 처리하지 않고선 하나님과의 관계를 정상화할 수 없었습니다. 고대인들에게 제사는 신과의 관계를 새롭게 하는 헌신의 과정이었습니다.

구약에서 제사를 드리기 위해 하나님은 제사장을 임명하셨습니다. 제사장의 임무에는 제사를 드리는 일, 하나님의 율법을 가르치는 일, 재판관 역할을 담당하는 일, 그리고 하나님의 뜻을 구하는 일 등이 포함됩니다. 그런데 신약에서 예수님은 유일하게 죄를 제거할 수 있는 새롭고 참된 대제사장이 되십니다. 여기서 그리스도의 두 번째 직분인 '참 제사장'이 등장하게 됩니다. 그리스도의 두 번째 직분에 대해 상세히 설명하고 있는 곳은 신약의 히브리서인데 우리는 예수님을 정확하게 이해하기 위해서 그리스도의 제사장 직분을 자세히 알아봐야 합니다. 3가지로 나누어서 접근해보도록 하겠습니다.

첫째, 제사장으로서 예수님은 죄의 구렁텅이에 빠진 죄인을 구하는 능력을 갖고 계십니다. 구약의 제사장은 흠이 없고 값비싼 황소나 염소의 수컷을 죽여 짐승의 피로 죄인의 죄를 해결했습니다. 동물을 잡으면 제사장이 그릇에 그 피를 받아 죄인 대신 제단으로 가져갔습니다. 그러나 예수님은 탄생, 죽음, 부활 그리고 승천을 통해서 구약의 제사 제도가 종결되었음을 선언했습니다. 예수님의 제사장직 수행은 구약의 제사장이 도달할 수 없었던 완전하고 영원한 죄의 대속을 뜻합니다. 믿는 자는 제사장의 명령을 따라 제사를 드리지 않더라도 그리스도의 희생으로 죄 사함을 받게 되었습니다. 예수님의 보혈(寶血, 귀한 피)로서 죄인은 하나님께 온전하게 그리고 정식으로 나아갈 수 있게 된 것입니다. 죄인은 하나님 앞에 설 수 없기 때문에 죄 사함을 받는 제사가 필요했습니다. 정결하지 못한 사람은 신 앞에 설 수 없다는 이야기이지요.

머리말에 소개된 "우리 죄를 대속하기 위하여 자기 몸을 주셨으니"(갈라디아서 1:4)라는 말씀이나 "인자가 온 것은 (…) 자기 목숨을 많은 사람의 대속물로 주려 함이니라"(마가복음 10:45)라는 말씀도 모두 죄 사함을 구체적으로 증거하고 있습니다. 죄 사함과 관련해서 우리가 주목해야 할 점은 2가지가 동시에 이루어졌다는 사실입니다. 예수님 자신이 스스로 희생제물이 되었다는 점과 제사장 역할을 함께 맡으셨다는 것입니다.

예수님은 우리를 죄와 저주의 구렁텅이로부터 구해줄 수 있는 능력을 갖고 있는 분입니다. 그래서 우리는 예수님을 '구주' 혹은 '구세주'라고 부릅니다. 예수님은 당신 자신을 믿고 영접하는 순간부터 예수님을 믿는 자가 죄와 사망에서 빠져나오도록 했습니다. 그래서 우리는 갖가지 죄에서 구원하는 능력을 갖춘 그리스도를 제사장 중에서도 으뜸가는 제사장이자 완전한 제사장이란 의미에서 '참 제사장'이라고 부릅니다.

> 그리스도 예수 안에 있는 생명의 성령의 법이 죄와 사망의 법에서 너를 해방했음이라. 로마서 8:2

> 내 말을 듣고 또 나 보내신 이를 믿는 자는 영생을 얻었고 심판에 이르지 아니하나니 사망에서 생명으로 옮겼느니라. 요한복음 5:24

예수님의 권능으로 죄 사함을 허락하는 것은 유대인의 입장에서 받아들이기 힘든 일이었습니다. 예수가 그런 능력을 가질 수 없는 자라고 생각했기 때문입니다. 그래서 죄 사함에 대한 그리스도인의 확신과 유대인의 불신이 신약의 곳곳에서 드러나 있는데, 신학자이자 방송인인 마이크 보몬트Mike Beaumont는 "유대교에서 희생제사가 차지했던 역할을 생각하면, 예수가 구약의 제사를 완전히 성취하고 대체하셨음을 초기 그리스도인들이 그렇게 빨리 믿었다는 사실이 무척 놀랍다"고 평하기도 합니다. 예수님은 스스로 제물이자 제사장 역할을 담당함으로써 완전하고 최종적인 제사를 마무리하셨습니다. 요컨대 믿는 자는 '참 제사장' 그리스도의 희생에 힘입어서 죄로부터 영원히 깨끗해지게 되었습니다.

둘째, 제사장으로서 예수님은 우리가 하나님께 가까이 나아갈 수 있도록 만드는 능력을 갖고 계십니다. 구약의 제사장들은 사람들을 대신하여 하나님께 나아갈 수 있는 대단한 특권을 갖고 있었습니다. 제가 믿는 자가 된 다음에 특별히 매력을 느끼게 되는 것은 나와 하나님 사이의 어느 누구도 개입할 필요가 없다는 사실입니다. 예수님의 이름으로 구하기는 하지만 믿음은 나와 하나님 사이의 개인적인 친밀한 관계입니다. 중간에 누군가가 끼게 되면, 특히 그 사람이 믿는 자와 하나님 사이를 중개해줄 수 있는 특권을 갖게 되면 부패하기 쉽습니다. 중간에 낀 사람이 나쁜 것이 아니라 어떤 권리든 특권이 허락되면 제사장이건 성직자건 엉뚱한 생각을 할 수가 있습니다. 구약에도 어김없이 이런 부작용이 나타납니다. 백성들이 방황하고 좌절할 때 하나님 말씀을 알려주는 선지자들 중에는 제사장의 부패를 꾸짖는 이들이 성경에 여러 차례 등장합니다. 제사장은 자신의 특권을 이용해서 우상을 섬기고 부정직한 방법으로 돈을 벌며 성도들의 헌금을 횡령하기도 합니다.

교회사에서 성직자들이 교권을 악용하는 사례를 자주 볼 수 있는 것은 교권을 쥔 것이 사람이기 때문입니다. 오늘날도 마찬가지라고 생각합니다. 교권의 이름으로 힘이 집중되면 자연스럽게 부패가 생기게 됩니다. 성직자나 목회자도 사람이기 때문입니다. 세속 정치와 마찬가지로 교권 역시 힘이 집중되고 독점적 성격의 조직으로 변모하게 되면 세속 정치와 비교할 수 없을 정도로 독점의 폐해가 드러나게 되지요. 교권 자체가 새로운 모습의 우상숭배로 바뀌게 됩니다. 이때부터 '예수님의 이름으로' 이해할 수 없는 일들이 일어나게 됩니다. 교회사가 우리에게 가르쳐주는 것은 절대 권력은 절대 부패하게 된다는 사실입니다. 이렇게 흘러가다 보면 복음은 사라지고 형식과 권력만 남게 됩니다. 예수님이 전혀 의도하지 않은 방향으로 그리스도교가 흘러가버리게 됩니다.

예수님은 사람들과 하나님 사이에 누군가 특권을 갖고 개입해야 할 필요를 완전히 제거하셨습니다. 구체적으로 말하자면 반드시 예루살렘 성전에 가서 제사를 드릴 필요가 없습니다. 또한 제사장직 자체가 필요하지 않도록 만들어버렸습니다. 예수님은 사람이 손으로 만든 지상에 있는 성전으로 들어가지 않고 곧바로 하늘의 지성소인 하늘의 하나님 앞으로 직접 들어갈 수 있도록 만들어주셨습니다. “그리스도께서는 참 것의 그림자인 손으로 만든 성소에 들어가지 아니하시고 바로 그 하늘에 들어가사 이제 우리를 위하여 하나님 앞에 나타나시고”(히브리서 9:24)라는 말씀을 미루어 보면 믿는 자는 예수님을 따라 곧바로 하나님 앞으로 나아갈 수 있게 되었습니다. 그러면 우리는 왜 신앙공동체인 교회에 출석하는 것일까요? 예배를 통해 하나님을 경배하고 찬양하고 영광을 돌리기 위함입니다. 또한 성도와의 교제를 통해 신앙을 굳건히 하고 그리스도의 사랑을 실천하기 위함입니다.

성전에서 가장 신성한 곳이자 입구로부터 가장 안쪽에 위치한 지성소는 제사장만 일 년에 딱 한 번 홀로 들어갈 수 있는 곳이었습니다. 예수님은 스스로 희생제물이 되어 완전한 제사를 지냄으로써 지성소를 가렸던 성전의 휘장 한 가운데가 찢겨 내리게 됩니다. 이는 우리가 하나님께 바로 나아갈 수 있는 길이 열렸음을 뜻합니다. 그리스도의 직분 가운데 하나인 ‘참 제사장’인 대제사장이 가진 중요한 또 하나의 의미입니다.

셋째, 제사장으로서 예수님은 우리를 위해 간절히 기도하시며 도움을 주시는 능력을 갖고 계십니다. 구약의 제사장의 기능 가운데 하나가 기도를 통하여 백성들의 요구를 하나님 앞으로 가지고 가는 것입니다. “그러므로 자기를 힘입어 하나님께 나아가는 자들을 온전히 구원하실 수 있으니 이는 그가 항상 살아 계셔서 저희를 위하여 간구하심이니라”(히브리서 7:25)는 말씀을 미루어 보면 예수님이 항상 우리를 위해 기도하시는 중보자이심을 확인할 수 있습니다. 이런 기능은 예수님이 신성을 갖지 않는다면 도저히 수행할 수 없는 직분입니다.

"하나님은 한 분이시요 또 하나님과 사람 사이에 중보자도 한 분이시니 곧 사람이신 그리스도 예수라"(디모데전서 2:5)를 미루어 보면 항상 믿는 자를 위해 기도하시는 유일한 분은 예수님임을 알 수 있습니다. 이분을 중보자로 둔 사람은 대단한 특권을 갖고 있습니다. 물론 모두에게 해당하는 이야기는 아니고 믿는 자만이 누릴 수 있는 특권입니다.

사도 바울은 예수님이야말로 우리를 위해 간절히 구하시는 분이라는 점을 분명히 합니다. 그냥 우리를 대표해서 하나님 앞에 나서는 분이 아니라 우리를 위해 구체적인 간구와 청원을 하는 분이십니다. "누가 정죄하리요. 죽으실 뿐 아니라 다시 살아나신 이는 그리스도 예수시니 그는 하나님 우편에 계신 자요 우리를 위하여 간구하시는 자시니라"(로마서 8:34)를 통해서 예수님이 믿는 자를 위해 늘 기도하는 분임을 확인할 수 있습니다.

믿는 자는 기도함으로써 하나님을 기쁘게 할 수 있습니다. 기도하는 사람은 매일 매일 그리스도를 닮아가는 사람입니다. 자신이 닮고자 노력하는 분이 자신을 위해 기도하고 계신다는 사실만으로 큰 위안을 받을 수 있지 않을까요? 가까운 친구나 가족이 아니라 예수님이라니 놀랍지 않습니까! 진심을 담아서 지속적으로 하는 기도는 응답을 받을 수 있습니다.

요컨대 그리스도는 구약의 제사장과는 도저히 비교할 수 없을 정도로 대단한 능력을 갖고 계십니다. 죄를 사해주는 권능, 하나님 앞에 직접 나아갈 수 있는 권능 그리고 우리를 위해 계속해서 간절히 기도하는 권능을 가진 그리스도를 우리는 '참 제사장' 혹은 대제사장이라고 부릅니다.

참 왕 그리스도

죄를 짓는 자는 마귀에게 속하나니 마귀는 처음부터 범죄함이라.
하나님의 아들이 나타나신 것은 마귀의 일을 멸하려 하심이라.
He who does what is sinful is of the devil,
because the devil has been sinning from the beginning. The reason the Son of God appeared was to destroy the devil's work.
요한일서 3:8

왕은 지배할 수 있는 권한과 통치할 수 있는 권한을 가진 사람입니다. 구약에서 왕은 이스라엘을 다스릴 수 있는 권한을 갖고 지상 왕국에 속한 백성들의 왕입니다. 신약에서 왕은 지상 왕국의 왕과는 다릅니다. 예수님은 하나님의 통치 영역이나 권위 영역을 나타내는 '하나님 나라'를 지배하고 통치하는 권한을 가진 분이십니다. 예수님은 하나님 나라의 백성을 다스리는 분이라는 뜻에서 지상의 왕과 구분해서 '참 왕'이라 부릅니다. 따라서 그리스도의 세 번째 직분은 '참 왕'입니다.

예수님이 이 땅에 오셨을 때 이스라엘에는 메시아에 대한 염원이 강하게 감돌고 있었습니다. 역사학자 폴 존슨Paul Johnson은 당시의 분위기를 "예수 시대의 유대교는 16세기 초의 그리스도교처럼 개혁의 대상이 되어 있었다"고 전합니다. 개혁의 방향은 두 갈래로 나누어졌습니다. 무력을 가진 강력한 왕이 주도하는 정치적 군사적 개혁을 주장하는 그룹과 정신적 혁명에 의한 개혁을 추구해야 한다는 그룹입니다. 특히 오랜 전란과 사회적 혼란에 지친 유대인들은 자신을 이끌 수 있는 강력한 군사력과 정치력을 가진 왕의 출현을 기다리고 있었습니다. 예수님께서 행하신 여러 가지 이적을 본 사람들이 예수님을 지상의 왕으로 모시려는 시도가 있었지만 예수님은 이를 거절합니다. "예수께서 그들(표적은 본 사람들)이 와서 자기를 억지로 붙들어 임금으로 삼으려는 줄 아시고 다시 혼자 산으로 떠나가시니라"(요한복음 6:15)가 이를 말해주고 있습니다.

하나님에게 죽기까지 순종한 예수님은 부활하신 이후에 더 큰 권능을 성부 하나님으로부터 받게 됩니다. 그러니까 성부 하나님의 명령에 따라 죽음을 당하기 이전보다 더 큰 권세와 능력을 갖게 되었습니다. 성부 하나님이 예수님에게 허락한 권위와 능력은 우주 만물과 교회를 지배하고 통치할 수 있는 것입니다.

> 그(성부 하나님)의 능력이 그리스도 안에서 역사하사 죽은 자들 가운데서 다시 살리시고 하늘에서 자기의 오른편에 앉히사 모든 통치와 권세와 능력과 주권과 이 세상뿐 아니라 오는 세상에 일컫는 모든 이름 위에 뛰어나게 하시고 또 만물을 그(예수님)의 발아래에 복종하게 하시고 그를 만물 위에 교회의 머리로 삼으셨느니라. 에베소서 1:20-22

믿는 자가 되면 우리는 하나님 나라의 백성이 됨과 동시에 예수님을 참 왕으로 모시게 됩니다. 산상수훈에 나오는 기도문에는 "나라가 임하시오며 뜻이 하늘에서 이루어진 것같이 땅에서도 이루어지이다"(마태복음 6:10)라는 말씀이 있습니다. 여기서 '나라가 임하시오며'는 하나님 나라가 우리 자신에게 임하는 것을 말합니다. 그리스도의 왕권이 미치는 곳이라면 개인(믿는 자를 뜻하는 교회)뿐만 아니라 교회(믿는 자들로 구성된 신앙공동체)에도 큰 변화가 일어나게 됩니다. 믿기 시작하는 바로 그 순간부터 믿는 자에게는 하나님 나라가 임하게 됩니다. 믿음의 대열에 들어선 사람이라면 누구든지 개인적 체험을 통해서 이를 증거할 수 있을 것입니다. 믿기 전과 믿은 이후 그리고 믿음이 성장하면서 자신에게 어떤 변화가 일어나는가를 충분히 느낄 수 있습니다. 가까운 지인들도 이런 변화를 알아차리게 되지요. 하나님 나라가 임하게 되면 삶의 겉모습뿐만 아니라 속까지 전체가 변하게 됩니다. 놀라울 정도로 거대한 인격적 변화가 일어나게 됩니다. 왜냐하면 예수님이 '참 왕'으로 우리 자신을 지배하고 통치하기 때문입니다.

성경은 하나님의 나라가 임할 뿐만 아니라 '참 왕'이 다스리기 시작할 때 어떤 일들이 일어나게 되는지를 생생하게 증언하고 있습니다. '참 왕'인 예수님이 귀신이나 사탄의 권세를 꺾어 쫓아내버리는 일이 일어나게 되는데 예수님 말씀 가운데 "내가 만일 하나님의 손을 힘입어 귀신을 쫓아낸다면 하나님의 나라가 이미 너희에게 임했느니라"(누가복음 11:20)가 있습니다. 머리말로 소개한 인용문인 요한일서 3장 8절은 예수님이 이 땅에 오신 것은 마귀를 멸하기 위한 '참 왕'으로 오신 점을 분명히 하고 있습니다.

예를 들어 사탄이나 귀신들 때문에 괴로움을 겪는 사람이 있다고 가정해봅시다. 예수님이 그들을 물리치게 된다면 이는 사탄이나 귀신들 때문에 괴로움을 겪는 사람에게 하나님 나라가 임하게 된 것을 말합니다. 사탄이나 귀신들이란 용어에 대해 거부감을 갖는다면 여러분이 어떤 시험을 앞두고 초조해하고 불안감 때문에 어쩔 줄 모르는 상황에 처해 있다고 생각해보시기 바랍니다. 이때 믿음이 없는 사람은 초조함 때문에 잠을 설치거나 괴로워할 것입니다. 그러나 믿음이 강한 사람은 기도를 할 것입니다. 기도에 대해 예수님은 "하나님 나라가 너에게 임했느니라"라고 응답하실 것입니다. 믿는 자라면 평소보다 훨씬 강하고 담대하게 상황을 맞설 수 있는 힘을 얻게 될 것입니다. 하나님 나라가 임하게 되면 초조나 불안감에 휘둘리는 것이 아니라 다스릴 수 있기 때문입니다.

하나님 나라가 임하는 곳이라면 혹은 예수님이 참 왕의 직분을 수행하는 곳이라면 어디서든 하나님이 지배하고 통치하는 곳으로 변화하게 됩니다. 보이는 세계에 익숙한 우리들은 보이지 않는 세계에서 격렬하게 벌어지는 빛과 어둠의 대결에 대해 배울 기회도 적고 관심도 없습니다. 그러나 저는 공부를 해가면서 그리고 믿음을 갖게 되면서 세상의 큰 부분은 영적 전쟁이 차지하고 있다는 생각을 자주 하게 되었습니다. 예수님은 영적 전쟁을 강조하셨습니다. 특히 신약에 등장하는 예수님에 의한 표적은 대부분 어두움의 세력에 맞서 싸운 예수 그리스도의 활동을 증거하고 있습니다. 저는 영적 전쟁이 예수님이 활동하시던 시절에 일어났던 역사적 사실만이 아니라고 봅니다.

지금 이 순간에도 우리 자신을 둘러싸고 알게 모르게 맹렬하게 일어나고 있는 일이라고 생각합니다.

제가 오랫동안 알아왔던 한 여성분은 영혼이 맑고 연약한 그리스도인이었습니다. 그분은 병원에서도 원인을 알 수 없는 정신질환으로 서서히 힘을 잃어가고 있었습니다. 만일 제가 그때 믿음을 가진 사람이었다면 그 실체를 정확히 알 수 있었기 때문에 적절한 조치를 조언할 수 있었을 것입니다. 하지만 그분은 손 한번 제대로 써보지 못한 채 저세상으로 가고 말았습니다. 나는 그분이 영적 전쟁에서 패배했다고 봅니다. 영혼이 맑고 연약한 그분에게 심한 우울증이란 모습으로 어둠의 세력이 집요하게 공격을 개시했습니다. 의사는 늘 "아무런 이상이 없으니까 안심하세요. 곧 치유가 될 겁니다"라고 말할 뿐이었습니다. 그러나 병세는 급속히 악화되었고 뚜렷한 병명도 모르는 상태에서 안타깝게도 그분은 저세상으로 가버리고 말았습니다.

현장 경험이 풍부한 사역자인 딘 셔만Dean Sherman은 『영적 전쟁』이란 저서에서 믿는 자에게 경고합니다. 셔만은 "그리스도인들은 그리스도께서 자신을 위해 십자가 위에서 거둔 승리를 이미 패배한 원수들이 그냥 빼앗아 가도록 내버려두는 경향이 있음을 발견했다"고 고백합니다. 또한 그는 "하나님은 당신의 백성이 온 세계에 영향력을 행사하며 어둠의 세력들을 몰아내는 군대가 되기를 원하신다"고 이야기하기도 합니다. 저는 하나님의 나라를 확장하는 데 쓰임을 받을 가능성이 높은 사람일수록 영적 전쟁에 대해 더 관심을 가져야 한다는 사실을 지인의 죽음을 통해서 깊이 깨달았습니다. 오늘날처럼 과학이 발달한 세상에서 어둠의 세력이 어디에 있냐고 반문할 수도 있습니다. 그러나 정신질환이나 중독 같은 질병은 더욱 늘어나고 있는 추세입니다. 어쩌면 우리는 우리의 영혼이 과거에 비해 얼마나 더 나아졌는가를 반문해볼 때가 많습니다. 교회에서도 성령 충만을 구하고 성령 안에서 살아가야 한다는 것을 이야기할 뿐 어둠의 세력에 맞서 영적 전쟁을 어떻게 수행해야 하는가에 대해서는 별로 다루지 않습니다.

하지만 마귀를 멸하는 것은 새로운 문제는 아닙니다. 그리스도의 직분 가운데 또 하나가 '참 왕'인 점을 고려하면 예수님이 이 문제를 얼마나 비중 있게 다루셨는지를 충분히 알 수 있습니다. '참 왕'과 관련해서 이미 창세기 3장 15절에 의미심장한 내용이 등장합니다. "내가 너로 여자와 원수가 되게 하고 네 후손도 여자의 후손과 원수가 되게 하리니 여자의 후손은 네 머리를 상하게 할 것이요 너는 그의 발꿈치를 상하게 할 것이니라 하시고"라는 부분입니다. 이 말씀에 대해 구약 연구가인 하버드대학교의 제임스 L. 쿠걸James L. Kugel 박사는 "이 문장은 후대의 모든 사람이 마귀에 대항해서 싸워야 하는 전쟁에 대한 하나의 선언처럼 보인다"라고 말하기도 하고 "온 인류가 끊임없이 싸워야 할 영원한 유혹자에게 향한 것"이라고 그 의미를 더하고 있습니다. 여기서 '여자의 후손'은 장차 나타날 그리스도를 말하며 '네 머리'는 마귀의 머리를 말합니다. 결국 마귀Devil를 무찌를 수 있는 권세를 가진 유일한 분이 그리스도라는 이야기입니다. 이 점은 아무리 강조해도 지나침이 없다고 생각합니다.

그리스도는 사탄과 그의 졸개들인 귀신들의 공격으로부터 여러분을 보호할 수 있는 힘과 능력을 가진 유일무이한 '참 왕'이십니다. 어두움의 세력들은 초조, 불안, 스트레스, 중독, 정신질환, 질병, 유혹, 범죄 등에 스며들어 여러분을 실족하거나 타락하도록 끊임없이 노력하고 있습니다. 그리스도는 이들을 무찌를 수 있는 힘을 가진 왕 중 왕인 '참 왕'이십니다. 이분의 권세를 여러분은 얼마든지 활용할 수 있어야 합니다. 예수님은 믿는 자에게 이런 권능을 충분히 허락하고 계시기 때문입니다. 믿는 자들 가운데 이런 능력을 잘 알고 제대로 활용하는 분들이 다수는 아니라고 봅니다. 그래서 우리에게 더더욱 필요한 일은 예수님이 어떤 권능을 갖고 계신 분이며 믿는 자가 되면 어떤 권능을 얻을 수 있는가를 정확히 아는 것입니다. 이제부터 어떻게 활용할 것인가에 대해 이야기하도록 하겠습니다.

그리스도의 파워를 누리는 법

그러므로 형제들아 내가 하나님의 모든 자비하심으로 너희를 권하노니
너희 몸을 하나님이 기뻐하시는 거룩한 산 제물로 드리라.
이는 너희가 드릴 영적 예배니라.
Therefore, I urge you, brothers, in view of God's mercy,
to offer your bodies as living sacrifices, holy and pleasing to God–this is
your spiritual act of worship.
로마서 12:1

믿는 자 가운데는 작은 고난에도 흔들리거나 주저하는 분들이 있습니다. 나는 그런 분들에게 "왜 믿는 자가 되셨습니까?"라고 묻고 싶습니다. 사람이 너무 계산적으로 살아선 안 되지만 자신이 당연히 누릴 자격이 있는 것은 제대로 누려야 합니다. 어려움이 왔을 때 믿는 자는 제대로 능력을 발휘할 수 있는 대단한 기회를 맞게 된 것입니다. 스스로 믿음의 능력을 확인할 기회이기도 하고 주위 사람들에게도 믿음의 힘을 입증할 수 있는 기회이기도 합니다. 모든 일들이 순조롭게 돌아갈 때도 마찬가지입니다. 그리스도의 직분이 허락하는 권세(권위, authority)를 제대로 누릴 수 있어야 합니다. 왜냐하면 하나님이 믿는 자에게 주신 축복이기 때문입니다.

권세는 '예수님으로부터 주어지는 합법적인 힘'을 말합니다. 반면

에 능력은 '무엇인가를 할 수 있는 힘'을 말합니다. 믿는 자가 되면 모두 하나님의 자녀가 되기 때문에 신분상 권세 있는 자가 됩니다. 예를 들어 성경은 예수님이 더러운 귀신들에게 명령하여 순종하게 하는 것을 권세의 한 가지로 소개합니다. "다 놀라 서로 물어 가로되 이는 어찜이뇨. 권세 있는 새 교훈이로다. 더러운 귀신들을 명한즉 순종하는도다 하더라"(마가복음 1:27) 또한 성경은 "예수께서 열두 제자를 불러 모으사 모든 귀신을 제어하며 병을 고치는 능력과 권세를 주시고"(누가복음 9:1)라고 말씀하십니다.

권세authority는 모두가 동등하게 갖지만 능력power은 사람에 따라 다릅니다. 권세와 능력을 제대로 누리기 위해 어떻게 하면 될까요? 믿는 자라면 누구든지 그리스도의 3가지 직분과 그 직분이 허락하는 권세와 능력을 정확히 알고 있어야 합니다. 그리고 이를 누릴 수 있는 방법을 익혀야 합니다. 예수님을 믿음으로써 예수님이 주실 수 있는 축복에 한계는 없지만 편의상 100이라고 가정해보기 바랍니다. 어떤 사람은 100을 누리는 데 성공하지만 어떤 사람은 10만큼도 누리지 못합니다. 그 이유 중 하나가 바로 그리스도의 3가지 직분에 대한 이해가 부족해서입니다. 그 밖에 믿음의 순도도 중요할 것입니다. 겉으로만 믿는 사람에게 권세는 주어지지만 발휘할 수 있는 능력은 그냥 주어지지는 않습니다. 또한 능력의 차이는 하나님으로부터 무상으로 주어지는 은사의 차이도 있을 것입니다.

우리가 참 선지자로서 그리스도의 직분이 허락하는 권세를 충분히 누리는 방법은 어떤 것일까요? 참 선지자로서의 그리스도는 우리로 하여금 하나님을 만날 수 있도록 하십니다. 예수님이 우리에게 기대하는 선지자적 역할은 어떤 것일까요? 예수님을 널리 알리는 일입니다. 복음을 널리 퍼져나가도록 함으로써 믿는 자는 선지자적 역할을 충실히 수행하게 됩니다. 하나님과 예수님에 대해 사람들에게 복음을 진실되게 증거하는 일이야말로 우리가 할 수 있는 최고의 선지자 역할입니다. 불신자에게도 전해야 하지만 성도에게도 복음을 제대로 전하는 일이 필요합니다.

"오직 성령이 너희에게 임하시면 너희가 권능을 받고 예루살렘과 온 유대와 사마리아와 땅 끝까지 이르러 내 증인이 되리라 하시니라"(사도행전 1:8)는 말씀처럼 더 많은 사람에게 복음을 정확하게 알리는 일이야말로 예수님을 기쁘게 하는 일입니다. 또한 "보라, 내가 속히 오리니 내가 줄 상이 내게 있어 각 사람에게 그가 행한 대로 갚아 주리라"(요한계시록 22:12)는 말씀처럼 선지자적 역할을 충실히 수행하는 자마다 예수님은 충분한 상급을 준비하고 계십니다. 그러나 믿는 자가 된다고 해서 모두가 탁월한 전도자가 되기는 쉽지 않습니다. 전도자는 우선은 예수님을 닮으려고 노력함으로써 거룩한 사람이 될 수 있어야 하고 전도와 복음에 대해 풍부한 지식을 갖도록 노력해야 하기 때문입니다. 제가 생각하기엔 하나님으로부터 각 사람에게 주어진 은사의 종류와 분량에 따라 전도 사역에 동참하면 될 것입니다.

우리가 참 제사장으로서 그리스도의 직분이 허락하는 권세를 충분히 누리는 방법은 어떤 것일까요? 참 제사장으로서의 그리스도는 우리의 죄를 대속하기 위해 십자가에 못 박혀 죽음을 당하셨습니다. 예수님이 우리에게 기대하는 제사장으로서의 역할은 어떤 것일까요? 글머리에 인용문으로 소개된 말씀 즉, "너희 몸을 하나님이 기뻐하시는 거룩한 산 제물로 드리라. 이는 너희가 드릴 영적 예배니라"(로마서 12:1)에 답이 들어 있습니다.

예수님이 우리를 위해 목숨을 바쳤듯이 우리가 가진 전부이자 소중한 몸을 하나님께 헌신하라는 말입니다. 여기서 몸은 돈, 재능, 지식, 생명 등 우리가 가진 전부를 말하기 때문에 몸을 드리는 것은 우리가 가진 모든 것을 드리는 것입니다. 구약시대의 제사는 짐승을 죽여 하나님께 제사를 지내는 것이지만 오늘날의 제사는 하나님께 헌신하는 것입니다. 하나님께 헌신하는 삶은 거룩한 삶이기도 하고 하나님의 말씀에 따라 사는 삶이기도 합니다. 사도 바울은 하나님께 헌신하는 삶을 '영적 예배'라고 말합니다. 사도 바울은 형식적인 예배보다 헌신을 훨씬 중요하게 여깁니다. "순종이 제사보다 낫고 듣는 것이 숫양의 기름보다 나으니"(사무엘상 15:22)라는 말씀은 순종과 청종의 중요성을 말해주고 있습니다.

"그(예수님) 이름을 증거하는 입술의 열매인 찬미의 제사를 드릴 수 있는"(히브리서 13:15)이라는 말씀을 미루어 보면 진실된 찬송과 예배를 자주 드리는 일이 중요함을 알 수 있습니다. 여기서 '그 이름을 증거하는 입술의 열매'는 찬송을 말합니다. 하나님이 자신의 형상대로 만든 인간에게 바라는 것은 영광과 찬송을 받기 위함임을 잊지 말아야 합니다. 믿음이 깊어지게 되면 의무감이 아니라 기쁜 마음으로 예배에 참석하게 되지요. 마찬가지로 가정예배를 드리는 일도 실천하게 됩니다. 이 모든 활동들이 하나님을 기쁘게 하는 일입니다. "오직 선을 행함과 서로 나눠주기를 잊지 말라. 이 같은 제사는 하나님이 기뻐하시느라"(히브리서 13:16)는 말씀은 구제와 구빈처럼 소외된 사람이나 가난한 사람 그리고 성도를 돕는 일을 게을리하지 말 것을 이야기합니다. 여기서 '서로 나눠주기'는 교제, 구제, 구제헌금 등을 말합니다. 여기에 소개된 실천법이 하나같이 만만치 않습니다. '이 세상'에만 주목하면 실천하기 어려운 것들입니다. 그러나 믿는 자가 되면 '저 세상'을 주목하게 됩니다. 시선이 '이 세상'을 너머 '저 세상(하나님 나라, 천국)'으로 향할 수 있을 때 제대로 된 헌신이 가능해지게 됩니다.

우리가 참 왕으로서의 그리스도의 직분이 허락하는 권세를 충분히 누리는 방법은 어떤 것일까요? 참 왕으로서의 그리스도는 믿는 자에게 주변의 모든 것들을 다스릴 수 있는 권세를 허락하셨습니다. 또한 믿는 자들 중에서 자격을 갖춘 자에겐 다스릴 수 있는 충분한 능력도 제공해주십니다. 예수님이 우리에게 기대하는 왕으로서의 역할은 어떤 것일까요? 우리 주변에 포진한 채 우리를 실족시키기 위해 호시탐탐 노리고 공격하는 어둠의 세력과 맞서 승리하는 것입니다. 우리는 그리스도의 은혜로 말미암아 그리스도의 왕적인 권위와 능력에 부분적으로 동참할 수 있기 때문에 충분히 승리할 수 있습니다. 우리가 복음을 전해야 하는 특별한 이유가 있다면 자신도 모르는 사이에 흑암 세력에 장악당한 채 고생하는 사람들이 주변에 많기 때문입니다. 저는 예수 그리스도가 허락하는 많은 권능 가운데 왕적 권위와 능력은 정말 중요하다고 생각합니다. 적극적으로 활용해야 할 권능이기도 합니다.

> 우리의 씨름은 혈과 육을 상대하는 것이 아니요 통치자들과 권세들과 이 어둠의 세상 주관자들과 하늘에 있는 악의 영들을 상대함이

라. 그러므로 하나님의 전신 갑주를 취하라. 이는 악한 날에 너희가 능히 대적하고 모든 일을 행한 후에 서기 위함이라. 에베소서 6:13

너희는 믿음을 굳건하게 하여 그(마귀)를 대적하라. 이는 세상에 있는 너희 형제들도 동일한 고난을 당하는 줄을 앎이라. 베드로전서 5:9

말씀을 반복해서 깊이 새기는 것만으로도 어려운 시기를 헤쳐 나갈 때 어둠의 세력들과 맞서 싸워 승리하는 데 큰 도움을 받을 수 있습니다. 어려운 시기를 헤쳐 나가다 보면 하나님은 곧바로 말씀이란 진리를 받아들이게 됩니다. 말씀이 왕적 권위와 능력으로 왕성하게 활동하는 것을 몸소 체험할 수도 있습니다. 이런 개인적 체험을 통해서 점점 신앙의 깊이가 더해지게 되지요.

결국 그리스도는 참 제사장, 참 선지자, 참 왕이라는 3가지 직분을 수행할 수 있는 권능을 가진 유일무이한 분입니다. 자연스럽게 우리는 묻게 됩니다. 왜 이처럼 대단한 힘을 갖는 분과 함께하시지 않느냐고요. 예수님을 주로 받아들이는 분이라면 누구든지 예수님의 권세와 능력을 누릴 수 있습니다. 예수님의 이름으로 구함으로써 우리는 예수 그리스도가 가진 3가지 직분이 허락하는 권세와 능력의 일부를 누릴 수 있습니다.

그런데 우리는 신분상으로 그리스도의 삼중직이 주어지더라도 능력은 믿는 자마다 다르다는 사실을 기억해야 합니다. 하나님의 일을 더 잘 하기 위해 큰 능력을 가질 수 있도록 하나님께 구해야 합니다. 그리고 영적인 파워를 더 강하게 만들 수 있는 방법을 배워서 실천에 옮겨야 합니다. 제가 이렇게 예수님에 대한 책을 쓰는 일이나 여러분이 이렇게 공부하는 이유 가운데 하나도 저마다 누릴 수 있는 영적인 파워를 더 잘 누리기 위함도 있습니다. 항상 하나님이 주시는 권세와 능력은 믿는 자에게 주어지는 하나님의 축복임을 잊지 않으셔야 합니다.

지금부터는 주제를 바꾸어서 그리스도의 3가지 직분이 역사적으로 어떻게 변화해왔는지 살펴보겠습니다. 우리가 현재 어디쯤 위치해 있는가를 확인할 수 있다면 우리는 그리스도의 직분이 허락하는 권능을 더 잘 누릴 수 있을 것입니다. 그동안 그리스도의 직분은 4단계를 거쳐 변화해왔습니다.

1단계(죄가 인간에게 들어오기 전) 아담의 범죄로 죄가 사람 속으로 들어오기 전에는 하나님과 사람 사이에는 아무런 문제가 없었습니다. 완벽한 관계를 유지하고 있었습니다. 창세기 1장에는 "하나님이 보시기에 좋았더라"는 표현이 일곱 번 등장하는데 이는 창조된 천지만물의 상태가 선하고 아름다운 상태였음을 알 수 있습니다. 에덴동산의 아담은 하나님께 순종함으로써 하나님의 축복을 듬뿍 받았습니다. 하나님은 자기 형상대로 인간을 창조하신 이후에(창세기 1:27) 사람이 필요한 모든 것들 즉, 바다의 물고기와 하늘의 새와 땅의 움직이는 생물 그리고 식물 등을 풍족하게 공급했습니다. 이때까지만 하더라도 아담은 하나님과 진실한 대화를 나눌 수 있었던 선지자였습니다. 죄를 범하지 않았기 때문에 속죄를 위한 제사를 치러야 할 필요도 없었습니다. 오로지 하나님의 축복에 대해 찬송의 제사를 지낼

뿐이었습니다. 또한 하나님은 아담과 하와에게 세상만물을 다스릴 수 있는 왕의 권세를 허락했습니다. "하나님이 그들에게 복을 주시며 하나님이 그들에게 이르시되 생육하고 번성하여 땅에 충만하라, 땅을 정복하라, 바다의 물고기와 하늘의 새와 땅을 움직이는 모든 생물을 다스리라 하시니라"(창세기 1:28)

2단계(죄가 인간에게 들어온 이후) 선악을 알게 하는 나무의 열매를 따먹지 말라는 하나님의 첫 번째 계명을 아담이 어김으로써 아담과 그 자손들인 인류는 모두 죄로 물들게 되었습니다. 죄지음을 계기로 하나님과 인간 사이의 이상적인 관계는 파괴되고 말았습니다. 원죄는 거짓된 정보와 거짓된 말을 낳음으로써 아담과 하와는 하나님과 진실한 대화를 나눌 수 없게 되었습니다. 죄인이 된 사람은 더 이상 그리스도의 3가지 직분의 권세를 누릴 수 없게 되었습니다. 또한 하나님의 눈을 피해 몸을 숨기는 딱한 처지에 놓이게 됩니다. 하나님의 눈길을 피해야 하는 죄인이 선지자 역할을 맡을 수는 없습니다. 죄인은 제사장 직분도 수행할 수 없습니다. 하나님의 의에 따르면 죄를 범한 사람은 하나님 앞에 설 수 없기 때문입니다. 또한 죄는 사람을 피조물을 다스리는 위치에서 피조물에 의해 시달리는 처지로 전락시켰습니다. 천재지변은 물론이고 가뭄, 홍수, 질병 그리고 가혹한 독재자의 등장으로 말미암아 사람은 왕적 권위라는 직분도 잃고 말았습니다. 지배하는 위치에서 지배당하는 위치로 추락하고 말았습니다.

3단계(그리스도의 등장 이후) 그리스도의 십자가 사건은 단 한 번의 대속으로 선택받은 자들의 모든 죄를 사해주었습니다. 그리스도의 대속 이후 사람은 하나님의 절대 주권에 의해서 세 부류로 나누어지게 됩니다. 여기서 중요한 것은 인간의 자유의지가 아니라 하나님의 절대 주권이 인간의 처지를 결정하게 된다는 사실입니다.

첫 번째 부류의 사람은 믿음을 갖지 못한 불신자들입니다. 이들은 "죄의 삯은 사망이요(For the wages of sin is death)"(로마서 6:23)라는 말씀처럼 그리스도의 3가지 직분이 허락하는 권세를 전혀 누릴 수 없습니다. 두 번째 부류의 사람은 복음의 핵심 메시지를 정확이 알지 못한 채 스스로 그리스도인이라고 생각하는 사람입니다. 이들은 주일날 예배당만 왔다 갔다 하기를 반복하는 그리스도인으로, 그리스도의 3가지 직분과 그것이 제공하는 권세를 정확히 알지 못하기 때문에 그리스도의 권세를 충분히 누리지 못합니다. 마지막으로 세 번째 부류의 사람들은 복음을 정확히 붙잡은 이들로, 그리스도의 3가지 직분을 정확히 이해하는 사람들입니다. 이들은 그리스도의 직분이 제공하는 권세를 불완전하지만 상당 부분 누리게 됩니다. 이들 가운데는 드물지만 그리스도의 권세를 충분히 누리는 분들도 있습니다.

구약의 이스라엘 역사를 보면 가뭄에 콩이 날 정도로 드물게 선지자, 제사장 그리고 왕이 자기 직분을 제대로 수행할 뿐이었습니다. 대부분은 가짜 선지자, 정직하지 못한 제사장, 경건하지 못한 왕들이 등장해서 나라를 망하게 하고 백성들을 고통받게 만들었습니다. 역사적으로 하나님이 인간에게 허락하셨던 3가지 직분의 순결함과 거룩함을 온전히 인식하여 그리스도의 3가지 직분의 권세를 제대로 발휘하는 사람은 드물었습니다. 그만큼 인간의 죄성이 강하기 때문일 것입니다. 그럼에도 불구하고 항상 소수의 진실된 그리스도인들이 있게 마련입니다. 이들은 그리스도의 3가지 직분이 허용하는 권세와 능력을 제대로 활용하는 데 성공하게 됩니다. 제가 여러분과 함께 나누려는 소망은 이왕 하나님의 축복으로 믿는 자의 대열에 들어섰다면 그리스도의 3가지 직분이 허락하는 권능을 충분히 활용할 수 있어야 하지 않는가 하는 것입니다.

4단계(예수님의 재림 이후) 믿는 자는 그리스도의 3가지 직분이 허락하는 권세를 완전하게 활용할 수 있게 될 것입니다. 예수님이 이 땅에 재림하게 되는 날 그리스도와 더불어 믿는 자는 참 선지장, 참 제사장 그리고 참 왕의 직분을 제대로 누릴 수 있을 것입니다. 에덴동산에서 아담이 죄를 범하기 이전처럼 그들의 지식은 완전해지게 될 것입니다. 그리고 하나님이 믿는 자를 아시는 것처럼 믿는 자 또한 하나님을 온전히 알게 됨으로써 다시 참된 선지자가 될 것입니다. 믿는 자의 육체도 완전해질 것이며 혼과 영도 완전해질 것입니다.

죄로부터 자유로워진 그들은 죄를 범하기 이전의 아담처럼 찬양의 예배를 하나님께 드리게 될 것입니다. 그들은 그 어떤 것에도 휘둘리지 않고 세상만물을 다스리게 될 것입니다. 하나님께 속하는 그들은 만유를 다스리는 일에 동참함으로써 하나님과 함께 "영원히 왕 노릇 하리로다"(요한계시록 22:5)라고 말씀하셨습니다.

다만 4단계는 제대로 믿는 자에 한해서 일어나는 일입니다. 예수님 재림의 날이 오면 사람들은 그리스도가 교회와 우주에 대해 갖는 권세를 더욱 강하게 인식할 것입니다. 그리고 믿는 자들의 신앙도 크게 차이가 난다는 사실을 깨우치게 될 것입니다. 신앙의 순도에 따라 하나님으로부터 주어지는 상급도 크게 달라지게 될 것입니다. 성경은 "그날 그가 만왕의 왕이요 만유의 주였더라"(요한계시록 19:16), "하늘에 있는 자들과 땅에 있는 자들과 땅 아래에 있는 자들로 모든 무릎을 꿇게 하시고”(빌립보서 2:10)라고 증거하고 있습니다.

여러분이 믿는 자라면 지금 3단계에 머물고 있을 것입니다. 만족스러울 정도는 아니지만 그리스도의 3가지 직분이 허락하는 권능을 어느 정도 누리고 있을 것입니다. 어떻게 하면 그리스도 3가지 직분이 주는 권능을 지금보다 더 잘 누릴 수 있을까요? 그렇게 함으로써 나날이 예수님에게 다가가는 삶을 살 수 있을까요? 이 질문에 대한 답은 그렇게 복잡하거나 어렵지 않습니다. 예수님이 기뻐하는 삶이 어떤 삶인가를 생각해보면, 또 하나님이 인간을 창조하신 목적을 늘 기억할 수 있다면 충분히 그 답을 얻을 수 있을 것입니다.

복음주의 지성으로 통하는 달라스 윌라드Dallas Willard 박사는 하나님이 원하시는 삶에 대한 부분적인 답을 제공합니다.

> 그리스도인에게 성공은 거룩함에 이르는 것입니다. 말과 행동에서 성령의 열매가 나타나는 것이 바로 성공입니다. 거룩하기 위해는 하나님의 음성을 들으며 마음의 혁신을 이루어야 합니다.
>
> 이태형, 『더 있다』 중에서 달라스 윌라드 박사의 말, p.42

‘거룩함에 이르는 길’은 쉽게 얻을 수 없습니다. 어쩌면 우리는 영원히 거룩함에 이를 수 없을지도 모릅니다. 그럼에도 불구하고 우리는 거룩함을 하나의 작품으로 보고 작품의 완성도를 끌어올리기 위해 매일 매일 노력해야 합니다. 인간의 노력이 아니라 예수 그리스도의 크신 능력과 사랑 그리고 긍휼에 의지해서 말입니다. 저뿐 아니라 여러분도 자주 자주 거룩함으로부터 멀어져버린 자신을 원망하기도 하고 한탄하기도 할 것입니다. 그러나 이 또한 축복임을 잊지 않으셔야 합니다. 늘 자신의 부족함을 한탄하는 우리를 두고 예수님께서는 "애통하는 자는 복이 있나니 그들이 위로를 받을 것임이요(Blessed are those who mourn, for they will be comforted.)"(마태복음 5:4)라고 위로하셨습니다.

그리스도는 모든 문제의 해결자

또 내가 네게 이르노니 너는 베드로라.
내가 이 반석 위에 내 교회를 세우리니 음부의 권세가 이기지 못하리라.
내가 천국 열쇠를 네게 주리니 네가 땅에서 무엇이든지 매면 하늘에서도 매일 것이요
네가 땅에서 무엇이든지 풀면 하늘에서도 풀리리라 하시고
And I tell you that you are Peter, and on this rock I will build my church, and the gates of Hades will not overcome it. I will give you the keys of the kingdom of heaven; whatever you bind on earth will be bound in heaven, and whatever you loose on earth will be loosed in heaven.
마태복음 16:18-19

죽음을 맞는 그날까지 우리는 인생의 다양한 문제를 피할 수 없습니다. 하루가 그렇고, 한 달이 그렇고, 10년이 그렇고, 인생이 그렇습니다. 우리는 늘 다양한 문제들을 만날 수밖에 없고 그 문제들에 대해 올바른 해답을 찾아야 합니다. 그리고 문제 해결을 위해 행동해야 합니다. 하지만 인생의 문제는 어느 것 하나 만만하지 않습니다. 사람들은 투쟁하듯이 문제 해결을 위해 노력합니다만 성과를 거두는 데 자주 실패합니다. 초조, 불안, 근심, 걱정, 스트레스 등은 모두 문제 해결 과정에서 생겨날 수밖에 없는 부산물입니다.

여러분의 일상을 잠시 살펴보시기 바랍니다. 학업, 사업, 직장, 건강, 자식 등 거의 모든 문제들에서 정도의 차이가 있을지 몰라도 초

조, 불안, 걱정, 근심들이 여러분을 감싸고 있음을 알 수 있을 것입니다. 어떻게 문제를 해결할 수 있을까요? 최선을 다해 노력해야지요. 노력이 필요하지 않다는 이야기는 아닙니다. 궁리해야지요. 궁리가 필요하지 않다는 이야기는 아닙니다. 공부해야지요. 공부가 필요하지 않다는 이야기는 아닙니다.

그러나 인간적인 노력만으로 문제 해결이 가능할까요? 여기서 믿는 자와 그렇지 않은 자 사이에 큰 차이가 있습니다. 이성에 바탕을 둔 궁리와 실천으로 모든 인생 문제들을 해결할 수 있다고 생각하는 분들도 있습니다. 중년에 이르기까지 저는 그런 공부를 해왔고, 그런 분위기에서 성장했고, 그렇게 생각했고 그런 주장을 펼쳤습니다. 그러나 세월의 흐름은 저에게 인간의 힘만으로 해결할 수 없는 문제들이 세상에 많다는 사실을 가르쳐주었습니다. 믿음을 갖게 된 저는 인간적인 노력도 중요하지만 거기에 한 가지를 더 포함해야 한다고 말하려 합니다. 저는 한 가지 중요한 토대 위에 인간적인 노력을 더해야 인생 문제의 해결에 성공할 수 있다고 생각합니다. 여기서 토대는 예수님에 대한 믿음을 말합니다.

예수를 마음으로 믿고 입으로 시인한 사람은 2가지를 주의 깊게 봐야 합니다. 하나는 내가 믿는 그리스도가 어떤 직분을 갖고 있는가이며 다른 하나는 그 직분이 가진 권세(권위)와 능력은 무엇인가라는 것입니다. 2가지를 정확히 알고 이를 적극적으로 활용하는 사람이라면, 문제 해결 과정에서 그리스도의 권세와 능력을 자신도 누릴 수 있음을 확인하게 될 것입니다. 다시 말하면 그리스도는 참 선지자, 참 제사장, 참 왕의 직분을 수행하는 권능을 갖고 있다는 사실을 믿는 자라면 '그리스도는 인생 모든 문제의 해결자'라는 사실을 받아들이게 됩니다. 여러분이 그리스도를 영접하면 그리스도는 그분의 권세와 능력으로 여러분이 당면하게 되는 영적인 문제뿐만 아니라 온갖 인생 문제들을 해결하는 데 단순한 도움 그 이상의 능력을 주실 것입니다. 여기서 인생 문제는 좁은 의미로는 영적인 문제를 넓은 의미로는 인생의 모든 문제를 말합니다.

영적인 문제이건, 사업 문제이건, 직장 문제이건, 건강 문제이건 어떤 문제든 여러분을 대신해서 도움의 손길을 내밀 수 있는 예수님이 계십니다. 이분은 여러분이 영적 문제나 세상 문제에 압도되어 참담한 상황에 내몰리도록 내버려두지 않으실 것입니다. 하나님은 자신에게 영광과 찬양을 바치길 원하는 사람들에겐 '다스릴 수 있는 권한'을 일찍부터 허락해왔습니다. 성경은 창세기부터 이를 기록하고 있습니다. 사람이 무엇인가를 '다스릴 수 있는 권한'은 하나님에서 비롯되는 축복입니다. 이 축복을 누릴 수 있어야 합니다. 여러분이 믿는 자라면 하나님은 상황이나 사람이나 환경이나 경제적 조건이 여러분을 함부로 휘두르는 상황을 허용하지 않을 것입니다. 믿는 자에게 모든 것을 다스리는 것은 정상적인 상태이고 다스림을 받게 되는 것은 비정상적인 상태입니다. 하나님은 믿는 자에 한해서 비정상적인 상태가 오랫동안 계속되도록 내버려두지 않을 것입니다. 성경에는 환난과 고통을 당한 자들이 결코 패배하지 않을 것임에 대해 말합니다.

> 우리가 사방으로 우겨쌈을 당하여도 싸이지 아니하며 답답한 일을 당하여도 낙심하지 아니하며 박해를 받아도 버린 바 되지 아니하며

거꾸러뜨림을 당하여도 망하지 아니하고 고린도후서 4:8-9

한편 종교개혁을 완성시킨 요한 칼빈의 저서에는 흥미로운 내용이 등장합니다. 바로 하나님을 영접함으로써 '하나님 나라가 우리에게 임하게 되면 어떤 변화가 일어나는가?'에 대한 이야기입니다. 요한 칼빈은 하나님 나라는 영생을 제공해주고, 구원에 필요한 모든 것을 채워주고, 영적인 적들로부터 천하무적이 되도록 만들어주고, 참을성 있는 인내를 갖도록 해주고, 확신과 승리를 고무시키고, 강건함과 사랑을 공급해준다고 말합니다. 또한 그는 예수님이 믿는 자들에게 허락하신 것이 무엇인지를 이렇게 역설하고 있습니다.

> 지금 우리가 수고, 배고픔, 추위, 경멸, 모욕 그리고 다른 곤란한 일들 때문에 힘들게 살아가는 것을 체념한 채 받아들이더라도 왕적 권능을 가진 그리스도는 결코 우리를 포기하지 않을 것이다. 대신에 그리스도는 우리의 전쟁이 끝날 때까지 우리가 필요한 것을 공급할 것이며, 우리가 승리하도록 요구할 것이다. 하나님 나라의 특성이 그러하듯이 그리스도는 자신이 하나님으로부터 무엇을 받았든지 간에 우리와 계속해서 교통할 것이다. 그리스도는 우리로 하여금 그의 왕적 힘power을 갖추도록 해주고, 우리로 하여금 영광과 장엄함으로 장식하도록 해주고, 우리로 하여금 부wealth를 가질 수 있도록 해주기 때문에, 우리는 그리스도에게 영광을 돌려야 할 충분한 이유를 발견할 수 있을 것이며 우리는 담대함으로 무장할 것이다. 그 결과 우리는 악마와 죄 그리고 죽음과 대담하게 싸울 수 있다. 결국 하나님의 의로 무장한 우리는 세상의 모든 모욕들을 용감하

게 정복할 수 있을 것이다. 그리스도가 우리에게 축복을 채워주기 때문에 우리는 그리스도의 영광이라는 훌륭한 결과를 가져올 수 있다.

Calvin, John, 『Institute of the Christian Religion』, www.ccel.org, Chapter 15, 1536, p.429

얼마나 강력한 메시지입니까? 요한 칼빈은 왕적인 권능을 가진 그리스도가 우리를 포기하지 않을 뿐만 아니라 악마나 죄와 싸우는 우리를 지원할 것임을 분명히 밝히고 있습니다. 요한 칼빈의 메시지에서 모든 문제 해결자이신 그리스도의 모습을 확인할 수 있습니다. 조금 더 자세히 모든 문제의 해결자이신 그리스도에 대해 살펴보기 위해서 머리말(마태복음 16:18~19)로 제시된 인용문을 기초로 해서 설명하겠습니다. 매우 논쟁적이기도 합니다만 중요한 말씀입니다.

첫 번째 관심은 "내가 이 반석 위에 내 교회를 세우리니"(마태복음 16:18)의 정확한 의미입니다. 개신교는 '이 반석'을 '진리의 말씀'(앞에서 베드로가 한 말 즉, "주는 그리스도시고 살아 계신 하나님의 아들이시다"(Simon Peter answered, "You are the Christ, the Son of the living God.")(마태복음 16:16)을 뜻하는 것으로 해석합니다. 하지만 가톨릭에서는 '이 반석'을 '베드로'로 해석하고 초대 교황인 베드로와 그 이후의 교황권의 정당성을 이 말씀에서 찾습니다. 다시 말하면 가톨릭은 '내가 베드로의 이름 위에 교회를 세운다'는 의미로 해석합니다만 이런 해석에는 문제가 있습니다. '내가 진리의 말씀 위에 예수님의 교회를 세운다'는 의미가 올바르다고 생각합니다. 진리의 말씀 위에 예수님이 교회를 세운다면 이 교회는 예배당 건물을 생각나게 하지만 실제로는 그렇지 않습니다. 여기서 우리가 교회의 의미를 정확하게 알 필요가 있습니다.

두 번째 관심은 하나님이 세우신 '내 교회'의 정확한 의미입니다. 교회라는 글자는 헬라어로 '에클레시아Ekklesia' 즉, '부르심을 받아 나온 사람들'이란 뜻을 가집니다. 그리스도교에서 교회는 그리스도의 보혈로 은혜를 받은 사람들로서 이들은 그리스도인처럼 믿는 자 개개인이 될 수도 있고 이들이 함께 모인 신앙공동체가 될 수도 있습니다. 하나님은 사람을 거처로 삼으실 뿐 건물을 거처로 삼지 않습니다. "너희 몸은 너희가 하나님께로부터 받은 바 너희 가운데 계신 성령의 전인 줄을 알지 못하느냐(Do you not know that your body is a temple of the Holy Spirit, who is in you, whom you have received from God? You are not your own)"(고린도전서 6:19)는 말씀처럼 믿는 자가 하나님의 성전임을 생각하면 각자가 하나님이 주인 되시는 교회인 셈이지요. 사실 우리는 '교회'라는 단어를 당연히 교회 건물로 받아들이긴 하지만 교회 건물이 생겨난 시점은 기원후 312년 콘스탄티누스 황제가 기독교를 국교로 결정한 이후부터입니다. 교회의 핵심은 건물이 아니라 하나님의 백성에게 있습니다.

그러나 유대교는 다릅니다. 유대교에서 예배하는 사람은 사람이고 그들이 예배하는 장소는 성전입니다. 유대교인이 하나님을 섬기기 위해서는 반드시 성전에 가야 합니다. 예배하는 사람과 예배하는 장소가 분리되어 있기 때문입니다. 반면에 그리스도인은 자신이 곧 성전이기 때문에 꼭 특정 장소나 성전이 필요한 것은 아닙니다. 그리스도인은 골방에서, 가정에서, 예배당에서 자신이 머무는 어디서든 예배를 드릴 수 있습니다. 제가 저녁을 먹고 아내와 함께 가정예배를 자주 드리는데 이때 우리 두 사람은 성전이 되는 겁니다. 저는 새벽은 물론이고 낮 시간에도 이따금 작은 방에서 기도를 드립니다. 가부좌를 하고 앉아서 눈을 감으면 내가 곧바로 성전이 되었음을 확신하게 됩니다.

다시 말하면 그리스도인이 가는 곳 어디든지 예배당도 따라가게 됩니다. 20세기 초 중국의 대표적인 교회 지도자였던 워치만 니Watchman Nee는 교회가 물리적인 성전이 아니라 영적인 성전임을 이렇게 말합니다.

> 교회의 특징은 당신의 몸이 하나님의 거하실 처소라는 것이다. 개인적으로 말하면 우리 각 사람이 다 하나님의 성전이요 단체적으로 말하면 하나님이 우리를 세우고 연결하여 하나님의 거하실 처소가 되어가는 것이다. 교회에는 예배하는 장소가 없다. 예배 장소는 예배하는 사람들이다. 우리는 가는 곳마다 예배 장소를 메고 다닌다. 그러므로 유대교와는 근본적으로 다르다. 유대교의 성전은 물질적인 성전이요 교회의 성전은 영적인 성전이다.
>
> 워치만 니, 『교회의 정통』, 2005, p.49

세 번째 관심은 "음부의 권세가 이기지 못하리라(the gates of Hades will not overcome it.)"(마태복음 16:18)는 말씀입니다. 믿는 자와 믿는 자들의 공동체는 예수님의 권세와 함께하기 때문에 사탄이나 마귀에 의한 음부의 권세가 아무런 힘을 발휘하지 못한다는 뜻입니다. 하나님 자녀가 되는 순간부터 혹은 하나님의 자녀가 모인 신앙공동체는 그리스도가 가진 특별한 힘(참 선지자, 참 제사장, 참 왕이란 그리스도의 직분이 제공하는 권능)을 누리게 됩니다. 특히 음부의 권세를 꺾어 승리를 거두는 데는 참 왕으로서의 그리스도가 권능을 발휘하게 됩니다.

네 번째 관심은 "내가 천국 열쇠를 네게 주리니(I will give you the keys of the kingdom of heaven.)"(마태복음 16:19)의 정확한 의미입니다. 여기서 천국 열쇠는 무엇을 말하는 것일까요? 소극적인 면에서 천국 열쇠는 구원받은 성도가 하나님 나라에 들어갈 수 있도록 돕는 능력을 말합니다. 하지만 적극적인 면에서 천국 열쇠는 사탄이나 마귀들의 세력을 몰아내어 영적인 성장을 할 수 있도록 해주고 하나님의 나라가 임하게 만들어주는 권능을 말합니다. 영적 전쟁을 승리하게 만드는 그리스도의 능력을 말합니다.

로마 가톨릭에서는 베드로를 비롯한 교황이 '열쇠의 권능'을 갖고 있다고 주장합니다. 그래서 열쇠는 교황권을 나타내는 상징입니다. 상식적으로 생각해봐도 예수님이 특별히 한 사람에게만 그런 권능을 허락해줄 까닭은 없다고 봅니다. 더욱이 참 제사장으로서의 그리스도는 제사장을 통하지 않고 믿는 자는 모두 하나님을 만날 수 있는 길을 열어주신 분입니다. 특정 인물에게만 막강한 권능을 제공했다는 사실은 믿기 어렵습니다.

하나님 자녀가 되면 죄의 문제도 해결할 수 있고 사탄도 이길 수 있고 수시로 예수님을 통해 하나님을 만날 수도 있게 됩니다. 이런 사람에게 죄, 사탄, 흑암 그리고 사망의 권세는 얼씬도 할 수 없습니다. 예수님은 우리가 믿음의 반석이 된다면 하늘나라의 천국 열쇠를 주시겠다고 약속하고 계십니다. 우리가 해야 할 일은 오로지 하나밖에 없습니다. 예수님을 믿고 영접하기만 하면 됩니다.

이렇게 해서 예수님을 믿어 하나님의 자녀가 된 믿는 자는 자신의 인생 문제를 해결할 수 있는 권세와 능력을 누리게 됩니다. 어떤 분이 이것을 도와주시는 것일까요? 바로 예수 그리스도이십니다. 성경의 곳곳에는 '모든 인생 문제의 해결자'로서 그리스도를 증언하는 내용들이 등장하며 믿는 자는 이를 굳게 믿고 살아갑니다.

> 영접하는 자 곧 그 이름을 믿는 자들에게는 하나님의 자녀가 되는 권세를 주셨으니 요한복음 1:12

> 내가 확신하노니 사망이나 생명이나 천사들이나 권세자들이나 현재 일이나 장래 일이나 능력이나 높음이나 깊음이나 다른 어떤 피조물이라도 우리를 우리 주 그리스도 예수 안에 있는 하나님의 사랑에서 끊을 수 없으리라. 로마서 8:38–39

> 누가 우리를 그리스도의 사랑에서 끊으리요 환난이나 곤고나 박해나 기근이나 적신이나 위험이나 칼이랴. 로마서 8:35

여러분이 갖고 있는 문제가 때로는 지나치게 무겁고 힘들어서 도저히 해결할 수 없다고 낙담할 수 있습니다. 문제는 질병과 같은 모습으로 다가올 수도 있고, 경제적 문제와 같은 모습으로 여러분을 괴롭힐 수 있습니다. 어떤 문제는 가도 가도 끝나지 않을 것 같은 시험과 환란 그리고 역경처럼 보일 수도 있습니다. 또 어떤 문제는 화려

한 색깔로 어떤 문제는 칙칙한 색깔로 여러분에게 다가올 것입니다.

여러분이 지금 어떤 문제를 만나든 분명한 한 가지 사실은 예수님을 구세주로 영접하는 순간 문제 해결자인 그리스도의 권세와 능력을 누릴 수 있을 뿐만 아니라 문제 해결에 성공할 수 있다는 사실입니다. 때로는 자신이 생각하는 시간보다 문제 해결이 더디게 이루어질 수 있습니다. 인간이기에 조바심이 생겨나는 것까지 어떻게 할 수는 없습니다. 그러나 언젠가 여러분은 자신의 부족함을 채워서 더욱 완전한 그릇으로 사용하기 위한 예수님의 계획이 있었음을 알아차리게 될 것입니다.

인생의 문제란 것은, 알고 당하는 사람도 있겠지만, 모르고 당하게 되는 경우도 있습니다. 극심한 경제적인 고통에 처한 한 사람이 자살에 대한 유혹을 강하게 느낍니다. 이런 자들에게 정신과 의사나 심리치료사들이 극복할 수 있는 힘을 더해줄 수 있을 것입니다. 그들의 조언이나 치료가 도움이 될 수도 있을 것입니다. 그럼에도 불구하고 자꾸 자신이 수렁 속에 빠져 들어가는 상황에서 '의지를 굳게 가져라'라든가 '마음을 굳게 먹어라'라든가 '당신보다 더 힘든 상황을 겪어온 사람도 있지 않는가' 등과 같은 처방은 크게 도움이 되지 않습니다. 자신의 힘이 무너져 내린 상태의 사람에게 너의 의지력을 사용하라는 처방이 도움이 되기 힘들 경우가 많습니다. 예수 그리스도를 제대로 믿게 되면 자신의 문제를 그리스도에게 내맡길 수 있습니다. "제가 다 맡기겠습니다. 저를 불쌍히 여기사 저를 도와주세요. 저만의 힘으로 도저히 어떻게 해볼 도리가 없습니다. 주님" 이렇게 약함을 고백하고 죄를 회개함으로써 우리는 그분이 가진 왕적 권위를 활용하는 겁니다. 내 힘으로 되지 않는 일들이 예수의 이름으로는 얼마든지 가능하다는 이야기입니다.

나는 이따금 신 내림을 받는 젊은 분들의 이야기를 듣곤 합니다. 그때마다 저는 '아, 저분이 신 내림을 할 수 있는 사람을 찾을 것이 아니라 다른 길을 찾았더라면…' 하는 아쉬움을 갖곤 하지요. 그리스도에 대한 확고한 이해와 그리스도의 이름으로 그분의 권능을 활용하는 데 익숙한 목회자라면 얼마든지 신 내림과 같은 딱한 상황에 처한 분을 악령으로부터 구할 수 있을 것입니다. 세상에는 예수님의 권능에 힘입어 성령과 악령의 대결에서 승리하도록 만드는 사람들이 있습니다. 믿음이 깊어지면 여러분 자신도 그런 사람이 될 수 있습니다.

정상적인 사람의 눈에는 정상인만 보이지만 세상 사람들과 속내를 터놓고 이야기를 하다보면 그들 역시 온갖 고통에 시달리고 있다는 사실을 알게 됩니다. 그래서 '인간은 비기(悲器, 슬픔의 그릇)이다'라는 불교적 세계관이 왜 호소력이 있는지를 알게 됩니다. 동양철학을 전공한 한 전문가는 "(불교적 세계관에 바탕을 두고) 인간은 정말 슬픈 존재이다"라고 강연장에서 외칩니다. 왜냐하면 어떤 욕망이든 충족시키려 하더라도 잘 충족할 수 없기 때문입니다. 이분은 좋은 대학을 들어가는 일, 좋은 직장에 들어가는 일, 건강하게 사는 일이 모두 쉽지 않다고 말합니다. 그러나 그리스도에 대한 지식과 믿음 위에 인생이란 건물을 짓게 되면 '인생은 행복이다'라는 사실을 받아들이게 됩니다. '이 세상'에서 우리가 눈에 보는 성취들은 작은 부분에 불과하며, '저 세상'을 바라보게 되면 아주 작은 부분에 지나지 않기 때문입니다. 때문에 내가 지금 어떤 형편에 놓여 있든지 간에 '인생은 마땅히 행복해야 한다'는 사실도 받아들이게 됩니다. 왜냐하면 위로와 축복을 주실 뿐만 아니라 해결 방법을 가르쳐주시는 예수님이 늘 여러분과 함께하시기 때문입니다.

고난 극복을 도와주는 예수님

사람이 감당할 시험밖에는 너희가 당한 것이 없나니
오직 하나님은 미쁘사 너희가 감당하지 못할 시험 당함을 허락하지 아니하시고
시험 당할 즈음에 또한 피할 길을 내사 너희로 능히 감당하게 하시느니라.
No temptation has seized you except what is common to man.
And God is faithful; he will not let you be tempted beyond what you can bear.
But when you are tempted, he will also provide a way out so that
you can stand up under it.
고린도전서 10:13

"너무 힘들어." "너무해." 누구든 힘든 역경을 만났을 때 알게 모르게 나올 수 있는 말입니다. 이런 상황에 처하면 사람들은 타인을 원망할 수도 있고, 환경을 원망할 수도 있고, 하나님을 원망할 수도 있습니다.

믿음이 흔들리는 순간은 누구에게나 일어날 수 있답니다. 인생살이와 마찬가지로 신앙생활이 순탄하기만 한 것은 아닙니다. 굴곡이 있습니다. 어려움이 닥치면 "내가 지금까지 얼마나 성실하게 하나님을 구하고 의지해왔는데 이렇게 힘든 상황을 빠져나오지 못하도록 만드시는 건가요?"라는 원망과 함께 아예 신앙생활을 그만두는 분들을 주변에서 많이 만났습니다.

어떤 분은 어린 시절부터 돈독한 믿음을 가져왔지만 결혼생활에

실패하면서 하나님 곁을 떠나버립니다. "대충대충 놀다가 시집 간 친구들은 잘만 사는데 저처럼 신실한 사람에게 하나님 이게 뭡니까?"라는 원망과 분노와 함께 말입니다. 크게 실망한 경우이지요. 또 어떤 사람은 어렵게 모은 재산을 순간적인 판단 착오로 날려버린 다음 하나님 곁을 떠나버립니다. "십일조도 열심히 하고 교회의 갖가지 궂은 일을 도맡아 했는데 하나님, 이게 뭡니까?"라는 원망과 함께 떠나는 경우이지요. 이를 두고 흔히 '시험에 들다'라는 표현을 사용합니다.

믿는 자도 인간이기 때문에 자신의 의義나 계획 그리고 능력을 앞세웁니다. 우리가 흔히 사용하는 방법은 이렇습니다. 내가 어떤 목표를 달성하기 위해 계획을 세우고 그 계획에 따라 노력합니다. 그리고 그런 계획을 이루어달라고 하나님께 간구합니다. 이때도 주로 은연중에 조건을 달게 되지요. 제가 이런 노력을 하면 하나님이 들어주실 것이라고 말입니다. 그런데 문제는 그런 계획이 거듭해서 충족되지 않거나 아주 중요한 계획이 기대한 대로 되지 않는 경우 하나님을 원망할 수도 있습니다. 사람은 본래 자기중심적이기도 하고 원인과 결과라는 인과관계로 세상사를 바라보기 때문입니다. 그때 하나님의 계획이나 하나님의 시간표와 같은 이야기를 해주더라도 귀에 들어오지 않습니다. 자신의 계획이나 시간표가 우선하기 때문입니다.

그러나 우리가 잊지 않아야 할 것이 있습니다. 하나님은 우리가 충분히 감당할 만한 고난과 역경을 주신다는 사실입니다. 그런 고난과 역경은 믿는 자의 부족함을 채워서 더 완전한 그릇으로 사용하기 위한 도구이자 축복입니다. 고난과 역경에 압도되어서 모든 것을 잃어버리도록 하나님은 내버려두지 않습니다. 바로 이 부분에서 믿음은 시험을 당하게 됩니다.

'하나님의 자녀인 나를 하나님이 내버려두지 않을 것이다'라고 믿는 사람도 있을 것이고, 이런 명백한 사실을 잊어버린 사람도 있을 것입니다. "너희가 감당하지 못할 시험 당함을 허락하지 아니하시고"(고린도전서 10:13)라는 문장은 하나님이 믿는 자를 고난과 역경에 파묻혀 침몰하도록 내버려두지 않는다는 말입니다. 또한 하나님은 시험을 당한 사람에게도 출구를 만들어주신다는 점에서 "시험당할 즈음에 또한 피할 길을 내사"(고린도전서 10:13)라는 표현이 등장합니다. 시험과 환란 속에서도 더 좋은 계획을 갖고 나를 붙드시고 보호하시는 하나님의 뜻과 계획을 찾아낼 수 있어야 하고 믿을 수 있어야 합니다.

그런데 고난이나 역경이 가진 또 다른 의미를 새겨볼 수도 있습니다. 삶이 늘 평탄하기만 하면 좋은데 그렇지가 않습니다. 인생은 제법 긴 시간들로 만들어지게 되지요. 좋은 날이 있다면 궂은 날도 있을 수밖에 없습니다. 좋은 날이 마냥 계속되다 보면 믿음에 눈길을 돌리기가 쉽지 않습니다. 궂은 날이 닥치면 대개 사람들은 본능적으로 삶에서 가지치기를 하게 됩니다. 하나하나 가지를 치면서 삶의 본질적인 문제에 눈길을 돌리게 됩니다. 이를 다른 시각으로 바라보면 귀하게 쓸 수 있는 사람에 대해 하나님의 계획에 따라 시련의 시간을 준다고 해석할 수도 있습니다. 한 사람의 인생에서도 고난과 역경의 시간이 오면 잠시 멈추어 서서 본질적인 문제를 탐구하기도 하고 성찰하기도 하는 과정에서 하나님을 만나게 되는 분들이 많습니다.

제가 아는 분은 큰아이가 겪는 어려움을 제외하면 아무 고민이 없었습니다. 대학을 들어간 큰아들이 까닭 없이 집안의 두통거리가 됩니다. 집에 들어오면 아무 말도 하지 않고 이따금 화가 나면 화를 주체하지 못해서 집 안의 집기를 던지는 일이 벌어지게 됩니다. 착하게 살아온 부모는 어찌할 바를 모릅니다. 어떻게 해야 이런 어려움을 극복할지 모르는 중에 직장 부하 가운데 한 사람이 담임 목사님께 고통을 당하는 그분을 만나도록 주선했습니다. 우여곡절을 겪으면서 서서히 문제가 해결되고 이제는 모든 문제가 해결되었습니다. 아들이 당하는 고통은 한때 가족에게 큰 상처를 주었지만 세월이 흐르고 난 다음 그들이 깨달은 것은 그것이 축복이었다는 사실입니다. 전 식구가 하나님을 영접하게 되었기 때문입니다. 살다 보면 당장의 고난이 축복의 또 다른 모습이었음을 깨우치게 될 때가 있습니다. 하나님이 여러분을 찾아오실 때가 있는데, 이때 완고한 마음을 가져선 안 됩니다.

성경에는 믿는 자의 고통을 하나님이 결코 내버려두지 않는다는 사실을 증언하는 말씀이 여러 번 등장합니다.

> 내가 사망의 음침한 골짜기를 다닐지라도 해를 두려워하지 않을 것은 주께서 나와 함께하심이라. 주의 지팡이와 막대기가 나를 안위하시나이다. 시편23:4

믿는 자는 이런 말씀을 붙잡고 고난의 시기를 견뎌낸답니다. '주님이 나를 결코 버리지 않으실 것이며, 나를 최악의 상황 전에 구해주실 것이다'라는 믿음을 말합니다. 고난의 강도가 세지고 시간이 길어질수록 그런 믿음이 흔들릴 때도 있지만 어려운 시기를 헤쳐 나가는 데 큰 도움을 받을 수 있습니다.

> 네가 물 가운데로 지날 때에 내(여호와)가 함께할 것이라. 강을 건널 때에 물이 너를 침몰치 못할 것이며 네가 불 가운데로 행할 때에 타지도 아니할 것이요 불꽃이 너를 사르지도 못하리니 이사야 43:2

물을 건널 때나 불 가운데로 갈 때나 여호와 하나님께서 항상 너와 함께하실 것이라는 언약을 굳게 믿는 자들이 그리스도인들입니다. 믿음은 히브리어로 '에무나'로, 버티다 혹은 견딘다는 의미를 갖고 있습니다. 믿음 자체가 우직하게 참고 주님만을 바라보고 나아가는 것을 뜻하지요. 어려운 시기가 왔을 때는 더더욱 그렇게 해야 합니다. 그런 사람에게 하나님은 반드시 아무런 값을 치르지 않는 복을 부어 주실 것이라고 성경은 약속하고 있습니다.

> 시험을 참는 자는 복이 있나니 이는 시련을 견디어낸 자가 주께서 자기를 사랑하는 자들에게 약속하신 생명의 면류관을 얻을 것이기 때문이라. 야고보서 1:12

> 너희에게 인내가 필요함은 너희가 하나님의 뜻을 행한 후에 약속하신 것을 받기 위함이라. 히브리서 10:36

살아가는 일은 미래를 향해 한 발자국 한 발자국 나아가는 것을 말합니다. 모든 일들이 순조롭게 돌아갈 때는 별다른 어려움이 없습니다. 그러다가 작은 어려움이 닥치고 그 어려움이 눈덩어리처럼 커지게 되면 인간적인 의지만으로 낙담과 낙심을 벗어나기가 쉽지 않습니다. 의지가 굳센 소수의 사람들은 의지만으로 그런 난관을 헤쳐갈 수도 있을 것입니다. 인간의 힘으로 헤쳐 나가는 것이 아주 불가능한 것은 아닙니다. 저 또한 굳센 의지로 얼마든지 어려움을 헤쳐 나갈 수 있다고 믿고 오랫동안 그렇게 살아온 사람이기 때문입니다. 그러나 인간은 인간일 뿐입니다. 늘 굳센 의지가 답이 될 수는 없습니다. 여러분의 삶에 영적인 힘 즉, 영력을 더하시기 바랍니다. 하나님 자녀가 되기만 하면 하나님이 주시는 영적인 힘으로 여러분 자신을 차고 넘치도록 채우실 수 있습니다.

믿음을 갖고부터 저와 아내는 이따금 이런 이야기를 자주 나눈답니다. '하나님을 믿게 되어 얼마나 좋은가?' 하고 말입니다. 믿음은 좋은 날이나 궂은 날이나 여러분을 담대하고 강하게 살아갈 수 있도록 해줄 것입니다. 믿음은 하나님과 멀어졌던 비정상적인 상태를 하나님과 다시 가까워지는 정상적인 상태로 인생의 방향을 돌려줍니다. 믿음은 인생의 온갖 문제들을 혼자서 헤쳐 나가는 상태에서 막강한 우군이 되어주시는 하나님과 함께 문제를 해결해 가는 상태를 말합니다. 믿음의 대가로 누릴 수 있는 힘은 어마어마합니다. 이 가운데 하나가 그리스도의 삼중직이 제공하는 권세와 능력이랍니다.

4부

영적 파워를 공급하시는 분, 성령님

반드시 내가 광야에 길을 사막에 강을 내리니
I am making a way in the desert and streams in the wasteland.
이사야 43:19

성령님은 누구신가?

만일 너희 속에 하나님의 영이 거하시면
너희가 육신에 있지 아니하고 영에 있나니,
누구든지 그리스도의 영이 없으면 그리스도의 사람이 아니라.
You, however, are controlled not by the sinful nature
but by the Spirit, if the Spirit of God lives in you.
And if anyone does not have the Spirit of Christ,
he does not belong to Christ.
로마서 8:9

성령(The Holy Spirit)은 하나님이나 예수님과 마찬가지로 살아 계신 인격체입니다. 성령 하나님은 본질과 본체에서 성부 하나님과 성자 하나님과 같습니다. 그래서 예배를 드릴 때 우리가 자주 부르는 찬송가 '만복의 근원 하나님'에서 성부, 성자, 성령은 동등하게 대접을 받습니다. "만복의 근원 하나님 온 백성 찬송 드리고 저 천사여 찬송하세 찬송 성부 성자 성령 아멘."(찬송가 1장) 그리스도인은 성령과 함께한다는 사실을 굳게 믿습니다. 신앙이 튼실해진다는 것은 언제 어디서나 성령이 늘 함께한다는 것을 느낄 뿐만 아니라 이를 누리는 것을 말합니다.

하나님의 3가지 위격 가운데 하나인 성령은 '영', '성령', '하나님의 영', '그리스도의 영' 등과 같은 이름으로 불립니다. '보혜사(保惠師,

helper spirit, 보호하고 은혜를 베푸는) 성령'이란 표현도 자주 사용하는데 보혜사는 변호자, 협조자, 혹은 중재자를 뜻하는 헬라어 '파라크레토스Parakletos'에서 나온 말입니다. 협조자, 카운슬러, 위로자, 친구처럼 믿는 자의 곁에 서서 계속해서 보호하고, 인도하고, 사랑하고, 은혜를 베푸는 존재가 성령을 뜻합니다. 성령은 삼위 하나님의 한 위격으로 신성하고, 지혜롭고, 강하고, 도움을 줄 수 있고 사랑을 베풀 수 있습니다. 또한 우리가 그에게 도움의 손길을 요청하는 순간 기꺼이 우리에게 조언을 하고, 가르치고, 도움을 주고 승리를 줄 수 있는 인격체입니다. 여기서 중요한 것은 믿는 자가 도움을 요청할 때만이 도움의 손길을 내미시는 분이란 점입니다.

성령은 하나님이 가진 모든 속성(영원함, 무소부재함, 전능하심, 전지하심, 거룩함, 진리, 선하심, 교통하심)을 갖고 계실 뿐만 아니라 하나님만이 하실 수 있는 일(창조, 구원, 생명을 줌, 새로 거듭나게 하심, 예언, 심판에 대한 확신)을 성부 및 성자 하나님과 협력하여 하십니다. 예를 들어 사람이 거듭나게 될 때 성령이 얼마나 중요한 일을 행하는가에 대해 예수님께서는 직접 이렇게 말씀하십니다. "사람이 물(하나님 말씀)과 성령으로 나지 아니하면 하나님 나라에 들어갈 수 없느니라. 육으로 난 것은 육이요. 영으로 난 것은 영이니"(요한복음 3:5-6)

성령은 성부 성자와 본체와 본질에서는 같습니다. 성령 하나님과 다른 두 위격 하나님과의 관계를 이해하기 위해 다음의 4가지에 주목해야 합니다.

첫째, 성령은 성부의 명령에 순종하는 인격입니다. "보혜사 곧 아버지께서 내(예수님) 이름으로 보내실 성령 그가 너희(믿는 자)에게 모

든 것을 가르치고 내가 너희에게 말한 모든 것을 생각나게 하리라"(요한복음 14:26)

둘째, 성령은 예수님의 요청에 따라 성부 하나님으로부터 성도들과 교회에 보내집니다. 예수님이 성부 하나님에게 보혜사를 보내달라고 요구하시면 성부 하나님이 예수님을 통해 보혜사를 믿는 자에게 보내십니다. "내(예수님)가 아버지께로부터 너희에게 보낼 보혜사 곧 아버지께로부터 나오시는 진리의 성령이 오실 때에 그가 나를 증언하실 것이요"(요한복음 15:26)

셋째, 성령은 자기 뜻대로 말하지 않고 오로지 성부와 성자로부터 들은 것을 반복해서 말씀하실 뿐입니다. "그러나 진리의 성령이 오시면 그(성령님)가 너희를 모든 진리 가운데로 인도하시리니 그가 스스로 말하지 않고 오직 들은 것을 말하며 장래 일을 너희에게 알리시리라"(요한복음 16:13)

넷째, 성령이 성부, 성자, 성령과 함께 성경에 등장할 때면 늘 맨 마지막에 위치합니다. 그렇다고 해서 성령이 성부와 성자에 비해 종속적인 위치에 있는 것은 아닙니다. "너희는 가서 모든 민족을 제자로 삼아 아버지와 아들과 성령의 이름으로 세례를 베풀고"(마태복음 28:19)

성경 공부를 해가면서 점점 더 성령이 그리스도교에서 차지하는 비중이 매우 독특하면서도 중요하다는 사실을 깨닫게 됩니다. 그래서 하나님과 예수님으로부터 어떻게 성령이 나오게 되는가를 조금 더 자세히 알아보겠습니다. 성령과 관련된 인상적인 광경은 세 부분입니다. 하나는 예수님이 세례를 받을 때 하나님으로부터 성령이 임하는 장면, 예수님이 승천하시면서 성령이 임재할 것임을 믿는 자에게 약속하시는 장면, 마지막으로 예수님의 약속대로 사도들에게 성령이 임하는 장면입니다.

첫 번째 장면 하나님으로부터 예수님에게 성령이 임하는 장면입니다. 마태복음에는 요단강에서 선지자 요한으로부터 세례를 받는 예수님의 모습이 생생하게 증언되어 있습니다. 세례를 받고 예수님이 물에서 올라오실 때에 성령이 성부 하나님으로부터 주어지는 모습입니다. "예수께서 세례를 받으시고 곧 물에서 올라오실 새 하늘이 열리고 하나님의 성령이 비둘기같이 내려 자기 위에 임하심을 보시더니 하늘로부터 소리가 있어 말씀하시되 이는 내 사랑하는 아들이요 내 기뻐하는 자라 하시니라"(마태복음 3:16-17)

두 번째 장면 또 다른 인상적인 대목은 죽음에서 부활하신 예수님이 40일간 지상에 계시면서 하나님 나라에 대해 말씀을 하신 다음 하늘나라로 승천하시는데 이때 예수님이 성령을 지상에 남기고 떠나는 장면입니다. 요한복음은 예수님이 믿는 자와 교회에 성령을 남기시는 대단한 일에 대해 증언하고 있는데 핵심은 예수님이 떠남으로써 보혜사 성령을 남길 수 있다는 점입니다. 만일 예수님이 하늘나라로 떠나지 않으셨다면 성령이 성도나 교회와 함께할 수 없습니다. "그러나 내(예수님)가 진리를 너희에게로 말하노니 내가 가는 것이 너희에는 유익하니라. 만일 내가 가지 아니하면 위로자(성령님)가 너희에게로 오지 아니하시리라. 그러나 내가 떠나가면 내가 그분(성령님)을 너희에게 보낼 것이리라"(요한복음 16:7)

세 번째 장면 예수님이 승천한 이후에 마가의 다락방에 모인 사도들에게 성령이 강하게 임하는 놀라운 장면입니다. 흔히 '오순절 성령강림' 사건으로 잘 알려진 이 일은 예수님께서 승천하시기 전에 약속하신 '성령의 세례'를 받는 사건입니다. 여기서 성령강림은 예수님이 승천한 지 10일째 되는 날, 제자들이 모인 마가의 다락방에 성령의 불꽃 모양으로 내려온 사건을 말합니다.

그리스도교에서 이 사건은 매우 중요한 의미를 갖고 있습니다. 이 사건이 있은 다음에 비로소 믿는 자는 성령의 역사함으로 인하여 그리스도를 주로 믿고 시인하고 그의 권능을 누릴 수 있게 되었기 때문입니다. 더욱 중요한 것은 믿는 자들에게는 오순절 성령강림 사건이 2천 년 전의 역사적 사실이 아니고 오늘 이 순간에도 동일하게 역사하는 사건이라는 사실입니다.

> 오순절 날이 이미 이르매 그들이 다 같이 한 곳에 모였더니 홀연히 하늘로부터 급하고 강한 바람 같은 소리가 있어 그들이 앉은 온 집에 가득하며 마치 불의 혀처럼 갈라지는 것들이 그들에게 보여 각 사람 위에 하나씩 임하여 있더니 그들이 다 성령의 충만함을 받고 성령이 말하게 하심을 따라 다른 언어들로 말하기를 시작하니라. 사도행전 2:1-4

이처럼 예수님은 승천하시면서 성령세례를 약속하신대로 이를 실천하셨습니다. 이는 역사적 사실일 뿐만 아니라 오늘날도 믿는 자들의 신앙생활에서 매우 중요한 의미를 갖고 있습니다. 예수님이 승천하시면서 주신 큰 축복이기도 하지요. 축복의 가치를 아는 분들이라면 이를 적극적으로 누릴 수 있어야 합니다.

성령의 시대를 살아가는 우리들

오직 성령이 너희에게 임하시면 너희가 권능을 받고
예루살렘과 온 유대와 사마리아와 땅 끝까지 이르러
내 증인이 되리라 하시니라.
But you will receive power when the Holy Spirit comes on you;
and you will be my witnesses in Jerusalem,
and in all Judea and Samaria, and to the ends of the earth.
사도행전 1:8

사도행전은 '성령의 행전'으로 의사였던 누가의 저술입니다. 사도들에게 임한 성령의 역사로 말미암아 예수 그리스도가 땅 끝까지 전파되어가는 기록을 담은 책입니다. 성경 공부를 하면서 그 어떤 부분보다 신약 가운데는 사도행전이 중요하며 사도행전 중에서도 '성령강림' 사건 전후를 다룬 1장과 2장이 중요하다고 생각합니다. 이 내용을 정확하게 이해하는 것만으로도 믿는 자의 신앙 토대는 훨씬 굳건해질 수 있다고 생각합니다.

십자가에 못 박혀 죽은 예수님은 죽은 지 사흘 만에 부활하십니다. 그리고 40일 동안 지상에서 활동하시면서 예수님은 많은 부활의 증거들을 보여주셨습니다. 그리고 하나님 나라의 일들에 대해 말씀하셨습니다. 예수님께서는 하늘나라로 떠나기 전에 사도들에게 중요한 부탁을 합니다. 첫째, 예루살렘을 떠나지 말 것 둘째, 아버지의 약속대로 성령세례를 받도록 기다릴 것 셋째, 자신의 증인으로 세계 복음화를 할 것입니다. 여기서 세례는 물속에 잠기는 침례와 같으며 성령세례는 구원의 때에 일어나는 성령의 첫 번째 역사입니다.

예수님의 부탁 가운데서 우리가 특별히 주목해야 할 것이 있습니다. 바로 사도들의 사명인, 땅 끝까지 예수 그리스도를 위해 증인이 되어 달라는 부탁입니다. "너희가 내 증인이 되리라(you will be my witnesses.)"(사도행전 1:8)는 예수님과 함께 3년 동안 생활했던 사도들에게 주어진 특별한 부탁이었습니다. 왜냐하면 그들은 예수님의 활동을 직접 목격한 증인들이기 때문입니다. 예수님이 부여한 제자들의 사명은 현대에 와서는 믿는 자들의 사명이 되었습니다. 우리는 복음을 전하는 전도는 선택이 아니라 필수임을 알 수 있습니다. 여기서 땅 끝까지 복음을 전하라는 예수님의 명령은 믿는 자에게 주어진 '지상 사명The Great Commission'이라 부릅니다.

여기서 우리는 '왜 성령세례인가?'라는 의문을 가질 수 있습니다. 의문에 대한 답은 위에 소개된 사도행전 1장 8절에 들어 있습니다. 성령의 세례가 있고 나서야 누구든지 믿음을 가질 수 있고 그 믿음으로 땅 끝까지 전도할 수 있기 때문입니다. 만일에 성령의 세례가 없다면 어떤 일이 일어났을까요? 예수님의 제자들조차도 믿음을 갖지 못했을 것입니다. 전도도 불가능했을 것이고 기독교도 존재할 수 없었을 것입니다. 성령이 오신 목적은 사도들에게 권능을 주시고 그 권능으로 말미암아 예수님의 사역에 대한 증인이 되게 함으로써 땅 끝까지 복음을 전파하기 위함이라는 깊은 뜻이 숨어 있습니다.

그리스도인이 되면 주변 사람들에게 복음을 전하려는 강한 의지를 갖게 됩니다. 복음을 전할 때 정말 많은 사람들은 '저는 불교 신자입니다'라든지 '모든 신은 다 같지요'라고 대답하면서 처음부터 말의 문과 귀의 문을 닫아버리는 분들도 있습니다. 그래서 복음을 전할 때 귀를 기울이게 되는 일 그리고 한 걸음 나아가 믿게 되는 일은 엄청난 대사건이며 이는 자신의 의지라기보다는 성령의 역사로 받아들입니다. 그러니까 성령이 함께하지 않으면 믿음을 갖는 일도 불가능하고 믿음을 전하는 일도 불가능하다는 이야기입니다.

한편 성령강림으로 성령세례가 이루어지기 전의 제자들은 영적으로 어떤 상태였을까요? 그들은 세례 요한이 베푼 물세례처럼 죄 씻음을 통해 새 생명을 받았지만 아직 성령을 받지 못한 상태였습니다. 성령을 받지 못한 상태에서는 믿는 일과 전도하는 일은 불가능했습니다.

한마디로 성령 없는 기독교는 존재할 수가 없습니다. 예수님의 부활 승천이 없었다면 성령강림도 없을 것이고 성령강림이 없었다면 믿는 자도 기독교도 없었을 것입니다. 성령강림이 있었기 때문에 믿는 자가 오늘날까지 존재할 수 있게 되었습니다. 성령은 성부 하나님과 예수님으로부터 믿는 자에게 주어진 축복입니다. 이런 점에서 보면 성령은 기독교의 핵심에 해당하며 사도행전은 이를 잘 증언하고 있습니다.

여러분이 믿음을 갖는 바로 그 순간, 우리가 흔히 말하는 회심回心을 할 때 성령세례가 일어납니다. 여러분이 믿는 자라면 이미 성령세례를 받았습니다. 그 다음에 필요한 것은 거기에 머물지 않고 '성령을 충만히 받으라', '성령을 근심시키지 말라', '성령을 소멸시키지 말라'는 충고일 것입니다.

성령강림(사도행전 2:1-4) 사건은 기독교 역사에서 기념비적인 사건입니다. 이 사건으로 인해서 '성령의 시대'가 열리기 시작한 겁니다. 이 사건으로부터 성령이 예수님의 제자는 물론이고 믿는 자와 교회에 임하기 시작했으며 시공간을 초월하여 성령의 역사가 시작됩니다. 예루살렘, 유다, 사마리아로부터 이방인이 사는 소아시아를 거쳐 유럽으로 그리고 대한민국의 믿는 자에게까지 성령강림이 일어나게 되었습니다. 참으로 대단한 일이지 않습니까?

크리스천의 삶에 대해 40여 권 이상의 책을 집필한 존 오스왈드 샌더스John Oswald Sanders는 성령강림으로 인한 성령세례에 대해 "우리가 유대인이나 헬라인이나 종이나 자유인이나 다 한 성령으로 세례를 받아 한 몸이 되었고 또 한 성령을 마시게 하셨느니라"(고린도전서 12:13)라는 말씀에 기초해서 4가지 사실을 말합니다. 하나, 모든 믿는 자는 성령세례를 받는다. 둘, 믿는 자에게 성령세례는 이미 완성된 것이기 때문에 '한 몸이 되었고'와 같이 과거 시제로 표현되었다. 셋, 성령세례의 기능은 믿는 자로 하여금 그리스도의 '몸'이 되게 하는 일이다. 넷, 성령세례는 모든 사람들의 인종, 피부색, 정치적 장벽을 무너뜨리고 하나로 연합시키는 일을 수행한다.

이제 성령강림의 현장과 그 의미를 조금 더 살펴보도록 하겠습니다. 예수님의 승천 장소인 감람산으로부터 돌아온 제자들은 예루살렘에 있는 마가의 다락방에 거주하면서 기도에 힘씁니다. 이때 다락방에 머문 사람은 베드로, 요한, 야고보, 안드레와 예수의 모친 마리아와 예수의 아우들도 함께 있었습니다. 열두 사도를 포함하여 120명이 있었습니다. 성령강림은 예수님 승천 이후 10일 만에 마가의 다락방에 모인 사람들 위에 임하게 됩니다.

성령강림 사건 이후에 사도들과 제자들은 예수님이 주신 지상 사명에 따라 예수 그리스도를 증거하는 활동을 활발하게 펼치게 됩니다. 초대교회의 사도들에게 주어진 복음 전파의 사명은 오늘날 믿는 자와 교회의 사명이 되어 계속되고 있습니다. 마가의 다락방에서 출발한 초대 교회의 전도와 교회의 확장 역사는 사람의 의지와 힘에 의한 확장의 역사가 아니라 성령께서 사람들을 사용하여 이루어낸 역사임을 알 수 있습니다. 따라서 사도행전은 사도들의 역사에 대한 행전일 뿐만 아니라 성령의 역사에 대한 행전이기도 합니다. 성령강림 사건은 성부 하나님으로부터 예수님께서 허락된 권능이 다시 예수님으로부터 믿는 자와 교회로 권능이 허락된 것을 말합니다. 그리스도교의 확장은 사람의 힘이나 지혜가 아니라 오직 성령을 통해서만 가능한 일입니다.

성령님이 할 수 있는 일

그(성령)가 내(예수) 영광을 나타내리니
내 것을 가지고 너희에게 알리시겠음이라.
무릇 아버지께 있는 것은 다 내 것이라.
그러므로 내가 말하기를 그가 내 것을 가지고
너희에게 알리시리라 했노라.
He will bring glory to me by taking from what is mine
and making it known to you. All that belongs to the Father is mine.
That is why I said the Spirit will take from what is mine
and make it known to you.
요한복음 16:14-15

믿음이 성장하게 되면 믿는 자는 점점 성령의 능력을 더 강하게 체험하게 됩니다. '영적인 힘이 이런 것이구나'라는 사실을 깨닫게 되지요. 그러면서 더욱 더 열심히 다른 사람들에게 전해주어야겠다는 생각을 하고 행동하기 시작한답니다. 왜냐하면 너무 좋은 것이기 때문이지요.

성령은 어떤 일을 할 수 있을까요? 사도행전(2:14-28)은 성령과 함께하는 사도들이 성령의 도우심으로 얼마나 대단한 일을 이루어냈는가를 증언하고 있습니다. 여기서 중요한 것은 사도들의 힘이 아니라 성령의 힘이란 사실입니다. 믿지 않는 자는 성경 말씀을 역사적 사실이나 이야기 혹은 신화로 단정해버립니다. 반면에 믿는 자는 지금도 살아 숨 쉬는 일로 받아들입니다.

구약시대의 성령은 잠시 왔다 가는 특징을 갖고 있습니다. 그러나 오순절 성령강림 사건 이후의 성령은 믿는 자와 늘 함께하기 위해 오셨습니다. 믿는 자가 성령을 훼방하거나, 모욕하거나, 괴로움을 주거나, 저항하거나, 불손하게 시험해보거나, 소멸하거나, 근심하게 만들지 않으면 늘 함께할 수 있습니다. "내가 아버지께 구하겠으니 그가 또 다른 보혜사(성령)를 너희에게 주사 너희와 함께하시리니"(요한복음 14:16)

성령은 신적 인격체로 활발하게 활동하시며 선함과 관련해서 그의 모든 활동에 걸쳐 자신의 뜻을 이루어냅니다. 성령이 어떤 일을 할 수 있다고 생각하십니까? 밀러H. S. Miller 목사가 1922년에 발간한 저서 『크리스천 사역자 매뉴얼』에는 '성령의 역사'라는 제목의 글이 소개되어 있습니다. 특히 믿는 자에게 성령이 어떤 일을 가능하게 하는지에 대해 다음과 같이 말하고 있습니다. 모두 40가지에 대해 '성령은 믿는 자로 하여금 …하게 하신다'로 이해하면 됩니다.

1. 믿는 자로 하여금 하나님 아들임을 자각하게 하고, 아들처럼 행동하게 만들고, 하나님을 구주로 받아들이도록 만드신다.
(로마서 8:16, 갈라디아서 4:6)

2. 하나님의 능력을 선포함에 의해 믿는 자에게 미래의 영광을 인印치시거나 보장해주신다.(고린도후서 1:22, 에베소서 1:13,14)

3. 믿는 자로 하여금 성령 충만하게 만들어 승리의 삶을 살게 만드신다.(사도행전 1:4-8, 에베소서 5:18)

4. 믿는 자를 거룩하게 만드신다.(데살로니가후서 2:13, 베드로전서 1:2)

5. 믿는 자에게 영원히 거하신다.(요한복음 14:16)

6. 믿는 자에게 하나님 말씀을 가르치신다.

(요한복음 14:26, 고린도전서 2:13)

7. 믿는 자에게 배운 것을 생각나게 하신다.

(요한복음 14:26, 고린도전서 2:13)

8. 믿는 자에게 그리스도를 증거해주시고, 지속적으로 계시해주신다.

(요한복음 5:26)

9. 믿는 자를 진리의 길로 인도하신다.(요한복음 16:13)

10. 믿는 자 안에 그리고 믿는 자를 통하여 예수 그리스도의 영광을 나타내신다.(요한복음 16:14)

11. 믿는 자들에게 그리스도에 속하는 것들을 취하게 하시고 보여주신다.(요한복음 16:14)

12. 믿는 자에게 하나님께 순종하는 능력을 주신다.(에스겔 36:27)

13. 믿는 자에게 진리에 순종하는 능력을 주신다.(베드로전서 1:22)

14. 믿는 자에게 죄와 사망의 법으로부터 자유를 주신다.(로마서 8:2)

15. 믿는 자도 죄인이기 때문에 채울 수 없는 의의 법을 성취하게 만드신다.(로마서 8:3,4)

16. 믿는 자가 육에 대해 승리하도록 만듦으로써 하나님을 기쁘게 하는 힘을 주신다.(로마서 8:5-9)

17. 믿는 자가 질병을 물리칠 수 있도록 힘을 주신다.(로마서 8:11)

18. 믿는 자로 하여금 육의 행실을 죽일 수 있는 힘을 주신다.

(로마서 8:11)

19. 믿는 자로 하여금 기도하는 삶을 살 수 있도록 인도하신다.

(로마서 8:26-27, 에베소서 6:18, 유다서 20)

20. 믿는 자에게 육신의 무서운 욕망에 대해 승리할 수 있는 힘을 주신다.(갈라디아서 5:16,17)

21. 믿는 자로 하여금 율법의 구속을 떠나 그리스도의 자유함을 누릴 수 있도록 인도하신다.(갈라디아서 5:18)

22. 믿는 자가 육의 열매 대신에 성령 열매를 수확하도록 해주신다.(갈라디아서 5:22-23)

23. 믿는 자로 하여금 거룩한 일을 행하도록 해주신다.(갈라디아서 5:25)

24. 믿는 자가 하나님 아버지를 불쾌하게 만드는 일들을 멀리하도록 해주신다.(에베소서 4:30-32)

25. 사탄에게 맞서 믿는 자를 높이 들어 올림으로써 사탄이 도망치게 만드신다.(시편 59:19, 야고보서 4:7)

26. 믿는 자의 영혼이 안식을 취하도록 해주신다.(시편 63:14)

27. 예수 그리스도가 믿는 자의 삶에서 주인과 왕이 되도록 해주신다.(고린도전서 12:3)

28. 믿는 자에게 자유를 주신다.(고린도후서 3:17)

29. 믿는 자에게 신령한 사랑을 주신다.(로마서 5:5, 고린도전서 4,8)

30. 믿는 자에게 기쁨의 충만, 완전한 행복과 만족을 주신다.(사도행전 13:52, 디모데전서 1:6)

31. 믿는 자의 내적 인간을 영적인 힘으로 강하게 만드신다.(에베소서 3:16)

32. 믿는 자에게 의와 평화 그리고 기쁨을 주신다.(로마서 14:17, 15:13)

33. 믿는 자로 하여금 하나님의 깊은 것들을 계시하고, 해석하고 그리고

응용하도록 해주신다.(고린도전서 2:9-14)

34. 믿는 자가 진리를 다른 사람에게 전할 수 있는 능력을 주신다.
(사도행전 1:8, 고린도전서 2:1-4, 데살로니가전서 1:5)

35. 믿는 자에게 예배를 통해 하나님께 영광을 돌리도록 영감을 주신다.(요한복음 4:23,24, 빌립보서 3:3)

36. 믿는 자를 위로하신다.(사도행전 9:31)

37. 믿는 자들을 불러서 예수 그리스도를 섬기도록 인도하신다.
(사도행전 8:27-29, 13:2-4)

38. 믿는 자의 삶과 봉사에서 세세한 부분까지 인도하신다.
(마태복음 4:1, 로마서 8:14, 사도행전 10:19-20, 11:12, 16:6,7)

39. 믿는 자가 하나님 곁에 순수하게 다가갈 수 있도록 만드신다.
(에베소서 2:18)

40. 믿는 자에게 구원을 알려주실 뿐만 아니라 하나님이 믿는 자에게 준 은혜들을 알게 해주신다.(고린도전서 2:12)

H. S. Miller, 『The Christian Workers' Manual』, Columbia University, 1922, p.144~146

여러분이 보기에도 대단하지 않습니까? 이 많은 일들을 성령이 하신답니다. 그래서 믿는 자는 오직 예수, 오직 성령, 오직 말씀 그리고 오직 기도라는 이야기를 즐겨 사용한답니다. "네게 능력 주시는 자 안에서 네가 모든 것을 할 수 있으니(I can do everything through him who gives me strength.)"(빌립보서 4:13)라는 말씀처럼 그분이 주신 능력 안에서 모든 것을 할 수 있도록 만들어주시는 분이 바로 보혜사 성령입니다. 저는 늘 '참으로 고마운 분이시다'라고 생각하기도 하고 말하기도 한답니다. 그런데 그분이 저 멀리 계시는 분이 아니라는 점을 꼭 기억하시기 바랍니다. 성령님은 믿는 자가 간구하고 요청할 때마다 순식간에 바로 곁에 와 계십니다. 성령님을 뜻하는 헬라어 '파라클레이토스'에서 '파라'는 동행한다는 의미를 '클레이토스'는 불림을 받는다는 의미를 갖고 있습니다. 제가 작은 방에서 기도를 할 때나, 어떤 장소에서 묵상을 할 때나, 번잡한 곳을 다닐 때에도 저는 늘 우측이나 저의 뒤 혹은 위의 한 곁에 성령 하나님이 함께하신다는 것을 인지하곤 합니다. 그래서 성경에는 "하나님이 함께하셔서"라는 말씀이 자주 나옵니다.

성령님이 가진 속성

그러나 진리의 성령이 오시면 그가 너희를 모든 진리 가운데로 인도하시리니
그가 스스로 말하지 않고 오직 들은 것을 말하며
장래 일을 너희에게 알리시리라.
But when he, the Spirit of truth, comes, he will guide you into all truth.
He will not speak on his own; he will speak only what he hears,
and he will tell you what is yet to come.
요한복음 16:13

성령 하나님을 이해하는 일은 누구에게나 도움이 됩니다. 왜냐하면 성령은 하나님의 말씀을 통하여 사람들의 양심에 세상의 죄와 예수 그리스도의 의로움과 심판 그리고 예수님의 구원사역을 설득하고, 이런 설득은 죄로부터 거리를 두도록 만들기 때문입니다. "그(성령)가 와서 죄에 대하여, 의에 대하여, 심판에 대하여 세상을 책망하시리라"(요한복음 16:8)는 말씀처럼 성령에 대한 이해는 우리들로 하여금 거룩한 삶을 살아가도록 돕습니다.

성경과 기독교를 이해하는 데 성령의 중요성을 확인할 수 있는 방법이 또 있습니다. '성령'이란 단어는 구약에 110번 그리고 신약에 269번 등장합니다. 성령을 가르치는 '그'와 같은 인칭대명사는 최소한 39번이나 사용되었습니다. 합치면 모두 418번이나 됩니다. 여기

에다 성령을 뜻하는 형용사인 '영적인'이란 표현이 29번 등장합니다. 이들을 모두 합하면 성령을 나타내는 표현은 성경에 무려 440번 등장하며, 성령을 뜻하는 명칭의 종류만 하더라도 모두 45가지나 됩니다. 성령이 얼마나 중요한 비중을 차지하는지 충분히 짐작할 수 있습니다.

우선 성령은 사람과 같이 지식, 지성, 감정을 갖고 있으며 행동하는 인격personality입니다. 성령은 인격적 특성 이를테면 지성, 의지력, 지식, 능력, 사랑할 수 있는 힘, 근심할 수 있는 힘 등을 가진 인격입니다. 우리는 언제 어디서나 성령과 대화하고, 간구하고, 의논할 수 있습니다. 성령은 인격만이 할 수 있는 일을 하십니다. 예를 들어 하나님의 깊은 것을 감찰하는 것, 말함, 큰 소리로 부름, 중재함, 증거하심, 가르치심, 인도하심, 명령하심, 사람을 불러 일을 맡기심, 보냄을 받아 사명을 감당함 등과 같은 일을 수행하십니다. 성령은 감정을 갖고 계십니다. 예를 들어 근심함, 모욕을 받을 수 있음, 거짓말을 받음, 훼방을 받음 등과 같은 감정을 갖고 계십니다. 따라서 우리는 성령을 알게 모르게 모독하는 일을 하지 않도록 해야 합니다. 성부 하나님과 성자 하나님을 대하듯이 귀하게 대해야 합니다. 마지막으로 성령은 보호하고 은혜를 베푸는 자라는 '보혜사'라는 직분을 갖고 있습니다. "내(예수님)가 아버지께 구하겠으니 그가 또 다른 보혜사를 너희에게 주사 영원토록 너희와 함께 있게 하리시니"(요한복음 14:16)라는 말씀처럼 믿는 자가 언제 어디서나 초청하기만 하면 항상 동행할 수 있습니다. 성령에 대한 한 연구자의 다음과 같은 글은 인격으로서의 성령에 대해 이해하도록 돕습니다.

> 성령은 누구이신가? 우리가 사도행전 1장 8절(오직 성령이 너희에게 임하시면 너희가 권능을 받고)의 구절만 생각하면 성령은 단순히 하나님께로부터 오는 힘으로서의 능력이요, 우리에게 주시는 축복으로만 생각하게 된다. 그렇지만 성령은 그 이상의 살아 계신 인격자이시다. 성령님은 예수 그리스도와 같이 사랑이 많으시고 지혜로우시며 온유하시고 신실하셔서 우리가 참으로 신뢰하고 사랑할 만한 참 인격자이시다. (…) 성령님을 인격으로 알고 믿어야 할 중요한 이유를 살펴보면, 첫째 예배에 있어서 중요하다. 둘째, 성령의 바른 능력을 알기 위해서다. 셋째, 인격자만이 인간의 사정을 알고 도와줄 수 있다. 성령님을 인격으로 인식하는 것은 바른 신앙의 삶의 근원이 된다.
>
> 배명원, 「성령의 인격성과 신성에 관한 연구」, 총신대학교 석사학위 논문, 2008, p.36

한편 성령은 하나님의 또 다른 위격으로 신의 속성들 즉, 신성deity을 갖고 계십니다. '성령의 신학자'로 불리는 요한 칼빈은 성령을 통하여 하나님을 바라볼 수 있는 길을 열어준 신학자로 통합니다. 그는 성령 하나님을 육안으로 볼 수 없는 인격을 가지신 하나님이라고 말합니다. 성령은 하나님의 14가지 속성들을 갖고 계십니다. 예를 들어 영원하심, 무소부재하심, 전능하심, 전지하심, 거룩하심, 진리, 선하심, 교통하심 등을 갖고 있습니다. 성령은 하나님만이 할 수 있는 일을 협력하여 하십니다. 예를 들어 창조, 구원, 생명을 줌, 새로 거듭나게 하심 등과 같은 하나님의 일을 성령이 함께하십니다. 성령은 성부, 성자와 함께 사용되는데 흔히 신적 대구Divine Couplets라고 말합니다. 성부 하나님, 성자 하나님 그리고 성령 하나님은 자주 함께 사용됩니다. "내(성자)가 아버지(성부)께 구하겠으니 그가 또 다른 보혜사(성령)를 너희에게 주사 영원토록 너희와 함께 있게 하시리니"(요한복음 14:16)라는 말씀처럼 말입니다. 때때로 성령은 하나님으로 혹은 예수님으로 불리기도 합니다. "베드로가 이르되 아나니아야 어찌하여 사탄이 네 마음에 가득하여 네가 성령(하나님)을 속이고 땅 값 얼마를 감추었느냐. (…) 어찌하여 이 일을 네 마음에 두었느냐. 사람에게 거짓말한 것이 아니요 하나님께로다"(사도행전 5:3-4)

성령이 거하는 성전은 곧바로 하나님의 성전이십니다. 마음의 가장 구석인 심장heart을 '카르디아Kardia'라고 부르는데 이곳에는 예수님을 믿게 만드는 '하기온 프뉴마Hagion Pneuma' 성령님이 계십니다. 이분은 보혜사 성령님인 '파라클레토스' 성령님과 구분되는 성령님입니다. 성령님은 한 분이지만 수행하시는 기능과 계시는 장소에 따라 프뉴마 성령님과 파라클레토스 성령님으로 나눌 수 있습니다. "너희는 너희가 하나님의 성전God's temple인 것과 하나님의 성령God's spirit이 너희 안(카르디아)에 계시는 것을 알지 못하겠느냐(Don't you know that you yourselves are God's temple and that God's Spirit lives in you?)"(고린도전서 3:16)는 말씀에서 '하나님의 성전'은 '카르디아'가 아니라 믿는 자의 몸을 말합니다. "너희 몸은 너희가 하나님께로부터 받은 바 너희 가운데 계신 성령의 전temple of the Holy Spirit인 줄을 알지 못하느냐. 너희는 너희 자신의 것이 아니라"(고린도전서 6:19)는 말씀도 마찬가지라고 생각합니다. 성령의 특성과 역할에 대하여 조직신학자 루이스 벌코프Louis Berkhof는 다음과 같이 명확하게 말합니다.

성령은 그리스도를 대신하여 그의 지상 사역을 행하시는 일, 즉 성자가 행하셨던 것과 같이 가르치고, 선포하고, 증명하고, 증거하는 일을 위하여 파라클레토스로 오셨다. (…) 성령의 사역은 성령의 성부와 성자와 함께하는 하나됨에 기초하고 있다.

루이스 벌코프, 『조직신학』, p.296

한편 『성령론』 외에 다수의 책을 집필한 토레이R. A. Torrey 목사는 '성령의 인격과 신성'이란 제목의 목회에서 흥미로운 제안을 합니다. 그는 "성령은 사람이다(The Holy Spirit is a Person)"로 받아들이라고 조언합니다. 그 결과 우리는 성령님과 함께 의식적인 우정을 나눌 수 있으며, 매 순간 그와 동행할 수 있으며, 그와 늘 함께할 수 있으며, 성령으로 하여금 내 삶을 통제할 수 있도록 할 수 있습니다. 만일 믿는 자가 성령과 개인적이고 친밀한 우정, 파트너십 그리고 동료애를 나눈다면 어떤 일들이 일어날까요? 토레이 목사는 대단히 구체적이고 실용적인 이득을 제시합니다.

첫째, 성령은 외로움에 대한 해결 방법을 제시합니다. 친한 친구와 헤어졌다고 하더라도 성령님이 늘 함께하신다고 생각하면 외로움이 생겨날 수가 없습니다. 그 어떤 사람과도 비교할 수 없을 정도로 참 좋은 친구와 함께하기 때문입니다. 제 아내는 성령님을 두고 '참 좋으신 분'이라는 표현을 자주 사용합니다. 둘째, 성령은 상한 마음에 대한 해결 방법을 제시합니다. 믿는 자의 마음에 내주하시는 성령만큼 상한 마음의 구석구석을 치료할 수 있는 친구나 지인들이 있을까요? 없습니다. 셋째, 어두움이나 위험함이 가져오는 두려움에 대한 해결

책을 제시합니다. 왜 두려운가요? 혼자 힘으로 무엇이든 해야 한다고 생각하면 힘이 듭니다. 그 모든 책임을 내가 아니라 성령님과 나눠 지어보면 어떨까요? 성령님이 나를 대신해서 위험한 일, 두려움을 느끼는 일을 함께하시도록 해보시기 바랍니다.

성령을 강하게 체험하는 사람이라면 언제 어디서든 담대하고 강할 수 있습니다. 외로움이나 두려움이 들어설 여지가 없습니다. 왜냐하면 항상 성령님이 자신과 늘 함께한다는 믿음뿐만 아니라 체험을 하기 때문입니다. 그리스도교를 믿으면서 제가 놀라움으로 받아들이는 일 가운데 하나가 바로 이 점입니다. 인간적인 노력으로 얻을 수 있는 담대함이나 강함 등과는 다른 차원의 힘과 용기 그리고 위안을 얻게 됩니다. 인간적인 차원은 늘 변하지만 성령의 임재함으로 인한 것은 변함이 없습니다. 언제 어디서나 늘 천하무적인 한 분과 내가 함께한다는 사실이 믿어진다는 점은 대단한 체험이자 깨달음입니다.

성령 충만해지는 방법

내가 그리스도와 함께 십자가에 못 박혔나니
그런즉 이제는 내가 사는 것이 아니요 오직 내 안에 그리스도께서 사시는 것이라.
이제 내가 육체 가운데 사는 것은 나를 사랑하사
나를 위하여 자기 자신을 버리신 하나님의 아들을 믿는 믿음 안에서 사는 것이라.
I have been crucified with Christ and I no longer live,
but Christ lives in me. The life I live in the body,
I live by faith in the Son of God, who loved me and gave himself for me.
갈라디아서 2:20

"이제는 내가 사는 것이 아니요 오직 내 안에 그리스도께서 사시는 것이라"

그리스도교는 믿는 자마다 하나님의 영인 성령이 함께하는 신앙입니다. 믿는 자의 몸은 하나님의 성전이 되어 그곳에 성령이 함께하시게 됩니다. "너희는 너희가 하나님의 성전인 것과 하나님의 성령이 너희 안에 계시는 것을 알지 못하느냐"(고린도전서 3:16)

세상에는 수많은 종교들이 있지만 자신이 예배하는 신의 영이 자신과 함께하는 종교가 있을까요? 제가 아는 한 그리스도교를 제외하곤 없습니다. 불교는 신자가 자기 자신에 대해 생각하는 종교이며 지금 이 순간 살아서 활동하는 신은 없습니다. 그러나 그리스도교는 생각하는 종교가 아니라 하나님의 영이 믿는 자의 몸에 함께하면서 지금 이 순간에도 역사하는 종교입니다. 그리스도교에서 믿는 자는 하나님의 영을 받은 자들입니다. 무당이 잡신이란 신 내림을 받은 사람들이라고 하면 믿는 자는 하나님이란 신 내림을 받은 사람들입니다. 이런 사실을 알고 나면 예수를 믿는다는 것이 단순히 예배당을 오고 가는 일이 아니라 매우 중요한 일임을 알 수 있습니다.

성경은 믿는 자에게 성령 충만함을 위해 힘쓰라고 권면합니다. "술 취하지 말라. 이는 방탕한 것이니 오직 성령으로 충만함을 받으라"(에베소서 5:18)라는 말씀은 신약에 등장하는 매우 강력한 메시지입니다. 우리가 영접을 할 때는 성령의 세례를 받지만 충만함과는 거리가 멉니다. 그러니까 어떤 사람이 예수님을 구주로 영접할 때에 성령께서 그 사람 속에 들어오시지만 충만과는 멀리 떨어져 있습니다. 마치 방전되어버린 스마트폰을 충전하는 것에 비유할 수 있습니다. 구주를 영접하는 일은 막 전기 코드를 꼽은 것에 불과합니다. 배터리가 충분히 충전될 때까지는 제법 시간이 걸립니다. 성령 충만도 마찬가지라고 생각합니다. 성령을 받아들이는 일과 충만하는 일 사이에는 커다란 간격이 있습니다.

영접할 때에 믿는 자의 마음에 성령이 거하게 되지만 삶 전체를 주관하지 못합니다. 영접 이후에 믿는 자가 삶을 성령에게 맡기기 시작하면서 성령 충만을 경험하게 됩니다. 믿는 자의 신앙이 성장한다는 것은 자기 중심에서 성령 중심으로 삶의 무게 중심이 이동해가는 겁니다. 또한 신앙의 성장은 성령 충만을 더 자주 경험하게 되는 것을 말하기도 합니다.

사도행전 2장 1절에서 4절은 오순절의 성령강림 사건으로 성령이 믿는 자의 마음에 내주하기 시작하심을 뜻합니다. 그러니 우리는 반드시 성령 충만을 통해 신앙의 성장을 꾀해야 합니다. 영접 이후에 믿는 자가 수동적으로 가만히 있다 해서 성령 충만이 이루어지는 것은 아닙니다. 성령 충만은 적극적인 태도를 갖고 간절히 구할 때 가능합니다. 성경은 하나님께 성령 충만을 적극적으로 구하라고 증거하고 있습니다.

> 너희가 악할지라도 좋은 것을 자식에게 줄 줄 알거든 하물며 너희 하늘 아버지께서 구하는 자에게 성령을 주시지 않겠느냐 하시니라.
>
> 누가복음 11:13

신앙의 성장은 삶을 온전히 성령께 내맡기는 상태에 도달하는 것을 말합니다. 그런 상태가 되면 앞에서 소개한 40가지처럼 성령의 역사로 인해서 온갖 선한 결과가 만들어지게 됩니다. 그러면 성령 충만은 어떤 상태를 말하는 것일까요? 믿는 자가 자신의 육은 죽고 성령이 삶의 구석구석에 이르기까지 모든 영역을 완전히 다스리도록 허락하는 상태를 말합니다. '충만을 받으라'의 헬라어 원어인 플레루스데는 진행형 명령이며 '계속적으로 혹은 반복해서 성령으로 충만하게 하라'는 뜻입니다. 성령 충만은 하나님이 믿는 자에게만 허락한 은혜이자 선물이며 은혜 가운데서도 특별한 은혜입니다.

성령 충만한 사람들을 나타내는 여러 가지 특징들이 있습니다만 삶의 우선순위가 명확해지게 되는 것도 이 가운데 하나입니다. 지나치게 분주하지 않고 부지런함 속에서도 무엇을 우선해야 할 것인가를 명확히 하게 됩니다. 삶의 우선순위가 사람 중심에서 하나님 중심의 삶의 무게 중심이 점점 이동해 간답니다. 성령이 충만하게 되면 누가 방해하더라도 기도와 말씀을 매우 중요하게 여기게 됩니다. 틈만 나면 성경 말씀을 들으려 하고, 기도 시간을 만들게 됩니다. 의무감에서 시작하는 성경공부나 예배나 기도가 점점 재미있어집니다.

사도행전은 성령 충만으로 많은 이적을 나타내고 예수 그리스도를 증거하는 사도들의 행적을 기록하고 있습니다. 눈으로 볼 수 있는 이적을 실천하는 주체는 사도들이지만 사도를 움직이는 실질적인 힘은 성령의 힘입니다. 성령세례가 개개인을 상대로 이루어지는 것처럼 성령 충만 또한 개별적입니다.

성경에는 단 한 사람의 성령 충만이 기적과 같은 변화를 불러일으킬 수 있음을 증거하고 있습니다. 사도행전 2장부터 4장 사이에는 성령 충만한 베드로가 앉은뱅이를 고치는 것은 물론이고 담대하게 하나님 말씀을 전하는 것이 증거되어 있습니다. 성령의 세례를 받기 전과 성령 충만하게 된 상태에서 베드로의 행동은 놀라울 정도로 큰 변화를 경험하게 됩니다. 한마디로 영적인 힘을 가득 채운 사람이 모습이 바로 이런 것이라는 사실을 깨닫게 해줍니다.

> 이에 베드로가 성령이 충만하여 가로되 백성의 관원과 장로들아 다른 이로서는 구원을 얻을 수 없나니 천하 인간에 구원을 얻을 만한 다른 이름을 우리에게 주신 일이 없음이니라 했더라. 사도행전 4:8,12

오늘날도 마찬가지입니다. 단 한 사람의 성령 충만이 가져올 수 있는 능력은 아주 큽니다. 오늘날 많은 교회가 있고 많은 신도들이 있지만 자신의 몸에 성령이 거하고 성령 충만으로 자신이 가진 능력의 30배, 60배, 100배의 능력을 발휘할 수 있음을 믿는 자들이 얼마나 많을까요? 믿음의 대열에 들어선 인물들 가운데 실제로 성령 충만을 세상 사람들에게 증거하는 사람들이 얼마나 될까요? 아마 소수에 불과할 겁니다. 성령에 탄탄한 기초를 두고 있는 믿는 자라면 영적 생활에서뿐만 아니라 세상 생활에서도 강하고 담대하게 살아갈 것입니다. 그의 힘 때문이 아니라 바로 성령의 힘이 그를 인도하고 도와주기 때문일 것입니다.

여러분이 믿는 자임에도 불구하고 삶 자체가 고단하거나 하는 일마다 제대로 풀리지 않는다면 우선은 성령 충만을 방해하는 요인이 무엇인가를 찬찬히 살펴봐야 합니다. 성령 충만이 일어나기 위해서는 몇 가지 조건이 구비되어야 합니다. 자신의 죄를 인정하고 예수님을 구주로 영접해야 합니다. 그러니까 법적인 신분상 하나님의 자녀가 되어야 한다는 이야기입니다. 성령 충만의 시작점은 주님을 구주로 영접하는 일입니다. 그런 다음 성령 충만을 위해 욕구欲求해야 하고, 하나님 말씀을 공부하고 믿고 순종해야 합니다. 조급하게 서두르지 않고 어떤 결과를 기다리는 것도 필요하겠지요. 믿음은 곧 기다림이기 때문입니다. 성령을 간절히 구하는 자라면 기도를 게을리하지 않아야 할 것입니다. 깊은 기도를 통해 성령 충만을 스스로 느끼고 확신할 수 있기 때문입니다. 깊은 기도에 익숙한 분들은 온몸이 성령으로 푹 젖게 되는 경험을 자주 하게 됩니다.

성령세례는 일회적인 사건이지만 성령 충만은 일회적인 사건이 아닙니다. 영접하는 것만으로 성령이 우리 몸 안에 들어옵니다만 매일 매일, 매 순간 매 순간 우리는 성령으로 차고 넘치도록 우리 자신을 만들어야 할 의무와 책임이 있습니다. 성령 충만을 구하는 분이라면 성령이 저수지에 저장하고 마는 것이 아니라 통로를 통해서 철철 넘쳐 흐르는 것으로 이해해야 합니다.

우리 모두는 성령이 가득 찬 나머지 넘쳐 흐르는 통로가 되어야 합니다. 성경은 성령을 '마르지 않는 샘물' 즉, "내가 주는 물을 먹는 자는 영원히 목마르지 아니하리니 나의 주는 물은 그 속에서 영생하도록 솟아나는 샘물이 되리라"(요한복음4:14)로 묘사하고 있습니다. 때로는 "나를 믿는 자는 성경에 이름과 같이 그 배에서 생수의 강이 흘러나리라 하시니(Whoever believes in me, as the Scripture has said, streams of living water will flow from within him.)"(요한복음 7:38)라는 말씀처럼 성령은 '생수의 강'으로 표현됩니다. '하기온 프뉴마' 성령님은 내 마음 깊은 곳에 내주하면서 구원을 이루십니다. 우리는 이분이 나의 약점과 내 속에 있는 갖가지 악한 성품들을 매일 매일 제거할 수 있도록 도와드려야 합니다.

그런데 믿음을 가진 지 오래된 분들 중에서도 성령 충만을 누리지 못하는 분들도 많습니다. 믿는 자가 마땅히 누려야 할 것을 누리지 못하면 영적인 능력이나 힘에서 열세를 면할 수가 없습니다. 이런 분들은 손쉽게 시험에 들고 맙니다. 인생사든 신앙생활이든 현상 유지라는 것이 쉽지 않습니다. 기회가 있을 때 잡지 못하면 곧바로 위기가 옵니다. 성령의 역사가 있다면 반드시 악령의 역사도 있습니다. 성령 충만의 관점에서 채우는 둥 마는 둥 하는 분들은 신앙생활에서 어려움을 겪거나 생활에서 오는 어려움을 이기지 못하고 하나님으로부터 멀어지는 경우들이 있습니다. '나는 잘 믿었는데 이게 뭐야!'라는 툴툴거림과 함께 말입니다.

사람을 속이거나 함부로 대하는 것처럼 성령이 인격이기 때문에 우리는 얼마든지 성령을 화나게 하거나 염려하게 하는 죄를 범할 수 있습니다. 성령이 하나님의 또 다른 위격임에도 불구하고 함부로 대하는 분들이 있습니다. '그분'이란 표현 대신에 '그것'이라고 표현할 수도 있습니다. 별다른 생각 없이 '그것을 좀 더 받기를 원한다'라는 표현을 사용할 수 있지만 이는 성령을 모욕하는 표현입니다. 우리가 하나님을 경외하고 진지하게 예배를 드리는 것과 마찬가지로 성령도 경건하게 그리고 친밀하게 예의를 갖추어 대해야 합니다.

신앙공동체도 사람이 모인 곳이라서 세상 사람들의 손가락질을 받을 때가 있습니다. 특히 교회가 커지면서 돈과 권력이 개입되게 되면 세속 조직처럼 부패해지는 경우가 일어나곤 합니다. 이때 우리는 특정 교회의 문제점을 지적할 수는 있지만 교회의 문제를 그리스도교 전체의 문제로 삼아 성령님이나 예수님을 비난해서는 안 됩니다. 자신의 제한된 지식을 기반으로 '성령이 어디 있어. 나에게 보여봐. 그런 허황된 것은 존재하지 않아'라는 말로 성령을 모욕하지 않도록 해야 합니다. 내가 볼 수 없다고 해서 존재하지 않는 것은 아니기 때문입니다. 내가 알 수 없다고 해서 존재하지 않는 것은 아닙니다. 어떤 경우든 성령을 모욕하는 일은 바람직하지 않습니다. 학식이나 지위 그리고 물질 면의 우월함이 가져오는 교만함도 성령을 훼방할 때가 있습니다. 목회자를 까닭 없이 괴롭히거나 교회 내에서 분란을 일으키는 사람도 성령을 욕되게 하는 사람들입니다. 이따금 저는 놀라운 일을 보게 됩니다. 세상 권세를 믿고 교회에서 부당한 방법으로 분규를 주동하거나 집요하게 목회자를 괴롭힌 이들 중 까닭을 알 수 없는 사건으로 어려움을 겪는 분들도 보았습니다. 그럴 때면 성령의 모욕과 관련이 있을 수도 있다는 추측을 해보게 됩니다.

성령은 머무름과는 거리가 멉니다. 한때 성령 충만을 경험한 성도라도 성령이 소멸될 수 있습니다. 유익하지 않은 대화로 남을 험담하는 일도 성령을 소멸시키는 일에 해당합니다. 성령 충만을 받는 방법 가운데 으뜸은 기도라고 생각합니다. 자신에게 맞는 말씀을 붙잡고 수시로 기도하는 일은 성령을 가득 채우는 일입니다. 시간을 내서 규칙적으로 깊은 기도에 들어갈 수 있다면 성령 충만을 스스로 체험할 수 있습니다.

다른 한 가지 방법은 자신에게 꼭 맞는 찬송가를 즐겨 부르는 일입니다. 찬송가를 암송해서 부르면 더 좋습니다. 찬송가는 성령 충만을 이끄는 지름길입니다. 제가 즐겨 부르는 찬송가가 있습니다. 가족예배를 드릴 때면 저는 아내와 이 찬송가를 즐겨 부른답니다. 작은 작업실에서 글을 쓸 때도 이 노래를 자주 듣습니다. 이따금 눈물이 글썽거릴 때도 있지요. 오십 대를 지나가는 사람을 자주 울릴 수 있으니 얼마나 대단한가요. 삶의 무게가 무겁지 않습니까? 그 무게를 어디에 내려놓을 수 있을까요? 저는 찬송가를 부르면서 짐을 다 내려놓는답니다.

1. 여기에 모인 우리 주의 은총받은 자여라. 주께서 이 자리에 함께 계심

을 아노라. 언제나 주님만을 찬양하며 따라가리니 시험을 당할 때도 함께 계심을 믿노라. (후렴) 이 믿음 더욱 굳세라. 주가 지켜주신다. 어둔 밤에도 주의 밝은 빛 인도하여 주신다.

2. 주님이 뜻하신 일 헤아리기 어렵더라도 언제나 주 뜻 안에 내가 있음을 아노라. 사랑과 말씀들이 나를 더욱 새롭게 하니 때로는 넘어져도 최후 승리를 믿노라. (후렴)

3. 여기에 모인 우리 사랑받는 주의 자녀라. 주께서 뜻하신 바 우리 통해 펼치신다. 고통과 슬픔 중에 더욱 주님 의지하오니 어려움 이겨내고 주님 더욱 찬양하라. (후렴)

찬송가 620장

성령 충만과 거룩한 삶은 친구가 될 수 있습니다. 하지만 건방짐, 교만, 불건전한 생활 그리고 불순종 등과 같은 생활 태도는 성령을 훼방하거나 소멸시키게 된다는 점을 주의해야 할 것입니다.

성령의 열매를 누리는 방법

오직 성령의 열매는 사랑과 기쁨(희락)과 화평과 오래 참음(인내)과
부드러움(자비)과 선함(선행)과 믿음(충성)과 온유와 절제니
이 같은 것을 금지할 법이 없느니라.
But the fruit of the Spirit is love, joy, peace, patience, kindness,
goodness, faithfulness, gentleness and self-control.
Against such things there is no law.
갈라디아서 5:22-23

믿음을 갖게 되면 변함없는 잔잔한 기쁨을 누립니다. 이런 기쁨은 축제나 파티에서 느끼는 열광적인 기쁨과는 다릅니다. 이런 기쁨을 두고 우리는 성령의 열매라 부릅니다. 갈라디아서 5장은 우리가 수확할 수 있는 성령의 열매가 가진 9가지 특성을 제시합니다. 여기서 성령의 열매가 '열매들'이 아니라 '그 열매the fruit'란 단수로 표현되는 것에 주의하시기 바랍니다. 9가지 열매가 아니라 하나의 열매에 9가지 특성이 포함됩니다.

우리가 무엇을 하든지 열매를 맺어야 합니다. 열매 없는 신앙생활, 열매 없는 인생, 열매 없는 일은 모두 바람직하지 않습니다. 믿는 자가 되면 당연히 신앙생활에서도 열매를 맺어야 합니다. 제가 이렇게 공부를 하면서 책으로 그리스도교의 교리를 정리하는 일도 열매가

있는 신앙생활을 원하기 때문입니다.

믿음의 결실로 꼽을 수 있는 것 가운데 으뜸이 바로 갈라디아서에 등장하는 성령의 열매입니다. 그러면 성령의 역사와 성령의 열매 사이에는 어떤 차이가 있을까요? 성령의 역사는 성령이 능동적인 사역으로 직접적인 결과를 얻는 것입니다. 반면에 성령의 열매는 믿는 자가 자신을 낮추고 성령이 왕성하게 활동할 수 있도록 활동의 장을 허락할 때 나오는 결과를 말합니다. 다시 말하면 성령 충만의 자연스러운 결과물로 성령이 만들어 주시는 열매입니다.

제가 홈페이지에 '성경산책'이란 글을 시작하자 한 독자분이 저에게 귀한 선물을 보냈습니다. 초심자에게 신앙생활의 토대를 굳건히 하는 데 도움이 되도록 보내준 선물입니다. 제임스 낙스James Knox 목사의 『성령의 열매』라는 책인데, 인상 깊게 읽었습니다. 이 책의 내용을 기초로 성령의 열매를 차근차근 정리해보겠습니다.

첫째, 성령의 열매는 하나이며 이 하나는 9가지 특성들로 구성됩니다. 사랑, 기쁨, 화평, 오래 참음, 부드러움, 선함, 충성(믿음), 온유, 절제입니다. 앞의 3가지는 자신과 관련된 것으로 내적인 열매이며, 그 다음 3가지는 타인과 관련된 인간관계의 열매이고, 마지막 3가지는 하나님과의 관계와 관련된 열매입니다.

둘째, 성령의 열매는 믿는 자가 스스로 만들어내는 것이 아니라 우리 안에 내주하시는 성령님이 만들어내시는 것입니다. 우리가 아무리 열심히 인간적인 노력을 더하더라도 성령의 열매는 만들어지지 않을 수 있습니다. 우리가 성경을 많이 읽고, 예배에 자주 참석하고 십일조를 잘 한다고 해서 성령의 열매를 반드시 수확할 수 있는 것은 아닙니다. 성령의 열매는 믿는 자가 성령님께 자신을 온전히 내어드릴 때 맺을 수 있습니다. 잊지 말아야 할 것은 우리 안에 들어와 계시거나 우리 곁에 계신 성령 하나님이 성령의 열매를 만드는 주인공이라는 사실입니다.

제임스 낙스 목사는 이를 두고 "우리가 주님을 위해서 무엇을 더 해보겠다는 결심을 하자는 것이 아니라 주님께서 우리 안에서 주님이 원하시는 바 그것을 하시도록 삶에서 우리 자신을 내어드리고자 합니다. 그럼으로써 우리가 그리스도의 형상을 닮아감으로써 그리스도께서 우리 안에서 형성되는 것입니다"(p.11)라고 말합니다.

셋째, 성령의 열매를 수확하는 사람은 믿는 자 가운데서도 성령 충만한 그리스도인들입니다. 우리가 영접기도를 통해 구원받았다고 해서 진정한 그리스도인이 되는 것은 아닙니다. 영접기도로 구원받은 그리스도인은 진정한 그리스도인을 향한 여행길에 막 들어선 상태라고 할 수 있습니다. 진정한 그리스도인은 성령의 세례로부터 시작해서 성령 충만으로 자신의 삶을 채울 때 가능합니다.

넷째, 성령의 지배를 받는 자는 성령의 열매를 맺고, 육체의 지배를 받는 자는 육체의 열매를 맺습니다. 여러분이 성령의 지배를 받지 않는다면 자연스럽게 육체의 지배를 받을 가능성이 크게 높아집니다. 갈라디아서 5장 17절은 육체의 지배와 성령의 지배가 결코 함께 할 수 없음에 대해 말하고 있습니다.

> 내가 이르노니 너희는 성령을 따라 행하라. 그리하면 육체의 욕심을 이루지 아니하리라. 육체의 소욕은 성령을 거스르고 성령은 육

체를 거스르나니 이 둘이 서로 대적함으로 너희가 원하는 것을 하지 못하게 하려 함이니라. 갈라디아서 5: 16–17

육체의 열매는 무엇일까요? 갈라디아서 5장 19절에서 21절에는 첫 번째 육체의 열매로 음행을 듭니다. 이와 대비되는 성령의 열매는 사랑입니다. 두 번째 육체의 열매는 부정함, 색욕인데, 이는 성령의 열매 기쁨과 대비됩니다. 세 번째 육체의 열매는 우상숭배, 주술, 증오, 불화, 시기입니다. 네 번째 육체의 열매는 분냄, 당 짓는 것, 분열함, 이단으로 이는 성령의 열매인 화평과 대비됩니다. 다섯 번째 육체의 열매는 투기, 술 취함, 방탕함입니다. 세 번째와 네 번째 육체의 열매는 화평이란 성령의 열매와 대비됩니다.

다섯째, 성령은 믿는 자가 성령의 세례를 받는 순간부터 높은 기대수준을 갖고 계십니다. 신 내림을 받는 무당들 이야기를 들어보셨는지요. 신 내림을 받을 때 무당들은 일반인들이 놀랄 정도로 철두철미한 준비와 정성을 다 바칩니다. 우리가 하나님과 예수님을 영접하는 것 즉 구원을 얻는 일은 하나님의 성령을 우리 자신의 몸 안에 받아들이는 일입니다. 그냥 예배당을 가는 일이 아니라 엄청난 결단을 요구하는 일이랍니다. 여기서 결단하도록 만드시는 분은 물론 성령님입니다. 하나님은 믿는 자로 하여금 육신으로 할 수 있는 차원을 넘어서기를 원하십니다. 하나님은 우리가 세상 사람들처럼 대충 살다가 가기를 원하시지 않습니다. 때문에 성령님은 우리가 온전한 자신의 통제 하에서 살아가길 원하십니다.

영접할 때부터 우리는 제대로 믿는 자가 되어야 합니다. 이는 하나님께서 내 안에서 제대로 일하시도록 허락해드려야 함을 뜻합니다. '하나님, 많이 기다리셨지요. 제 안에서 제가 힘껏 도와드릴 각오가 단단히 되어 있으니까 하나님이 계획하시는 대로 저를 작품으로 만들어보세요. 힘들더라도 힘껏 하라는 대로 하겠습니다.' 이런 고백을 성령님께 하셔야 합니다. 제임스 낙스 목사의 말을 참조해보시기 바랍니다.

> 하나님께서는 우리로 하여금 오직 하나님만을 의지하도록 하셔서 우리 안에서 자신이 직접 일하심으로 자신의 목적을 달성하십니다. 하나님께서는 여러분과 저에게 사랑과 기쁨과 화평을 만들어내라고 하시지 않습니다. 그것은 불가능한 일입니다. 하나님께서는 단지 우리의 마음과 삶을 취하셔서 자신이 원하시는 방향으로 이끌어 가기를 원하십니다.

우리의 노력으로 이따금 사랑과 기쁨 그리고 화평을 만들어낼 수 있습니다. 의지가 굳센 사람이라면 자주 만들어낼 수 있습니다. 그러나 환경이나 상황이 바뀌면 의지는 어느새 간 데가 없습니다. 또다시 환경과 상황에 출렁거린 나머지 사랑과 기쁨과 화평은 저 멀리 달아나버리곤 하지요. 성령의 열매는 상황이나 환경이나 의지나 노력에 관계없이 늘 성령님이 주시는 선물입니다. 그래서 변함없는 사랑과 기쁨과 화평이 여러분과 늘 함께하도록 만들어줍니다.

여섯째, 성령의 열매를 누린다는 것은 믿는 자가 나날이 하나님의 성품을 닮아가는 것을 말합니다. 하나님이 자신의 신성한 성품을 믿는 자에게 나누어 주시는 일이 바로 성령의 열매를 누리는 일입니다.

하나님이 우리들로 하여금 '하나님의 본성에 참여하는 자'가 되도록 해주시니 이 얼마나 영광스러운 일입니까? 아무런 대가도 없이 하나님의 성품도 나누어 주시니 놀랍지 않습니까?

> 우리를 부르사 영광과 덕에 이르게 하신 분을 아는 것을 통해 그분의 신성한 권능이 생명과 하나님의 성품에 속한 모든 것을 우리에게 주셨도다. 그것들로 말미암아 지극히 크고 보배로운 약속들이 우리에게 주어졌나니 이것은 너희가 이 약속들을 힘입어 정욕으로 인해 세상에 있게 된 썩을 것을 피하여 하나님의 본성에 참여하는 자가 되게 하려 함이니라. 베드로후서 1:3-4

하나님은 정말 사랑의 하나님이십니다. 죄인인 우리를 선택하셔서 자신의 훌륭한 성품을 나누어 주시려 하니 말입니다. 왜 그럴까요? 물론 우리들을 사랑하시기 때문입니다. 마찬가지로 이런 사랑을 받은 우리 역시 사랑을 차고 넘치도록 하라는 말씀을 하시고 싶으신 겁니다. 여기에서 하나님 자녀들이 지켜야 할 지상계명The Great Communication이 등장하게 됩니다. 믿는 자는 하나님에게 순종하고 온 마음과 목숨과 뜻과 힘을 다하여 하나님을 사랑하는 수직계명입니다. 또 한 가지는 하나님이 우리를 사랑했듯이 우리들 역시 하나님 자녀들을 서로 사랑하는 수평계명입니다. 수직계명과 수평계명으로 구성되는 지상계명은 앞에서 이미 설명한 지상사명과 더불어 하나님의 자녀가 반드시 지켜야 하는 것입니다. 굳이 우선순위를 들자면 지상계명을 먼저 지켜야 할 것입니다. 누군가 복음을 전하는 전도자가 되길 소망한다면 지상계명을 지킨 다음에 지상사명의 수행이 가능할 것입니다.

성령의 열매가 주는 힘

누구든지 하나님을 사랑하노라 하고 그 형제를 미워하면
이는 거짓말하는 자니 보는 바 그 형제를 사랑하지 아니하는 자는
보지 못하는 바 하나님을 사랑할 수 없느니라.
If anyone says, "I love God," yet hates his brother,
he is a liar. For anyone who does not love his brother,
whom he has seen, cannot love God, whom he has not seen.
요한일서 4:20

좋아하는 사람을 사랑하는 일은 어렵지 않습니다. 우리가 자식을 사랑하고 부모를 사랑하고 아내와 남편을 사랑하지 않습니까? 그런데 원수까지 사랑하는 일은 정말 어려운 일입니다. 인간적인 노력으로 거의 불가능한 일이지요.

성령의 열매에서 말하는 사랑은 우리가 잘 아는 그런 사랑은 아닙니다. 잘 아는 사람을 사랑하는 것은 물론이고 자신이 잘 알지 못하는 사람도 사랑해야 하고 심지어 원수조차도 사랑하는 것을 말합니다. 이런 일들이 인간적인 노력으로 가능한 것일까요? 저는 불가능하다고 봅니다. 그래서 하나님의 성령이 완전이 우리 자신을 휘어잡기 전까지는 성령의 열매에서 말하는 사랑은 가능하지 않다고 봅니다.

그러면 여러분 가운데 저에게 이런 말씀을 하고 싶은 분들이 계실

겁니다. 현대인들은 무척 자유를 소중하게 여기는데 당신의 이야기를 가만히 들어보면 지나치게 자신을 속박하는 그런 삶을 살아가야 하는 것을 뜻하는 것은 아닌가요? 저도 자유로운 삶을 무척 소중하게 여기는 사람입니다. 조직을 떠나 제 자신의 자유의지에 따라 살아온 지가 벌써 15년을 향해 달려가고 있으니까 말입니다. 성령에 붙잡혀 살아가는 것을 두고 외관상 자유의 속박으로 해석할 수도 있습니다. 그러나 성령에 묶여 살아가는 것은 완전히 다른 차원의 구속이라 생각합니다. 성령님은 하나님의 성품을 나누어 갖도록 하기 위해서 우리를 관리하고 통제하는 것이기 때문입니다. 말씀의 구속에 따라 살아가는 것은 새로운 차원의 자유인 것처럼 성령의 구속에 따라 살아가는 것 역시 새로운 차원의 자유인이 되는 것을 말합니다.

저는 아직 원수까지 좋아하는 수준까지 도달하지는 못했습니다. 하지만 믿음생활이 조금씩 나아지면서 경험하게 되는 것은 예전 같으면 제법 오래갔을 법한 못마땅한 타인들의 언행에 대해서 점점 더 빨리 긍휼하게 여기고 용서하게 된다는 사실입니다. 물론 인간적으로 미워하면서 괴로워하기보다 빨리 털어버리는 것이 낫다는 의도도 있을 것입니다. 그러나 이런 의도를 갖고 노력해서가 아니라 자연스럽게 그렇게 됩니다. 처음에는 내가 나이를 먹어가면서 점점 더 너그러워지는가라고 생각하기도 했습니다만 그것만이 전부는 아니라고 생각합니다. 뭐라 정확하게 묘사할 수 없지만 내 안에 어떤 존재가 나로 하여금 미움을 버리고 상대방의 입장에서 가능한 한 용서하고 이해할 수 있도록 도와준다는 사실을 믿게 되었습니다.

한편 성령의 열매 가운데 기쁨도 마찬가지입니다. 이때 기쁨은 우리가 말하는 감정적으로 고양된 상태, 즉 '아, 참 기쁘다' 혹은 '참 좋다'와 같은 그런 상태를 말하는 것은 아닙니다. 믿는 자가 되면 놀라운 변화가 일어납니다. 이 변화 가운데 하나는 약간이라도 어려운 상황을 맞이하게 되었을 때 느끼게 됩니다. 믿음을 갖기 전에는 어려움이 닥치면 초조와 불안 그리고 스트레스를 심하게 느끼게 됩니다. 어려운 상황에서 기쁨을 느낀다는 것은 도저히 있을 수 없는, 상식과 반하는 일입니다. 그러나 성령의 통제를 받는 상황이라면 사람은 어려운 상황에서도 얼마든지 기쁨을 누릴 수 있습니다. 그러니 성령의 열매가 말하는 기쁨은 좋은 시절에는 좋은 대로 그리고 나쁜 시절에는 나쁜 대로 기쁨을 누리는 것이지요. 믿는 자가 어려운 상황에서도 기쁨을 누릴 수 있는 것은 어려움을 바라보는 독특한 시선을 가지기 때문일 것입니다.

'하나님이 더 큰 자리에 나를 사용하기 위해 연단의 기회를 제공하시는가 보다. 내가 어려운 상황을 맞이했기 때문에 이런 일도 가능하고 저런 일도 가능하다. 아마도 하나님 계획표에 따라 곧 더 크고 멋진 일들이 펼쳐질 것이다.'

이런 고백이 비상식적인 말처럼 들리지만 얼마든지 성령 충만한 사람에게서 흘러나올 수 있는 이야기입니다. 그런데 인간적인 느낌이나 감정으로 미루어 보면 어려운 시절에 기쁨을 누린다는 것이 말이 되지 않는 이야기이지요. 이것은 믿는 자와 믿지 않는 자 사이에 있는 참으로 큰 간격이라고 봅니다. 그런데 굳건한 믿음을 가진 자들 가운데 어려운 시기를 통과해본 사람이라면 어려움 속에서 분명히 괴로워해야 하는데 괴로워하지 않는 자신을 바라보면서 신기하게 생각한 경험이 있을 것입니다. 뿐만 아니라 괴로움 속에서도 잔잔한 기쁨을 누리고 있는 자신을 들여다보면서 어떻게 이런 일이 가능한지를 생각할 때가 있을 것입니다.

도대체 누가 이런 일을 가능하게 하는 걸까요? 하나님의 능력 이외에는 다른 답을 찾을 수 없습니다. 이것에 대해 제임스 낙스 목사는 "어떤 사람은 '감정과 느낌의 영역'에서 살아가고 또 어떤 사람은 '영의 영역'에서 살아간다"는 표현을 사용합니다. 감정과 느낌의 영역에서 살아가는 사람에게 기쁨은 반드시 좋은 일이 있을 때 가능합니다. 그러나 영의 영역에 살아가는 사람은 얼마나 좋은 일이 있는지 내 느낌이나 감정이 어떤지는 아무런 상관이 없습니다. 상관이 있는 것은 내 안에 있는 하나님이 능력을 발휘하시는가뿐입니다.

여러분이 걸어온 지난날을 잠시 생각해보시기 바랍니다. 기쁜 날은 참으로 짧았고 고통의 날은 참으로 길었을 것입니다. 만일 이런 판단이 든다면 그 원인에 대해 깊이 생각해보시기 바랍니다. 예수님을 믿고 나서 어느 날 저는 차분히 지난 일을 한번 되새겨보았습니다. 기쁜 날은 짧았고 그런 날들은 대부분 오랫동안의 준비를 통해서 자신이 뭔가를 이루어낸 영광의 날이었습니다. 그러나 그 이외의 날은 기쁜 날보다는 고통스런 날이 더 많았다는 생각을 하게 되었습니다. 그런데 누구에게나 성취의 날이 얼마나 많겠습니까?

아무리 큰 사업을 하는 분이라 할지라도 아무리 높은 지위에 오른 분들이라 할지라도 성취의 순간은 본래 짧을 수밖에 없습니다. 그렇다면 대부분 사람들에게 기쁜 날은 짧을 수밖에 없다는 이야기입니다. 성령 충만한 삶을 살아가게 되면 180도 달라지게 됩니다. 성취의 날은 성취한 대로, 준비하는 날은 준비한 대로 성령의 열매로서 기쁨을 누릴 수 있게 됩니다.

과거가 어떠했든지 간에 우리에게 중요한 것은 현재와 미래입니다. 여러분은 지금부터 시작해서 계속해서 행복한 삶을 살아갈 수 있다고 확신하십니까? 제가 예수를 믿기 전이라면 "글쎄요. 잘 모르겠습니다"라고 답했을 것입니다. 그러나 이제는 완전히 다른 답을 내놓을 수 있습니다.

"저는 지금보다 훨씬 더 행복해질 것입니다. 지금보다 신앙이 더 성장하게 되면 전천후로 행복할 수 있는 사람이 될 것입니다. 지금보다 훨씬 더 성령 충만이 함께할 것이기 때문입니다. 저에게 꿈이 있어요. 아주 큰 꿈 말입니다."

세월은 가고 우리 모두는 늙어갑니다. 나이를 먹게 되면 신체의 기능이 떨어지게 되지요. 그래서 알고 지내던 분들을 나이가 든 다음에 만나면 착잡한 마음이 들게 됩니다. 웬만큼 나이든 분들은 한 해가 다를 정도로 얼굴에 주름이 늘고, 허리가 굽어지고, 말소리에 힘이 사라집니다. '저분이 한때 그렇게 씩씩하셨는데'라는 아쉬움이 들면서 제 자신의 미래를 보게 됩니다. 사람은 타인을 통해서 자신을 보기 때문입니다. 대체로 나이를 먹게 되면 소망이나 희망이나 꿈도 사라지게 됩니다. 간절히 기다리고 추구해야 할 것들이 사라져버리게 됩니다.

그러나 믿음은 이 같은 선입견을 깨버립니다. 늙어가면서도 젊은 날 가졌던 소망과 차원이 다른 소망을 갖고 살아갈 수 있습니다. 저는 여러분이 나이가 들어가더라도 얼마든지 영적인 힘이 더 강해질 수 있다고 믿습니다. 영력이 뛰어난 분들이라면 젊음이 결코 대체할 수 없는 '포스(힘)'를 갖게 되지요. 사도행전은 성령 충만한 나이든 사람이 꿈을 꿀 수 있음을 증거하고 있습니다.

> 하나님이 말씀하시기를 말세에 내가 내 영을 모든 육체에 부어 주리니 너희의 자녀들은 예언할 것이요 너희의 젊은이들은 환상을 보고 너희의 늙은이들은 꿈을 꾸리라. 사도행전 2:17

저는 이 말씀을 확신한답니다. 늙더라도 항상 꿈을 꿀 수 있는 자, 세상의 그 어떤 것이 이를 가능하게 할 수 있을까요? 거대한 부, 높은 자리, 뜨거운 명성일까요? 이 모든 것은 지상에 쌓는 것이고 세월과 함께 스러지고 만답니다. 어느 정도의 물질이 준비되고 나면 오직 성령 충만만이 여러분의 노년을 아름답게 치장할 수 있습니다. 다른 것은 없습니다.

성령의 특별한 은사

어떤 사람에게는 성령으로 말미암아 지혜의 말씀을, 어떤 사람에게는
같은 성령을 따라 지식의 말씀을, 다른 사람에게는 같은 성령으로 믿음을,
어떤 사람에게는 한 성령으로 병 고치는 은사를, 어떤 사람에게는 능력 행함을,
어떤 사람에게는 예언함을, 어떤 사람에게는 영들 분별함을,
다른 사람에게는 각종 방언 말함을, 어떤 사람에게는 방언들 통역함을 주시나니
이 모든 일은 같은 한 성령이 행하사 그의 뜻대로 각 사람에게 나누어 주시는 것이니라.
To one there is given through the Spirit the message of wisdom,
to another the message of knowledge by means of the same Spirit, to another
faith by the same Spirit, to another gifts of healing by that one Spirit, to another
miraculous powers, to another prophecy, to another distinguishing between
spirits, to another speaking in different kinds of tongues, and to still another the
interpretation of tongues. All these are the work of one and the same Spirit,
and he gives them to each one, just as he determines.
고린도전서 12:8-11

은사(spiritual gift)는 성령으로부터 믿는 자에게 주어진 능력을 말합니다. 성령은 하나님의 모든 자녀들에게 한 가지 이상의 특별한 선물을 주시는데 이것이 은사입니다. 그래서 은사는 성령님의 나타남을 말합니다. 은사를 주신 것은 그리스도의 몸 된 교회를 세워 성도들을 섬기는 일을 더 잘 하도록 준비한 것입니다. "각 사람에게 성령의 나타남을 주심은 유익하게 하려 하심이라"(고린도전서 12:7)는 말씀뿐만 아니라 "그가 혹은 사도로, 혹은 선지자로, 혹은 복음 전하는 자로, 혹은 목사와 교사로 주셨으니 이는 성도를 온전케 하며 봉사의 일을 하게 하며 그리스도의 몸을 세우려 하심이라"(에베소서 4:11-12)는 말씀이 이를 잘 말해주고 있습니다. 따라서 성경에 등장하는 성령의 은사는 대부분 신앙공동체인 교회와 연관되어 있습니다.

우선 성령의 은사에는 어떤 것들이 있을까요? 성경에는 30여 가지의 은사가 소개되어 있습니다. 하나, 넓은 의미에서 은사는 앞에서 설명한 '성령의 열매' 즉, 갈라디아서 5장 22절에서 24절에 나오는 성령의 열매 9가지입니다. 둘, "예언, 섬김, 가르침, 권위, 구제, 다스림, 긍휼"(로마서 12:6-8), 셋, "지혜의 말씀, 지식의 말씀, 믿음, 병 고침, 능력, 예언, 영분별, 방언, 통역"(고린도전서 12:8-10), 넷, "사도, 교사, 능력자, 병 고치는 자"(에베소서 4:11)입니다. 그 밖에 기적과 관련된 신유와 방언, 자연스러운 것과 관련된 가르침과 섬김, 언어와 관련된 예언, 방언, 방언들의 통역 그리고 정신적인 것과 관련된 지식, 지혜, 영분별을 들 수 있습니다.

믿음의 은사도 대단한 것입니다. 성경 말씀이 잘 믿어지는 것을 당연히 여길 수도 있지만 이는 성령님이 주신 대단한 은사 가운데 하나입니다. 어느 집을 보더라도 아내가 믿게 된다 해도 남편이 이를 받아들이는 데는 상당한 시간이 필요합니다. 집안 식구 전체가 믿게 되기까지 갈등을 심하게 빚는 분들도 자주 보게 됩니다. 우리 집의 경우에는 아내가 믿음을 갖게 된 이후 아주 짧은 시간 안에 아무런 갈등 없이 나를 비롯해서 식구들이 모두 예수님을 영접하게 되었습니다. 당연하게 여길 수도 있고 인간적인 유연함에 대해 칭찬할 수도 있습니다. 그러나 이는 성령님이 주신 특별한 선물 즉 은사입니다. 복음을 전하더라도 '우리 집은 대대로 불교 집안입니다'라거나 '모든 종교는 똑같고 다 선한 일을 하자는 것이다'라는 말로 처음부터 높은 벽을 세워버리는 분들이 많습니다. 믿음의 은사와 거리가 먼 분들이기 때문에 복음을 접하게 될 좋은 기회를 놓치고 마는 것입니다. 이따금 저는 '내가 뭐든 새로운 것을 받아들이고 배우는 것을 좋아하고 마음이 완고하지 않은 것은 하나님의 주신 큰 은사이다'라는 말을 자주 자주 되새기곤 한답니다. 완고한 마음이나 강퍅한 마음을 갖고 있었더라면 믿음을 온전히 받아들이기가 쉽지 않을 수도 있었기 때문입니다.

믿음의 순도를 높이기 위해 자신의 생활을 거룩하게 만들어가는 일도 은사입니다. 복음에는 "하나님의 의가 나타나서 믿음으로 믿음에 이르게 하나니"(로마서 1:17)라는 말씀처럼 예수 그리스도를 영접하여 '구원받는 믿음에'만 그치지 않고 그 기초 위에 하나님의 말씀을 공부하고 순종하므로 예수님에게 매일 매일 가까이 가는 '믿음에' 이를 수 있어야 합니다. 이렇게 하는 분의 인간적인 노력을 칭찬할 수 있지만 이는 믿음의 은사를 말합니다. 구원받는 믿음에 그치지 않고 그 위에 순종의 믿음이 더해지면서 믿음이 성장하게 되는 것도 믿음의 은사이고, 또 그 위에 믿음의 분량에 따라 각종 은사가 주어지게 됩니다. 예를 들어 사도 바울이 로마로 가는 도중 바다의 폭풍우 속에서도 우왕좌왕하지 않고 하나님께서 지켜주심을 굳게 믿는 것은 믿음의 은사입니다. 사도행전 14장 8장에서 10절에 등장하는 루스드라의 앉은뱅이가 구원받을 만한 믿음을 갖는 일 또한 믿음의 은사입니다.

성경 속의 은사는 자신의 유익을 위한 것도 있지만 더 중요한 것은 그리스도의 지체인 교회에서의 능력 발휘와 깊이 관련되어 있습니다. 신앙공동체인 교회는 경제학 용어로 표현하면 공공재입니다. 자발적으로 자신이 가진 물질과 재능을 발휘하여 움직이는 매우 특별한 단체입니다. 각자가 받은 은사를 한껏 발휘하여 봉사하는 사람들이 있기 때문에 교회가 원활하게 움직이게 됩니다. 성경은 은사를 한껏 사용하라고 여러 곳에서 권면하고 있습니다.

성령으로부터 받은 은사를 자신의 유익함을 위해 한껏 활용해야 하며 그렇지 못한 것은 게으름이라고 증거하는 부분이 그 유명한 달란트의 비유입니다. 금화 한 달란트를 불리지 못한 종을 두고 "악하고 게으른 종아"라고 질책하는 것은 성경 전편에 흐르는 메시지가 성령의 은사를 적극적으로 활용해야 한다는 것이기 때문입니다.

믿지 않는 사람이라 할지라도 자신이 어떤 부분에 특별한 재능을 갖고 있는 것에 대해서 '축복'이라는 표현을 사용하곤 합니다. 믿는 자와 차이가 있다면 믿는 자는 하나님이 자신에게 주신 '하나님의 축복'이고 그것을 '성령의 은사'라고 부른다는 점입니다. 성공적인 인생은 자신이 재능을 언제 발견해내는가와 그것을 어떻게 갈고 닦는가에 크게 좌우되게 됩니다. "나는 모든 사람이 나와 같기를 원하노라. 그러나 각각 하나님께 받은 자기의 은사가 있으니 하나는 이러하고 하나는 저러하니라"(고린도전서 7:7)처럼 사람들의 수만큼 각자가 받은 은사는 다르다고 생각합니다.

이 글을 쓸 무렵 저는 신문의 작은 기사에 주목했습니다. A씨는 선대로부터 막대한 재산을 물려받았습니다. 뛰어난 머리를 가졌으며 성실했고 공부도 잘 하여 명문대학을 졸업했습니다. 치열한 고시를 통과해서 제법 관련 분야에서 일을 하다가 사업 세계로 뛰어들었습니다. 어느 것 하나 흠잡을 데가 없을 정도로 착실하고 신사적인 분이었지만 사업이란 결국 성적표로 이야기하게 됩니다. 그가 30년 넘게 착실히 사업을 해온 결과는 재무위기 상황에 도달하는 것이었습니다. 친인척 회사들이 지원을 하지 않으면 회생이 쉽지 않은 상황이라는 기사를 보면서 '사람마다 정말 재능이란 것이 다르구나'라는 생각이 들었습니다. 열심히 해왔지만 성적표가 좋지 않았다는 이야기는 운이 나빠서일 수도 있지만 더 중요한 것은 처음부터 재능이 없는 분야에 뛰어들어서 고군분투해왔기 때문이라는 생각을 하지 않을 수 없었습니다.

하나님이 주신 은사가 어떤 것인가를 아는 일은 참으로 중요한 일이지요. 지인들의 부침을 보더라도 은사를 찾아내고 그것을 중심으로 인생을 만들어왔던 사람들은 멋진 인생을 살아가고 있습니다. 그러나 그렇지 못한 사람들은 고생을 했지만 열매가 없는 인생이 되고 말거나 또는 그다지 행복하지 않은 인생을 살아가고 있습니다.

타고난 재능도 은사입니다. 그런데 살아가면서 어떤 분야에 뛰어들어 일을 하다 보면 다른 은사들이 자꾸 생겨나는 경우도 있습니다. 그래서 성경은 은사를 제대로 활용하라는 주문 이외에 은사를 개선하기 위해 노력하라는 주문도 합니다.

> 이를 위하여 나도 내 속에서 능력으로 역사하시는 이의 역사를 따라 힘을 다하여 수고하노라. 골로새서 1:29

더욱 강력한 주문은 은사도 갈망해야 주어지는 것이란 점입니다. 하나님은 강력하게 매달리는 사람에게 더 큰 은사를 줄 것임을 약속하고 계십니다. 달리 이야기하면 하나님은 자신이 갖고 싶은 은사를 개발하기 위해 노력하는 사람과 은사를 간절히 구하는 사람들을 더 크게 쓰게 된다고 말씀하십니다. "너희는 더욱 큰 은사를 사모하라. 내가 또한 제일 좋은 길을 너희에게 보이리라"(고린도전서 12:31)라는 말씀은 이를 잘 말해주고 있습니다. 주어진 은사를 갈고 닦기를 그만두는 사람에게는 주신 은사를 거두어 가실 수도 있습니다. "그에게서 그 한 달란트를 빼앗아 열 달란트를 가진 자에게 주어라"(마태복음 25:28)는 말씀은 게으른 자들에게 주는 경고이기도 합니다.

5부

참 행복으로 가는 길

하나님이 우리에게 주신 것은 두려워하는 마음이 아니요
오직 능력과 사랑과 절제하는 마음이니
For God did not give us a spirit of timidity,
but a spirit of power, of love and of self-discipline.
디모데후서 1:7

죄는 무엇인가?

그러므로 한 사람으로 말미암아 죄가 세상에 들어오고
죄로 말미암아 사망이 들어왔나니 이와 같이 모든 사람이 죄를 지었으므로
사망이 모든 사람에게 이르렀느니라.
Therefore, just as sin entered the world through one man,
and death through sin, and in this way death came to all men,
because all sinned.
로마서 5:12

나이를 먹더라도, 자리가 올라가더라도, 지식이 쌓이더라도 인간은 인간이란 사실을 이따금 깊이 새기게 되지요. 사람은 분노와 같은 감정 관리를 제대로 하지 못하면 추락할 수 있다는 사실 말입니다.

"오호 통제라!"

어느 날 제가 제 자신에게 남긴 안타까움입니다. 세월이 흐르더라도, 노력하는 인간이라 할지라도 어찌할 수 없는 상황에 놓여 죄를 범하는 경향이 강한 것을 두고 한탄한 이야기입니다.

사람은 누구나 죄성을 갖고 있습니다. 어떤 사람은 좀 강하고 또 어떤 사람은 좀 약할 수 있습니다. 그럼에도 불구하고 누구나 조금만 방심하면 죄를 범하는 경향 혹은 연약함을 갖고 있습니다. 사회적으

로 잘 알려진 사람들이 어떤 범죄에 연루되어 비난을 받을 때면 젊은 날의 저는 '바보 같은 사람, 어처구니없는 범법 사건에 말려들고 말았을까?'라고 비난했습니다. 하지만 이제는 '정말 안됐구나. 어떻게 하다 저렇게 되었나?'라는 안타까움이 앞섭니다. 그것은 인간의 뿌리 깊은 죄성에 대한 강력한 자각 때문입니다.

그리스도교는 '나도 죄인이고, 당신도 죄인이고 우리 모두가 죄인이다'라는 기초 위에 서 있습니다. 만일에 여러분 자신이 '나는 죄인이 아닙니다'라고 단호하게 말할 수 있다면 예수님이 여러분과 함께할 공간은 허락되지 않습니다. 그래서 그리스도교의 기초에 해당하는 죄에 대한 부분을 함께 생각해보도록 하겠습니다.

'나는 죄인입니다'라는 고백과 회개를 할 때 이때의 죄는 무엇을 말하는 것일까요? 성경에서 말하는 죄는 크게 2가지로 구성됩니다. 앞에서 인용한 로마서 5장 12절에는 "한 사람으로 말미암아 죄가 세상에 들어오고"라는 표현이 있습니다. 여기서 죄는 모든 인간이 자신의 의지와 관계없이 인간으로 태어나기 때문에 어쩔 수 없이 갖게 되는 '원죄原罪'입니다. 원죄가 첫 번째 죄에 해당합니다.

창세기 3장은 인간의 타락에 대해 말합니다. 인간의 조상인 아담에게 하나님은 "여호와 하나님이 그 사람(아담)에게 명하여 가라사대 동산 각종 나무의 열매는 네가 임의로 먹되 선악을 알게 하는 나무의 열매는 먹지 말라. 네가 먹는 날에는 정녕 죽으리라 하시니라"(창세기 2:16-17)라고 말씀하셨습니다. 그러나 하와는 그 명령을 어기고 뱀으로 위장한 사탄의 유혹에 넘어가 선악을 알게 하는 나무의 열매를 따 먹고 또한 아담에게도 먹게 합니다. 이처럼 창세기 3장에서 인간은 하나님의 명령을 어기고 죄를 범하고 맙니다. 인간이 죄를 범하는 장면에 대해 성경은 "여자(하와)가 그 나무를 본즉 먹음직도 하고 보암직도 하고 지혜롭게 할 만큼 탐스럽기도 한 나무인지라. 여자가 그 열매를 따 먹고 자기와 함께 있는 남편(아담)에게도 주매 그도 먹은지라"(창세기 3:6)라고 표현하고 있습니다. 겉으로 근사하게 보이는 것에 속은 것입니다. 인류의 대표에 해당하는 아담은 죄를 범함으로써 하나님과의 약속을 어기게 되었습니다. 하나님으로부터 멀어지는 이 사건은 흔히 '창세기 3장 사건'이라고도 하며 성경에서 중요한 위치를 차지합니다. 여기서 우리가 주목해야 할 점은 아담의 원죄는 고스란히 모든 인간에게 전해지게 되었다는 사실입니다.

원죄는 인간이면 필연적으로 가질 수밖에 없는 보편적인 현상입니다. 학식이 많다고 해서, 돈을 많이 갖고 있다고 해서, 도덕적으로 깨끗하다고 해서 피할 수 있는 일이 아니라고 봅니다. 도덕과 윤리를 통해서 인간이 완전함에 가까이 갈 수 있다고 주장하는 학파도 있습니다. 하지만 체험하면 할수록 인간은 누구든지 손쉽게 죄의 구렁텅이에 빠질 수 있는 연약한 존재라는 사실을 깨닫고는 탄식하게 됩니다. 사도 바울은 인간의 뿌리 깊은 죄성을 두고 "기록된 바 의인은 없나니 하나도 없으며 (…) 모든 사람이 죄를 범했으매 하나님의 영광에 이르지 못하더니"(로마서 3:10,23)라고 말합니다.

저는 성경에 대해 쓴 첫 번째 책, 『공병호의 성경 공부』를 펴내고 난 뒤 여러 기독교 매체와 인터뷰를 할 기회를 가졌습니다. 제가 놀란 것 중에 하나는 인터뷰를 하는 분마다 "공 박사님도 죄인이라고 강하게 느끼세요?"라는 질문이었습니다. 인터뷰를 하는 분들은 대부분 대표적인 기독교 관련 신문사에 재직하고 있는 분들로 신앙을 갖고 있었습니다. 이런 질문에는 숨겨진 기대가 있습니다. 세속적인 기준으로 어느 정도 성취를 하거나 도덕적으로 보이는 인물들이 무슨 죄가 있겠는가라는 인식과 그런 인물들도 자신이 죄인이라는 생각을 할까라는 의문이 자리 잡고 있다는 점입니다. 제 생각은 단호합니다. 우리 모두는 오십 보 백 보의 차이가 있을 뿐 죄인입니다. 뿌리 깊은 죄와 죄성으로부터 벗어날 수가 없는 인간들일 뿐입니다. 우리가 흔히 지구상에 등장했던 인물들 가운데 도덕적으로 흠결이 적을 것으로 보이는 성인군자들 역시 인간이 가진 구조적인 죄로부터 자유로울 수 없습니다. 평균적으로 좀 나은 인간들이 있고 그렇지 않은 인간들이 있지만 인간이라면 어느 누구도 죄로부터 자유로울 수 없습니다. 제가 기도를 할 때나 찬송가를 부를 때 흘리는 눈물은 뭐든 잘해보려 노력하지만 인간이기에 범할 수밖에 없는 작은 실수와 부족함에 대한 안타까움과 회개 그리고 하나님이 베풀어주신 은혜에 대한 감사 때문일 것입니다.

도덕과 윤리를 통해 죄를 벗어나기 위해 가장 열심히 노력하는 사람들이 종교인일 것입니다. 그러나 잊힐 만하면 튀어나오는 종교인들의 물욕과 성욕으로 인한 비리는 인간의 죄성이 얼마나 뿌리 깊은 것인가를 말해주고도 남음이 있습니다. 도저히 자신의 힘으로는 어찌해볼 수 없는 구조적인 인간의 특성이 원죄라고 생각합니다. 저 또한 '내가 어찌할 수 없는 죄인입니다'라고 자복하게 된 것이 신앙의 문을 두드리게 된 이유 가운데 하나이기도 합니다. 믿는 자와 믿지 않는 자의 뚜렷한 차이점 가운데 하나로 원죄에 대한 자각 여부를 들 수 있습니다. 믿지 않는 자는 '내가 왜 죄인인가?'라고 되물을 수 있습니다. 그들에겐 스스로 범하는 죄만이 죄인 것이지요.

한편 또 다른 하나의 죄는 스스로 범하는 자범죄自犯罪가 있습니다. 이 죄는 믿는 자나 믿지 않는 자나 모두 인식합니다. 인간이면 누구든 죄를 범하고 나면 죄의식을 느끼게 됩니다. 자범죄는 원인과 결과가 뚜렷합니다. 원죄가 있기 때문에 자범죄가 발생하게 되는 것이지요. 원죄의 부패성을 가진 우리는 일상생활에서 크고 작은 죄를 범하게 됩니다. 자범죄에 대한 벌칙은 고의성에 따라 크게 차이가 납니다. 의도를 갖고 범한 자범죄와 부주의로 범한 자범죄의 형량은 크게 차이가 납니다.

원죄와 관련된 내용들은 창세기 3장뿐만 아니라 6장의 노아의 홍수에서 그리고 11장 바벨탑 건설에서도 볼 수 있습니다. 하나님이 의인 노아와 가족 및 선택된 자들을 제외한 인간을 홍수로 쓸어버리기 전에 세상에 죄가 창궐했음을 두고 이렇게 한탄하십니다.

> 여호와께서 사람의 죄악이 세상에 가득함과 그의 마음으로 생각하는 모든 계획이 항상 악할 뿐임을 보시고 땅 위에 사람 지으셨음을 한탄하사 마음에 근심하시고 창세기 6:5-6

원죄와 자범죄 이외에 또 하나의 범죄를 들 수 있습니다. 이것은 조상의 죄입니다. 무속(巫)인들 가운데는 자식 세대에는 이 고된 일을 물려주지 않기를 원하는 분들이 많지만 우상숭배로 인한 영적인 범죄가 자식들에게로 고스란히 이전되는 경우도 많습니다. 우리나라에는 등록된 무속인과 역술인만 80만 명이나 됩니다. 성경적 시각에서 보면 무속인과 역술인에 대한 해석은 간단명료합니다. 성령이 아니라 악령의 지배를 받는 사람이라는 것이지요. 한때 탤런트로서 이름을 날렸던 분이 텔레비전에 나와서 부부 금실이 좋았는데 신 내림을 받고 나서 남편과 자식들이 떠났다고 털어놓았습니다. 과거에 아내와 좋았더라도 악령과 함께 사는 아내와 정상적인 부부생활을 하기는 쉽지 않았을 것입니다.

원죄, 조상의 죄, 그리고 자범죄의 결과는 무엇일까요? 성경은 죄의 결과에 대해 명료한 해답을 제시합니다. 죄의 결과물은 첫째, 하나님이 인간을 창조할 때 인간에게 허락한 지혜와 지식 그리고 거룩함과 의를 잃어버리게 만들고 둘째, 세상에 사는 동안 죽을 고생을 하도록 만들며 셋째, 마침내 사망에 이르고 말게 만든다는 점입니다. 죄의 결과는 이상적인 상태에 놓였던 인간이 최악의 상황으로 나가떨어지는 것 즉, "죄의 삯은 사망이요"(로마서 6:23)입니다.

사랑의 하나님이 자신의 형상대로 만든 인간이 사망의 나락으로 떨어지고 마는 것을 보고만 있을 수 있을까요? 여기서 하나님이 구원 사역이 등장하게 됩니다. 삼위 하나님은 회의를 열고 긴밀히 협조하셨을 것입니다. 회의 결과로 독생자 예수님을 이 땅에 파견해서 인간의 죄를 대속해서 피 흘림으로 죄를 사하는 구원 사역을 수행하도록 만드신 겁니다. 예수님이 탄생하기 오래전에 하나님은 죄를 사하기 위해 예수님이 등장할 것임을 창세기에서 이렇게 말씀하시고 계십니다.

내(하나님)가 너(뱀, 사탄)로 여자(하와, 인간)와 원수가 되게 하고 네 후손도 여자의 후손과 원수가 되게 하리니 여자의 후손은 네 머리를 상하게 할 것이요 너는 그의 발꿈치를 상하게 할 것이니라 하시고 창세기 3:15

이 땅에 보내는 '여자의 후손'은 예수님입니다. 예수님이 '참 왕'으로 이 땅에서 오셔서 사탄의 머리를 상하게 할 뿐만 아니라 여자의 후손인 예수님이 사탄의 발꿈치를 상하게 할 것임을 말씀하고 계십니다. 예수님이 참 왕으로 사탄과 마귀의 역사를 중지시킬 것임을 약속하고 있습니다. 또한 예수님은 사탄을 멸하는 일뿐만 아니라 참 제사장으로서 인간이 갖는 모든 죄로부터 해방을 약속하고 계십니다. 참 왕과 참 제사장 직분을 갖고 이 땅에 오실 분이 예수님이란 사실이 이렇게 증거되어 있습니다.

한 사람(아담)이 순종하지 아니함으로 많은 사람이 죄인 된 것 같이 한 사람(예수님)이 순종하심으로 많은 사람이 의인이 되리라. 로마서 5:19

한 사람의 범죄로 말미암아 사망이 그 한 사람을 통하여 왕 노릇 했은즉 더욱 은혜와 의의 선물을 넘치게 받는 자들은 한 분 예수 그리스도를 통하여 생명 안에서 왕 노릇 하리로다. 로마서 5:17

죄의 삯은 사망이기 때문에 사람은 마땅히 죽어야 하지만 이를 불쌍히 여긴 하나님의 은혜가 바로 죄와 사망으로부터의 구원입니다. 모든 인간은 예수 그리스도를 통하지 않고서는 죄 사함을 받을 수 있는 방법이 없습니다. 저는 이따금 얼굴이 알려진 종교인들 가운데 유독 언론에 자주 등장하는 분들을 봅니다. 그분들 가운데 일부는 마치 유명한 정치인처럼 행동을 하지요. 그럴 때면 저는 이런 생각을 합니다. '저분들이 자기 영혼을 구원받는 데 성공한 것일까? 자신의 영혼 문제도 제대로 해결하지 못했을 텐데, 그런 상태에서 세상 사람들의 영혼 문제를 비롯해서 온갖 문제를 해결해주겠다고 나서는 일은 너무 주제넘은 일은 아닐까?' 자기 마음껏 사는 것을 칭송하는 시대인지라 이해할 수는 있지만 무슨 무슨 멘토를 내세우면서 세상 속으로 들어온 종교인들에게 눈이 가려지지 않는 것도 이 시대를 사는 지혜라면 지혜일 것입니다.

믿음의 대열에 들어선 사람들은 자신의 죄를 회개하는 일에 익숙합니다. 인간적인 연약함 때문에 짓게 되는 크고 작은 죄를 예수님 앞에 드러내놓고 용서를 구합니다. '제가 이렇게 약합니다. 용서해주시고 매일 매일 주님의 보혈로 저의 죄를 씻어주십시오. 그리고 날마다 주님의 성품을 닮아가는 사람이 되게 도와주세요'라는 기도를 하게 됩니다. 믿는 자와 믿지 않는 자의 큰 차이는 죄를 바라보는 시각의 차이이기도 합니다. 사람은 크게 '마땅히 죄를 회개해야 한다'고 믿는 사람과 '그럴 필요가 어디에 있는데?'라고 되묻는 사람으로 나눠진답니다.

속죄는 무엇인가?

그러므로 이제 그리스도 예수 안에 있는 자에게는
결코 정죄함이 없나니 이는 그리스도 예수 안에 있는 생명의 성령의 법이
죄와 사망의 법에서 너를 해방했음이라.
Therefore, there is now no condemnation for those who are in Christ Jesus,
because through Christ Jesus the law of the Spirit
of life set me free from the law of sin and death.
로마서 8:1–2

새벽기도로 하루는 여는 사람들이 있습니다. 이들은 자신이 가진 하루의 가장 귀한 시간을 하나님께 드리는 사람들입니다. 어떤 사람이 무엇을 가장 귀하게 여기는가를 보기 원한다면 입을 보지 마시고 그가 시간과 돈을 어디에 얼마만큼 실제로 사용하는가를 보면 됩니다. 새벽기도를 일상화한 사람이라면 이들의 삶에서 하나님이 중심을 차지하고 있을 가능성이 높습니다.

민수기에도 자신이 가진 것 가운데 귀한 것을 다루는 것과 관련된 이야기가 등장하는데, 이스라엘 사람들이 오랫동안 가졌던 관습이 소개되어 있습니다. 사람이든 짐승이든 간에 가장 귀한 것을 하나님께 드리고 죄 사함을 받는 관습입니다. 그들은 돈이나 제물을 바치고 죄를 되사는 속량贖良 의식을 진행해왔습니다.

여호와께 드리는 모든 생물의 처음 나는 것은 사람이나 짐승이나 다 네 것이로되 처음 태어난 사람은 반드시 대속할 것이요 처음 태어난 부정한 짐승도 대속할 것이며 민수기 18:15

대속은 값(혹은 대속물)을 치른 다음 죄를 대신 속죄함을 뜻합니다. 신학적 의미로 속죄(贖罪, redemption, 대속)의 의미는 무엇일까요? 그리스도는 3가지 직분을 갖고 계신데 이 가운데 하나가 제사장직으로 속죄 사역을 행하십니다. 속죄는 4가지 의미 즉, 제사, 구속, 유화 그리고 화목으로 구성됩니다.

제사祭祀는 죄인들을 위한 영원한 제사로 제물은 그리스도의 몸입니다. 구속救贖은 그리스도의 목숨을 값으로 지불하고 죄인을 사망의 구렁텅이에서 건져내는 것을 뜻합니다. "인자가 온 것은 섬김을 받으려 함이 아니라 도리어 섬기려 하고 자기 목숨을 많은 사람의 대속물로 주려 함이니라"(마태복음 20:28)가 구속의 의미를 정확하게 표현하고 있습니다. 성경은 예수님의 피의 대가로 죄인들이 해방을 얻게 되었음을 이렇게 증거하고 있습니다.

너희가 알거니와 너희 조상이 물려준 헛된 행실에서 대속함을 받은 것은 은이나 금같이 없어질 것으로 된 것이 아니요, 오직 흠 없고 점 없는 어린 양 같은 그리스도의 보배로운 피로 된 것이니라. 베드로전서 1:18–19

유화宥和는 인간의 죄에 대한 하나님의 진노를 가라앉히는 것을 말하며, 화목和睦은 인간의 죄로 인하여 인간과 하나님 사이에 틀어진 관계를 정상화하는 것을 말합니다. “우리가 원수되었을 때에 그 아들의 죽으심으로 말미암아 하나님으로 더불어 화목하게 되었은즉”(로마서 5:10)은 이를 정확하게 나타내고 있습니다.

또한 성경은 예수님의 피의 대가로 죄인들에게 자유가 허락되었음을 증거하고 있으며 다시는 죄의 멍에를 짊어지고 살아선 안 된다는 사실을 강조하고 있습니다. “그리스도께서 우리를 자유롭게 하려고 자유를 주셨으니 그러므로 굳건하게 서서 다시는 종의 멍에를 메지 말라”(갈라디아서 5:1)

한편 속죄 사역이 필요한 이유는 무엇이었을까요? 하나님의 사랑과 공의(公義, 정의, 절대 공정하심과 정의로우심)의 실천 때문입니다. 사랑과 공의는 모두 하나님의 중요한 속성입니다. 죄인인 인간을 내버려둬 사망하게 하기엔 하나님의 사랑이 너무 컸기 때문입니다. 인간이라면 누가 자신의 아들을 내놓을 만큼 사랑할 수 있을까요? 하나님의 사랑이기 때문에 가능한 일입니다. 그리고 하나님의 공의 때문입니다. 하나님의 공의는 죄인들에 대해 합당한 처벌을 필요로 합니다. 죄지은 사람을 두고 누구는 봐주고 누구는 봐주지 않고 할 수 없었습니다. 인간의 죄에 대해 누군가는 죗값을 지불하도록 하는 것이 하나님의 의를 실천하는 일이기 때문에 예수님의 죽음이 필요했습니다.

> 여호와께서 네게 구하시는 것은 오직 공의를 행하며 인자를 사랑하며 겸손히 네 하나님과 함께 행하는 것이 아니냐. 미가 6:8

우리가 궁금하게 생각하는 것 가운데 하나는 속죄를 위해서 예수님의 목숨 이외에 다른 수단이나 방법은 없는가라는 점입니다. 단언하건대 예수님의 피 흘림 이외에 죄 사함을 받는 다른 방법은 존재하지 않습니다. 그래서 파스칼은『팡세』에서 "그리스도 신앙은 2가지를 주장하는데, 그것은 인간 본성의 타락과 예수 그리스도의 구속(救贖, 예수님이 흘린 피의 대가로 인간이 죄로부터 해방된 것)이다"라고 말할 정도로 그리스도교에서 속죄가 차지하는 비중은 큽니다. 구속은 그리스도교의 중심 사상입니다. 왜냐하면 죄를 범함으로써 하나님으로부터 분리되었던 인간이 자신의 목숨으로 죗값을 치른 예수님으로 말미암아 다시 하나님에게 다가갈 수 있기 때문입니다. 구속은 '하나님의 분리'와 '하나님의 접근'으로 이어지는 기념비적인 사건입니다.

속죄 사역에서 예수님은 어떤 역할을 수행하시는 것일까요?『웨스트민스터 신앙고백서』는 8.5와 8.8에서 예수님의 속죄 사역에 대해 어떻게 이루어지는지 그리고 어떤 효력을 발휘하는지를 말하고 있습니다.

주 예수께서는 영원하신 성령을 통하여 단번에 하나님께 드리신 그의 완전한 순종과 자기 희생제사로 말미암아 아버지께서 그에게 주신 모든 자들을 위해 그의 아버지의 의를 완전히 만족시키셨고, 화목뿐만 아니라 천국의 영원한 기업도 사셨다. (…) 그리스도께서는 그가 구속하신 모든 자들에게 그의 구속을 확실히 그리고 효력 있게 적용하시며 전달하시고 그들을 위하여 중보의 일을 하시고 구원의 신비들을 말씀에서 그리고 말씀에 의해 그들에게 계시하시고 그의 성령으로 그들을 효력 있게 설득하셔서 믿고 순종하게 하시고 그의 말씀과 성령으로 그들의 마음을 다스리시고 그의 전능하신 능력과 지혜에 의해, 그의 놀랍고 측량할 수 없는 섭리에 가장 맞는 방식들로, 그들의 모든 원수들을 물리치신다.

어떻게 하면 예수님의 속죄 사역에 우리가 동참할 수 있을까요? 어떻게 하면 죄 사함을 받을 수 있을까요? 성경은 명쾌한 방법을 제시합니다. 예수님을 마음으로 믿고 입으로 시인하라고 권합니다.

> 네가 만일 네 입으로 예수를 주로 시인하며 또 하나님께서 그를 죽은 자 가운데서 살리신 것을 네 마음에 믿으면 구원을 얻으리라. 사람이 마음으로 믿어 의에 이르고 입으로 시인하여 구원에 이르느니라. 로마서 10:9-10

그러면 누가 속죄의 대상이 될 수 있을까요? 누가 속죄의 대상을 선택하는 것일까요? 하나님이 절대주권을 갖고 계십니다. 여러분 가운데 누가 하나님을 영접함으로써 속죄의 대상이 되었다고 가정해보세요. 이는 스스로 선택한 것이 아니라 성령 하나님의 도우심으로 영접을 하게 된 겁니다. 결과적으로 선택받지 못하고 영원한 죄의 굴레로부터 벗어날 수 없는 사람들도 있다는 사실을 명심해야 합니다. 활발한 전도가 필요한 이유는 그것이 한 명이라도 더 속죄를 받을 수 있도록 돕는 일이기 때문입니다. 믿는 자들은 활발하게 복음을 전할 수 있습니다. 하지만 예수님을 구주로 받아들일지의 여부는 하나님의 절대주권이자 은혜에 속합니다.

성경 전편에 흐르는 메시지는 하나님이 창조 목적에서 이탈해버린 사람들을 구원하기 위한 하나님의 약속과 실천입니다. 구약성경의 약속대로 하나님은 메시아를 보내는데 이 메시아가 바로 예수 그리스도입니다. 구약은 예수의 등장을 예표하는 이야기와 증거들로 가득 차 있습니다. 예수님은 하나님의 뜻을 저버린 사람들이 그 죄를 회개하고 하나님에게로 다시 돌아갈 수 있는 '길'을 여신 분입니다. "예수께서 이르시되 내가 곧 길이요 진리요 생명이니 나로 말미암지 않고서 아버지께로 올 자가 없느니라"(요한복음 14:6)는 말씀처럼 예수님을 통하지 않고서는 하나님에게 갈 수 없습니다.

영접이란 무엇인가?

네가 만일 네 입으로 예수를 주로 시인하며
또 하나님께서 그를 죽은 자 가운데서 살리신 것을
네 마음에 믿으면 구원을 받으리라. 사람이 마음으로 믿어 의에 이르고
입으로 시인하여 구원에 이르느니라.
That if you confess with your mouth, "Jesus is Lord,"
and believe in your heart that God raised him from the dead,
you will be saved. For it is with your heart
that you believe and are justified, and it is with your mouth
that you confess and are saved.
로마서 10:9–10

"내 생각엔 나이 오십이 넘어서 믿음을 갖는 일은 쉽지 않은 일이야."

믿음을 갖기 전 어느 늦은 밤, 고향 친구와 저는 부산역에서 늦은 밤차를 기다리고 있었습니다. 대화 중에 어린 시절을 함께한 친구가 해준 말입니다. 그 친구는 모태신앙일 뿐만 아니라 집안 대대로 독실한 기독교 집안에서 성장했습니다. 그런데 그 친구는 나를 앉혀놓고 한 번도 하나님 이야기를 해준 적이 없습니다. 어린 시절은 그렇다치고, 오십 대인데다 어느 정도 사회적 지위가 있는 친구한테 예수 믿으라는 이야기를 하기가 힘들었을 것입니다. 지식, 나이, 직위, 체면, 고정관념 등 믿음을 갖는 데 방해물들이 너무 많기 때문입니다. 사실이 그렇습니다. 눈에 보이지 않는 존재나 사건을 믿는 일은 어렵습니

다. 더욱이 그런 존재나 사건이 지금도 살아서 자신의 삶에 깊은 영향력을 행사하고 있다는 사실을 받아들이기는 더욱 힘든 일이지요.

철이 들고 난 다음에 여러 차례 교회를 들락거렸지만 예수님을 제대로 아는 일이나 그분을 구주로 받아들이는 일은 쉽지 않았습니다. 지금 와서 생각하면 누군가 나에게 예수님이 어떤 분인지 그리고 믿는다는 것이 무엇인지를 정확하게 알려주었다면 얼마나 좋았을까? 이런 생각을 이따금 해봅니다. 하지만 누가 나에게 정확히 가르쳐주었더라도 젊은 날의 제가 눈에 보이지 않는 절대자를 받아들이는 일은 쉽지 않았을 것입니다. 무엇이든 자기 힘으로 척척 해나갈 수 있다는 자신감과 의욕이 넘쳐나던 시절이었기 때문입니다.

저는 나이 오십 줄에 예수님을 주인으로 받아들이게 되었고 이는 순식간에 일어났습니다. 어떻게 이런 일이 가능한 것일까요? 아내 곁에서 한 목회자의 설교를 우연히 듣다가 제 입에서 갑자기 이런 말이 툭 하고 튀어나왔습니다. "저게 진리야." 당시에 고대 그리스 철학을 한참 공부하고 책을 여러 권 써 내던 시점이라서 영혼의 문제에 대해 깊이 생각하고 공부를 하던 중이었기 때문일 수도 있습니다. 그러나 이것만으로 나이 오십 줄에 들어선 사람이 갑자기 신앙을 받아들일 수는 없는 일입니다.

성경은 믿음이야말로 하나님이 주신 큰 축복으로 여깁니다. 어느 날 아내가 나에게 이런 이야기를 했습니다. "다른 사람들은 이런 저런 은사(하나님이 값없이 주는 좋은 것)를 갖고 태어난 것 같은데 나는 어떤 은사를 갖고 태어났는지 좀처럼 알 수가 없었어요. 그러다가 어느 날 문득 '아, 내가 다른 것을 몰라도 믿음의 은사를 받았구나'라는 사실을 깨달았어요."

하나님을 믿고 예수님과 관련된 일들을 믿는 것은 세속의 기준으로 보면 기적 같은 일입니다. 그런 기적 같은 일들을 경험하는 사람들이 많으며, 이들 가운데 저도 포함이 됩니다. "저게 진리야"라는 말을 할 수 있는 그런 순간을 경험하게 된 것이지요. 그리스도인이 되는 첫걸음은 하나님과 예수님과 관련된 사실을 믿는 것이지요. 어느 날 그런 사실들이 진실로 믿어지게 됩니다. 참으로 불가사의한 일이지만 성경은 그런 일이 자신의 의지나 노력으로 이뤄지는 것은 아니라고 말합니다. 그러니까 '오늘부터 내가 예수님을 믿기로 노력해야겠다'는 결심으로 예수님을 믿게 되는 것이 아니라는 것이지요. 예수님이 승천하시면서 지상의 믿는 자들을 위해 남기고 떠난 성령 하나님이 우리 안에 함께할 때만이 비로소 믿을 수 있게 된다고 이야기합니다. 내가 아니라 성령님이 믿음을 갖도록 도움을 주는 것이지요. 아마도 내가 아내 곁에서 설교를 듣다가 "저게 진리야"라는 이야기를 단호하게 말하고 신앙생활을 곧바로 시작한 것도 성령님이 저와 함께하셨기 때문에 가능했을 것입니다.

그리스도인이 되는 길은 복잡하지도 그렇다고 해서 어렵지도 않습니다. 성경의 모든 지식을 통달해야 하는 것도 아닙니다. 세상 사람들이 놀라워할 정도로 선행을 해야 하는 것도 아닙니다. 핵심은 믿음에 있습니다. 어떤 사실을 믿기만 하면 됩니다. 예수님을 믿게 되면 그분을 개인적인 구주로 받아들이게 되지요. 이때 우리는 예수님을 영접한다고 말합니다. 예수님을 마음으로 받아들이고 입으로 시인하는 일입니다. 아래의 사실을 마음으로 믿고 입으로 시인하기만 하면 우리는 그리스도인이 될 수 있습니다. 전도용 인쇄물에는 교파마다 형식은 다르지만 영접기도문이 실려 있습니다. 이 가운데 하나를 여러분에게 소개해드리겠습니다.

> 사랑의 하나님, 저는 죄인입니다. 예수님께서 그리스도로 오셔서 십자가에서 죽으시고, 부활하심으로 내 인생 근본 문제를 해결하신 것을 믿습니다. 지금 내 마음의 문을 열고 예수님을 나의 구주 나의 그리스도로 영접합니다. 지금 내 안에 들어오셔서 나의 주인이 되어주시고 나를 영원히 인도해주옵소서. 나를 구원하신 예수님 이름으로 기도합니다. 아멘.

마음으로 믿더라도 입으로 고백하는 것이 매우 중요합니다. 2가지 일을 실천할 때 우리는 예수님을 영접했다고 말합니다. 하나님의 자녀가 되는 특권은 영접기도로부터 시작됩니다. 이런 명쾌한 사실을 젊은 날 누군가 나에게 가르쳐주었다면 참 좋았을 텐데라는 이야기를 이따금 하게 됩니다. 그리스도인이 되는 첫 단추는 성경을 많이 읽는 일도, 기도를 많이 하는 일도, 예배에 반드시 참석하는 일도 아닙니다. 이 모든 일에 앞서 으뜸되는 일은 영접기도로 예수님을 자신의 구주로 받아들이는 일입니다. 누구든지 믿을 수 있다면 당장 마음으로 받아들이고 입으로 고백함으로써 그리스도인이 될 수 있습니다.

영접한다는 것은 어떤 의미를 갖고 있는 것일까요? 영접은 예수님과 연합한다는 것을 뜻하며 이 연합에는 지적, 의지적, 감정적인 측면을 모두 포함됩니다. 예를 들어 지적인 측면에서 믿는 자는 그리스도가 자신의 주인임을 확신하는 것이며, 의지적인 면에서는 그리스도를 믿는 데 따르는 어떤 대가나 비용을 치르겠다는 결심을 말하는 것이며, 감정적인 면에서는 그리스도와의 교제에서 오는 모든 기쁨을 누리는 것을 말합니다. 성경에는 영접과 관련되어 모두 79개의 문장이 등장하는데 대표적인 구절은 다음과 같습니다.

> 영접하는 자 곧 그 이름을 믿는 자들에게는 하나님의 자녀가 되는 권세를 주셨으니 요한복음 1:12

> 누구든지 주의 이름을 부르는 자는 구원을 받으리라. 로마서 10:13

영접과 성령 받음에 대해 잠시 생각해봐야 합니다. 예수 그리스도는 인간의 죄를 대신하여 죽음을 당하는 사역을 완수하시고 승천하셨습니다. 그리고 하나님의 앞에 나타나셔서 자신의 속죄 사역의 완성을 하나님께 보고하셨습니다.(히브리서 9:24) 그 보고에서 예수님은 하나님이 창세 전에 약속하신 성령 하나님의 지상 파송을 요청하셨습니다.(사도행전 2:33) 성령은 예수 그리스도 안에 머물렀던 영으로서 그리스도의 죽음 이후 비로소 파송될 수 있었습니다. 성령세례 혹은 오심은 인간이 주도적으로 선택하는 것이 아니라 하나님의 주권적 선택에 의한 일입니다. 믿음을 갖게 되는 일은 하나님이 어떤 사람을 선택하셔서 성령을 파송하실 때 이루어지게 됩니다.

성령 오심을 두 눈으로 확인할 수 있는 사건은 어떤 사람이 어떤 계기로 말미암아 영접기도를 하고 하나님과 예수님을 믿기 시작하는 것입니다. 성령께서 세상에 오심은 반복적으로 이루어지는 것이 아니라 일회적 사건입니다. 단번에 오셨고 성령 오심으로 인해서 그리스도인이 됩니다. 이후로 성령이 내주하시게 되는 것이지요. 성령 내주가 시작되는 역사적 순간이 바로 영접이자 영접기도입니다. 한 사람의 인생에서 아주 뜻깊은 순간이기도 하고 역사적 순간이기도 하지요. 처음에는 잘 알 수 없습니다만 시간이 가고 스스로 성령의 축복을 체험하면서 입에서 자연스럽게 '그때가 내 인생의 역사적 순간이었구나'라는 말을 읊조리게 됩니다. 그런 변화가 일어난 이후에는 서서히 인생의 목표와 목적, 인간관계, 타인을 대하는 태도, 세상을 바라보는 관점, 초조와 불안감을 다스리는 방법, 부나 지위를 바라보는 시각, 죽음에 대한 생각 등 삶의 모든 면에서 점진적이거나 급격한 변화를 경험합니다. 세월이 가면서 점점 천지개벽이란 표현을 사용할 수 있을 정도로 급격한 변화를 경험하는 분들도 있습니다.

몇 해 전까지만 하더라도 내 평생에 예수를 증거하는 이런 책을 쓰리라는 생각은 꿈에도 해본 적이 없었으니까요. 작가로서 혹은 강연자로서 자신의 신앙을 공개적으로 드러내는 일은 실리적인 면에서는 도움이 되지 않는 일입니다. 회색지대에 머물러 있는 것이 실리적인 면에서는 더 나은 선택이지요. 세상에는 예수나 그리스도라는 단어만 들어가더라도 알레르기 반응을 일으키는 분들도 많이 계십니다. 역사적으로 유독 예수나 그리스도라는 두 단어에 대해서는 미움을 강하게 드러내는 분들이 많습니다. 그래서 작가들이 자신의 신앙관을 공개적으로 드러내는 일은 아주 드뭅니다. 저명한 역사학자이자 작가 가운데 한 분인 폴 존슨은 인생의 끝자락이 되어서야 비로소 『예수 평전(2010)』이라는 자신의 신앙을 공개적으로 고백한 서적을 펴냈으니까요. 경영학계의 대부인 피터 드러커가 수많은 책을 펴냈지만 자신의 신앙에 대한 책을 펴낸 경우를 보지 못했습니다. 다독을 하는 제 기억에 작가들이 자신의 신앙을 공개적으로 이야기하는 경우는 아주 드물었습니다. 자기계발서 작가 가운데서도 몇몇 유명한 작가들은 목사 출신입니다. 이들조차도 자신의 책에서는 거의 신앙에 관한 이야기를 하지 않습니다.

구원이란 무엇인가?

이르되 주 예수를 믿으라.
그리하면 너와 네 집이 구원을 받으리라 하고
They replied, "Believe in the Lord Jesus,
and you will be saved-you and your household."
사도행전 16:31

아버지가 믿게 되더라도 자식들이 '노'라고 이야기할 수 있습니다. 아내가 믿더라도 남편이 '노'라고 이야기할 수 있습니다. 저는 제가 예수님을 받아들이고 난 다음에 군대에 가 있는 막내와 학교를 다니던 큰아이에게 이렇게 이야기를 했습니다.

"아버지가 그동안 여러 분야에 걸쳐서 공부를 했지만 이게 진리라고 생각한다. 그래서 우리 온 식구가 하나님의 자녀가 되었으면 좋겠다."

고마운 것은 한 아이도 제 뜻을 버리지 않고 예수님을 영접하게 되었다는 사실입니다. 이따금 이런 이야기를 들은 분들이 다들 놀라곤 합니다. 왜냐하면 다른 사람들보다 가족들에게 예수님을 전하는 일이 어렵기 때문입니다. 제가 중요하게 여기는 것은 지식이든 의식이든 신념이든 말랑말랑하게 유지하는 일입니다. 자신이 알고 있는 것이 전부가 될 수 없으니까 무엇인가를 귀하게 오랫동안 쌓아 왔더라도 어느 순간 그것을 바꾸어야 할 필요가 있다면 과감하게 바꿀 수 있어야 합니다.

저는 경남 통영에서 나서 자랐습니다. 바닷가가 가까운 항남동에서 자라났는데, 바닷가가 가까운 곳에는 불교와 무속의 영향력이 아주 강합니다. 제가 살던 집 주변에는 주로 어업을 하는 분들이 많았기 때문에 예수를 믿는 분이 적었습니다. 집에서 50미터 남짓 떨어진 곳에 오랜 역사를 가진 장로교회가 있기는 했지만 우리 집까지 복음이 전해지지 않았습니다. 누군가 그 좋은 소식을 전해야 하는데 우리 집은 어업을 했기에 그 소식이 전해지기는 너무 멀었고 부모님 역시 불교나 전통 의식에 맞추어 평생을 살았습니다. 믿음을 가진 이후로 저는 굳게 결심했습니다. 내 가족에 관해서는 내가 믿음의 조상이 되어야겠다고 말입니다.

기독교에서 가장 중요한 것은 믿음입니다. '나는 예수님과 관련된 모든 것을 믿는다'는 것이 기독교의 핵심 중에 핵심입니다. 그런데 믿음에 반대되는 말은 '의심'이지요. 성경에는 의심에 대한 이야기가 여러 군데 등장합니다. 이 가운데 대표적인 문장은 "오직 믿음으로 구하고 조금도 의심하지 말라. 의심하는 자는 마치 바람에 밀려 요동하는 바다 물결 같으니"(야고보서 1:6)입니다. 사람은 늘 생각을 하는 존재이기 때문에 증거가 확실치 않거나 눈으로 보거나 만질 수 없다면 당연히 의심하게 됩니다. 그리고 현대 학문의 대부분은 그대로 믿기보다는 생각하라고 합니다. 생각하라는 말의 동의어는 의심해보라는 것입니다. 예수님에 관한 이야기를 들었을 때 특별한 지식이나 집안에 믿음의 내력이 있는 사람이 아니라면 자신의 힘으로 믿기는 힘듭니다. 불가능한 일은 아니지만 그 가능성은 아주 낮습니다.

여러분이 저에게 이런 질문을 던질 수 있습니다. "예수를 믿으면 제게 무엇이 남나요? 어떤 좋은 일이 일어나는 건가요?" 이런 질문은 자연스러운 것입니다. 믿는 자에게 하나님은 값을 치르지 않더라도 여러 가지 선물을 줍니다. 이런 선물 가운데 대표적인 것을 하나만 들자면 그것은 구원(救援, salvation, 사람들은 그리스도를 믿음으로 특별히 그의 죽으심을 믿음으로 하나님의 자녀가 되고 거듭남을 통해 하나님의 나라에 들어간다는 것)일 것입니다.

기독교처럼 구원관이 확실한 종교는 없습니다. 대다수 종교는 이 땅에 사는 동안 선행을 많이 베풀면 인과응보의 법칙에 따라 죽음 이후에 좋은 곳에 갈 수 있다는 주장을 펼칩니다. 여기서 중요한 것은 '선행을 많이 베풀면'이라는 조건입니다. 인과응보는 우리들의 마음 속에 깊이 뿌리를 내리고 있지요. '조상이 쌓은 덕으로 후손들이 이렇게 잘 산다'는 말에도 인과응보의 생각이 담겨 있습니다. '율법을 잘 지키면 복을 받는다'는 것도 인과응보의 사례입니다.

그러나 기독교는 인과응보와는 전혀 다른 구원관을 제시합니다. 그리스도교에서는 믿는 자들에게는 예수님이 우리를 대신해 죄를 없애줌으로써 영원히 살 수 있는 자격을 준다는 점을 분명히 합니다. 인간적인 노력에 의해서 구원을 얻는 것이 아니라 믿음을 통해 구원을 얻는다는 점이 크게 다릅니다.

그리스도인에게 예수는 죄로 물든 인간을 하나님과 화해시킨 분입니다. 그리고 예수님은 인간을 죄와 죽음에서 구하기 위해 자기의 귀한 목숨을 내어준 구원자입니다. 예수님은 자신을 믿고 따르는 하나님의 자녀들을 죄의 종살이에서 해방시키고, 악의 세력에 굴복하지 않도록 도와주시고, 사탄의 권세에 의해 사망할 수밖에 없는 인간을 사망으로부터 구해주신 분입니다. 따라서 누구든지 예수님을 영접하는 바로 그 순간 구원의 은혜가 주어지게 됩니다. 구원을 위해 필요한 다른 자격은 필요하지 않습니다. 그래서 영접하는 일 특히 영접기도로 예수님을 마음으로 믿고 입으로 시인하는 것이 아주 중요합니다.

성경에서 구원은 해방을 뜻합니다. 죄와 사망과 죽음으로부터 해방을 말하는 것이지요. 자주 예수님을 영접한 이후에도 영원한 생명을 얻기 위해 조바심을 내는 분들을 만나게 됩니다. 그것은 올바르지 않습니다. 여러분이 예수님을 구주로 믿고 영접하는 바로 그 순간 모든 것은 변화하고 맙니다.

> 내가 진실로 진실로 너희에게 이르노니 내 말을 듣고 또 나 보내신 이를 믿는 자는 영생을 얻었고 심판에 이르지 아니하나니 사망에서 생명으로 옮겼느니라. 요한복음 5:24

사도 바울은 여러분이 믿는 바로 그 순간부터 구원이란 축복을 얻는다는 사실을 여러 번 증언하고 있습니다. 요한일서 5장 13절에서 "내가 하나님의 이름을 믿는 너희에게 이것들을 쓴 것은 너희에게 영원한 생명이 있음을 알게aido 하고"라고 말합니다. 여기서 '아이도adio'는 헬라어로 영어의 '안다' 혹은 '인식한다be aware'의 어원에 해당합니다. 누구든지 예수 그리스도를 마음으로 믿고 입으로 시인한 사람이라면 구원의 축복을 얻은 분입니다. 이분들은 구원을 받는 순간 영원한 생명을 얻은 것이며 아울러 성령 받음 혹은 성령세례를 받게 됩니다. 예수를 마음으로 믿고 입으로 시인할 때 우리는 비로소 그리스도인 혹은 크리스천이 됩니다. 그리스도인에게는 구원의 순간에 성령이 오셔서 함께하시게 됩니다. 구원 전과 후의 사람은 아주 다릅니다. 마찬가지로 성령세례 전과 후는 아주 다릅니다. 마찬가지로 성령의 내주 없음과 성령의 내주하심 사이에는 큰 차이가 있습니다.

새벽기도도 꼬박꼬박 나오고 성경 공부도 열심히 하는 지인이 한번은 "저는 성경 속의 이 부분이 혹은 저 부분이 믿어지지 않아요"라며 고민을 털어놓았습니다. 사람에 따라 믿는 능력도 크게 차이가 납니다. 성령이 함께하실 때만이 믿음을 가질 수 있습니다. 그런데 이런 믿음조차 하나님께서 믿는 자에게 주시는 여러 가지 은혜 가운데 하나라는 사실입니다. 이런 분들은 구원에 대한 확신도 자주 흔들리게 됩니다. 마찬가지로 구원받은 자가 누려야 할 여러 가지 특별한 혜택이나 권리도 누리기가 힘들지요.

얼마 전에 지인의 문상에 다녀왔습니다. 자연스럽게 가족들에게 묻게 되지요. "고인이 예수님을 영접하셨습니까?"라고 말입니다. "그렇습니다"라는 이야기가 나오면 그분이 얼마나 오랫동안 예수님을 믿어왔든지, 얼마나 잘 믿기 위해 노력해왔는지 등은 주요한 관심거리는 아닙니다. 상을 당한 가족들에게 위로를 하기 위해 "그래도 영원한 생명을 얻고 천국에 가게 되었으니 슬퍼하지 마세요"라는 말을 전합니다. 예수님의 대속으로 믿는 자는 모두 임시거처인 낙원에 머물다가 예수님의 재림과 함께 천국에 갈 수 있습니다.

문상을 다니다 보면 비통해하는 정도 면에서도 믿는 자들의 가족과 그렇지 않은 사람들이 크게 다르다는 사실을 깨닫게 됩니다. 죽음 이후에 우리가 떠나는 세계에 대해 아무런 확신이 없다면 인간은 누구든지 불안해할 수밖에 없습니다. 한 목회자 분의 설교를 듣고 있던 중이었습니다. 그분은 중학교 무렵 아버지의 임종 장면을 목격했다고 합니다. 저세상으로 떠나는 아버지는 담담하게 "하나님 자녀니까 내가 없더라도 그분이 잘 보호해주실 거고 도와주실 거다"라는 말을 남겼다고 합니다. 죽음의 순간에 하나님이 도와주실 것이고 영원한 생명을 주실 것이라는 확신을 말합니다. 이 얼마나 강력한 확신입니다. 그래서 죽음의 순간이 오면 믿는 자와 믿지 않는 자 사이에 태도에서 크게 차이가 납니다.

오래전에 죽음을 평생 동안 연구해온 저명한 분에 대한 책을 읽다가 평생 동안 연구해왔음에도 불구하고 막상 자신의 죽음 앞에서 평정심을 잃고 당혹해했다는 이야기를 접할 수 있었습니다. 의지로 해결하기엔 벅찬 문제가 죽음과 사후세계입니다. 예수를 구주로 받아들이는 일은 한 인간이 살면서 내려야 할 가장 큰 결정이라 생각합니다. 세상을 바라보는 관점과 시선에 일대 혁명을 일으키기 때문입니다.

내가 모든 것을 다 통제할 수 있다고 생각한다면 예수님을 영접할 수 있는 가능성은 아주 낮습니다. 인생의 어느 시점이 되면 육체가 쇠하게 되고, 젊은 날부터 분투하고 노력해왔던 것들이 다 무엇인가라는 본질적인 질문과 만나게 될 때, 우리는 철학과 믿음에 대해 생각하기 시작합니다. 이때에도 성령의 역사하심이 없다면 예수님을 받아들이기는 쉽지 않습니다. 성령님은 어느 정도 준비가 되어 있는 자에게 찾아오시는 것 같습니다. 믿는 것이 아니라 믿어지는 것이니까요. 인생의 늦은 시점이 아니라 인생의 이른 시점부터 예수 그리스도를 영접할 수 있다면 이는 정말 축복받은 인생입니다. 주변에는 그런 친구들이 제법 있습니다. 그래서 저는 늦었지만 더 밀도 있게 나아가려 합니다. 높은 푯대를 세우고서 힘차게 나아가는 중입니다.

칭의는 무엇인가?

사람이 의롭게 되는 것은 율법의 행위로 말미암음이 아니요
오직 예수 그리스도를 믿음으로 말미암는 줄 알므로
우리도 그리스도 예수를 믿나니 이는 우리가 율법의 행위로써가 아니고
그리스도를 믿음으로써 의롭다 함을 얻으려 함이라.
율법의 행위로써는 의롭다 함을 얻을 육체가 없느니라.
Knowing that a man is not justified by observing the law,
but by faith in Jesus Christ. So we, too,
have put our faith in Christ Jesus that we may be justified by
faith in Christ and not by observing the law,
because by observing the law no one will be justified.
갈라디아서 2:16

일단 믿기만 하면 됩니다. 그리스도교에서 믿음만큼 중요한 것도 없습니다. 그러나 진정한 그리스도인에게 믿음은 필요조건일 뿐 충분조건은 아닙니다. 믿음도 시작이 있고 끝이 있습니다. 그리스도인도 계속해서 성장할 수 있어야 합니다. 그리스도인의 성장을 생각할 때면 우리는 두 개의 용어 즉, 칭의稱義와 성화聖化를 이해해야 합니다.

하나님께서 우리에게 구원을 적용시키는 사건들이 여러 가지가 있지만 이 가운데 칭의(justification, 의롭다 하심)와 성화(sanctification, 거룩하여짐)는 매우 중요한 위치를 차지합니다. 칭의가 그리스도를 막 믿기 시작한 단계에서 일어나는 일이라면 성화는 신앙이 성장하면서 무성하게 꽃과 잎을 만들고 마침내 과실을 수확하는 일입니다. 성화

는 구원을 통해 거듭나게 됨으로 인하여 의롭다 하심을 받은 자들이 인격과 삶에 있어서 실제로 거룩해지는 과정을 말합니다. 따라서 칭의가 단 한 번 일어나는 일인 것에 반해서 성화는 계속해서 점진적으로 일어날 수 있는 일입니다.

우선 칭의에 대해 살펴보겠습니다. 칭의라는 표현의 동사형인 '의롭게 하다justify'는 재판관이 '무죄 석방을 하다' 혹은 '의롭다고 선언하다'를 뜻합니다. 따라서 칭의는 온 우주의 재판관인 하나님께서 죄인들이기는 하지만 선택한 자들에 대해서 무죄선언을 하시는 일입니다. 흔히 칭의를 이신칭의以信稱義라고 부르기도 합니다. 믿음으로써 의로움을 얻는다는 뜻입니다.

칭의는 하나님이 예수 그리스도를 믿는 모든 사람들에게 의롭게 하심을 인정하는 법적인 행위입니다. 예수 그리스도를 마음으로 믿고 입으로 시인하는 모든 자에게 하나님이 죄의 용서와 죄의식과 형벌을 제거해주는 일이기도 하고, 믿는 자에게 '너희들은 의롭다 하심을 받았다'고 선언하는 일이기도 합니다. 죄인 신분을 벗어나게 만드는 법적인 행위가 칭의입니다.

칭의를 이해하기 위해서는 율법의 준수에 대해 알아야 합니다. 율법은 하나님을 향한 우리의 몸과 마음을 정결하게 담는 그릇에서부터 시작되었습니다. 가장 좁은 의미의 율법은 하나님이 이스라엘 사람과 맺은 언약인 십계명을 들 수 있습니다. 흔히 '모세의 율법'이라고도 하지요. 넓게 보면 구약에서 선지서를 제외한 구약 전체를 말하기도 합니다. 그런데 점점 율법에 여러 가지가 더해지면서 가짓수도 늘어나고 복잡해집니다. 오늘날 대부분 나라의 법률이 복잡해지는 것과 같습니다. 나중에는 율법에 세세한 해석을 붙인 미쉬나Mishnah라고 불리는 규례집이 더해지게 되면서 아주 복잡해지게 되지요. 성경은 이런 규례집을 '장로의 전통'이라고 부릅니다. 시간이 흘러가면서 오히려 율법보다 장로의 전통이 더 중요한 권위를 지니게 됩니다. 주인과 객이 바뀌는 상황이 발생하게 된 것이지요. 이처럼 형식을 지나치게 중시하는 사람들이 바리새인들입니다.

어떻게 사람들이 그 복잡한 율법을 다 지킬 수 있을까요? 모세오경에 있는 율법만 613개라고 합니다. 이 율법들이 점점 세분화되면서 2만 개가 넘게 되었습니다. 현실적으로 사람들이 모든 율법을 지키지 못하는 죄인이 될 수밖에 없는 딱한 상황에 놓이게 되었습니다. 사랑의 하나님은 이를 두고 볼 수 없기 때문에 대책을 생각해냅니다. 하나님의 해결 방법은 간단하고 독창적입니다.

믿는 자에 한해서 의롭다 하심을 허락하는 방법입니다. 처음에 소개한 인용문인 갈라디아서 2장 16절은 사람이 율법(행위)을 통해서 의로움을 얻는 것이 아니라 믿음을 통해서 의로움을 얻는다는 사실을 분명하게 밝히고 있습니다. 여기서 우리는 기존의 철학과 신앙의 차이를 분명히 해야 합니다. 소크라테스, 플라톤 그리고 아리스토텔레스로 대표되는 고대 그리스 철학은 선행을 강조하고 자신을 갈고 닦는 일을 중요하게 여깁니다. 이 점에서는 유교나 불교도 마찬가지입니다. 유교는 끊임없이 배움으로써 우리 자신을 성인으로 만들 수 있다는 주장을 펼칩니다. 모든 철학은 선행이라는 행위를 통해서 최고의 경지에 도달할 수 있다고 말합니다. 이런 면에서 보면 행위가 아니라 믿음을 통해서 의를 얻을 수 있다는 그리스도교의 교리는 매우 독특합니다.

그렇다고 해서 율법을 지키는 일이 불필요하다는 이야기는 아닙니다. 율법은 2가지의 순기능이 있습니다. 자신의 행동이 범죄인가 아닌가를 판별할 수 있도록 도와주고 사람을 그리스도 앞으로 나아가도록 돕는 기능입니다. 그러나 바리새인들이 중시했던 율법적인 의, 즉 행위로 말미암은 의는 죄인을 구할 수는 없습니다.

여러분이 어떤 규칙을 정해놓고 지키려고 노력하는 경우를 생각해 보시기 바랍니다. 무진장 노력하지만 의지 부족, 외부상황의 변화 그리고 변심 등으로 말미암아 규칙을 지키는 일을 포기할 때가 있을 것입니다. 규칙이 많으면 많을수록 규칙을 제대로 지키지 못할 가능성은 아주 높아지게 됩니다. 이럴 때마다 자신의 나약함을 한탄할 때가 자주 있었을 것입니다. 하나님은 사람이 본래 규칙 지키기에 달인이 아니라는 사실을 잘 알고 계셨습니다. 성경은 하나님이 믿는 자에 한해서 의롭다 하심을 허락하게 된 것을 이렇게 확인하고 있습니다.

> 곧 예수 그리스도를 믿음으로 말미암아 모든 믿는 자에게 미치는 하나님의 의(righteousness)는 차별이 없느니라. 로마서 3:22

> 그러므로 형제들아 너희가 알 것은 이 사람(예수 그리스도)을 힘입어 죄 사함을 너희에게 전하는 이것이며 또 모세의 율법으로 너희가 의롭다 하심을 얻지 못하던 모든 일에도 이 사람을 힘입어 믿는 자마다 의롭다 하심을 얻는 이것이라. 사도행전 13:38-39

율법을 지키는 일에 대해 잠시 제 경험을 소개하겠습니다. 자기계발서는 저마다의 주장이 다르긴 하지만 대체로 좋은 결과를 얻기 위하여 규칙(혹은 율법)의 실천을 강조합니다. 모세오경에서 말하는 613가지 율법을 모두 다 잘 지키는 일은 불가능합니다. 저의 경험에 의하면 7가지나 10가지 정도의 핵심 규칙을 지키는 일도 무척 힘겨웠습니다. 단 몇 가지 규칙이라도 실패 속에서도 꾸준히 지킬 수 있다면 인생을 크게 바꿀 수 있지요. 그래서 저는 아이들에게 자주 "작은 습관 한두 가지만이라도 제대로 지킬 수 있다면 운명을 바꿀 수 있다"라고 이야기합니다. 그런데 규칙의 숫자가 늘어나면 아무리 굳센 의지를 가진 사람이라도 제대로 지키기가 거의 불가능합니다. 이런 점에서 만일 우리가 율법으로만 죄 사함을 얻을 수 있다면 모든 사람은 영원히 죄인의 굴레를 벗어날 수 없을 것입니다. 단순히 생각만으로 이런 결론을 내리는 것은 아닙니다. 무척 열심히 자기계발서를 집필해온 작가로서 그리고 젊은 날부터 규칙으로 자신을 향상시키기 위해 무척 노력해온 한 사람으로 내리는 결론입니다.

의롭다 하심을 허락할 수 있는 유일한 분은 하나님이십니다. 의로움은 대가로 주어지는 것이 아니라 믿는 모든 자에게 하나님이 그저 주시는 은혜입니다. 믿기만 하면 모든 죄로부터 해방될 수 있으니 이 얼마나 대단한 일입니까? 그래서 성경은 "주 예수를 믿으라. 그리하면 너와 네 집이 구원을 받으리라"(사도행전 16:31)고 권합니다.

하나님은 믿는 자에게 의로움을 허락하기 위하여 어떤 비용을 치르시는 것일까요? 하나님의 아들인 예수 그리스도의 죽음을 대가로 의롭다 하심을 얻도록 허락하는 겁니다. 예수님이 피 흘리심의 대가로 의롭다 하심을 얻게 됩니다. "그러면 이제 우리가 그(예수님)의 피로 말미암아 의롭다 하심을 받았으니 더욱 그로 말미암아 진노하심에서 구원을 받을 것이니"(로마서 5:9)

의롭다 하심을 받은 자는 어떤 결과를 손에 넣을 수 있을까요? 수확할 수 있는 열매는 어떤 것일까요? 화평을 누리는 일을 들 수 있습니다. "그러므로 우리가 믿음으로 의롭다 하심을 얻었은즉 우리 주 예수 그리스도 말미암아 하나님으로 더불어 화평을 누리자"(로마서 5:1) 이때 누리는 화평은 사람이 만들어내는 화평이 아니라 하나님이 주시는 화평입니다. 일이 잘 풀리기 때문에, 좋은 성과를 거두었기 때문에, 상황이 좋기 때문에 누리는 화평은 사람의 화평입니다. 이런 화평은 일이 잘 풀리지 않으면 금방 사라져버릴 수 있습니다. 하나님의 화평은 그 어떤 것에도 관계없이 성령이 늘 허락하는 화평을 말합니다.

하나님의 화평을 어떻게 표현하는 것이 좋을까요? 이 글을 쓰는데 자주 부르는 찬송가 412장 '내 영혼의 그윽히 깊은 데서'가 머리를 스쳐 지나갑니다. 이 노래처럼 우리가 의롭다 하심을 허락받은 다음에 누릴 수 있는 평화를 잘 표현한 문장이 있을까 싶습니다.

> 내 영혼에 평화가 넘쳐남은 주의 큰 복을 받음이라. 내가 주야로 주님과 함께 있어 내 영혼이 편히 쉬네. 평화 평화로다. 하늘 위에서 내려오네. 그 사랑의 물결이 영원토록 내 영혼을 덮으소서.
>
> 찬송가 412장

의롭다 하심을 받은 사람에게 일어나는 뚜렷한 변화는 어떤 것일까요? 진정으로 의롭다 하심을 받은 자라면 누구든지 믿음을 선한 일로 세상에 드러내게 될 것입니다. 믿음에 의하여 의롭다 하심이란 축복을 받은 자는 그것을 세상에 드러내지 않고는 배길 수가 없게 됩니다. 선한 행위가 뒤를 따르게 됩니다. 성경은 믿음을 행함으로 잘 표현한 인물로 아브라함을 들고 있습니다. 그는 늦게 얻은 귀한 아들 이삭을 하나님의 명령에 의해서 제단에 바치기까지 하며 순종합니다. 성경은 믿음과 행동의 일치에 대해 말하고 있는데 이는 모든 의롭다 하심을 받은 자들이 취하게 되는 자연스런 일입니다.

성화는 무엇인가?

네가 보거니와 믿음이 그의 행함과 함께 일하고
행함으로 믿음이 온전하게 되었느니라.
You see that his faith and his actions were working together,
and his faith was made complete by what he did.
야고보서 2:22

믿음의 순도를 측정할 수 있는 방법은 어떤 것이 있을까요? 저분이 진정한 그리스도인인지 아니면 그렇게 꾸미고 다니는지를 판별할 수 있는 방법이 있을까요? 매일 매일 예수님을 닮아가는 삶을 살아간다면 그분은 진정한 그리스도인이라 할 수 있습니다. 그래서 지금부터는 성화에 대해 말씀드리겠습니다.

신앙도 살아 있는 생물과 같이 성장해야 합니다. 머물러 있는 것이 아니라 자꾸 성장하는 사람이 있는 반면에 쇠퇴하는 사람들이 있지요. 그래서 같은 시기에 믿기 시작했더라도 사람들 사이에 신앙 성장의 속도는 크게 차이가 납니다. 예배당을 오간 지가 제법 긴 시간이 흘렀지만 고만고만한 수준의 신앙을 벗어나지 못한 분들도 있습니다. 이렇게 생활하다가는 기대하는 대로 세상사가 전개되지 않거나 위기가 오면 예배당 가는 일을 그만둬버리고 신앙을 버리기까지 합니다. 이런 경우를 두고 '시험에 들었다'고 말하기도 합니다.

흥미로운 일은 세상을 사는 일이나 신앙생활을 하는 일이나 비슷한 점이 많다는 것이지요. 별일이 없는 것처럼 평온한 시기가 있는 반면에 폭풍우가 몰아치는 위기의 시기가 있습니다. 긴 인생을 두고 보면 언제나 평온한 시기가 계속되기를 기대할 수는 없습니다. 믿음의 대열에 들어선 사람이라면 어려운 날을 대비해서라도 그리고 믿음의 순도를 높이기 위해서라도 성화에 관심을 가져야 합니다. 믿는 자는 칭의를 거친 다음에 자신의 신앙을 성장시키고 기초를 단단히 다지는 작업을 꾸준하게 진행시켜야 합니다. 이 과정을 성화라고 부릅니다. 성경은 믿는 자에게 성화를 위해 모든 노력을 다하라고 촉구합니다.

> 모든 사람과 더불어 화평함과 거룩함을 좇으라. 이것이 없이는 아무도 주를 보지 못하리라. 히브리서 12:14

한마디로 믿음을 가지게 된 다음 그냥 손 놓고 가만히 있어서는 안 된다는 말입니다. '믿는 자들이여! 예수님을 구주로 받아들인 다음부터 적극적으로 움직여라!'는 것입니다. 저는 이런 메시지를 좋아합니다. 수동적이지 않고 적극적으로 노력하라는 메시지입니다. 이런 면에서 보면 성화는 그리스도인이 어떻게 살아야 하는가에 대한 삶의 중요한 지침이자 목표입니다.

성화의 어원을 살펴보면 도움을 얻을 수 있습니다. 성화라는 명사의 동사형인 'santify'는 '특별한 사용이나 목적을 위해 떼어놓거나 분리하다'는 의미와 '오염되지 않은 신성한 것으로 여기다'는 의미를 갖고 있습니다. 어원은 라틴어 'sanctificare'에서 나온 말로, 'sanctus(거룩한)'와 'facere(만들다)'의 합성어입니다. 어원을 공부하다 보면 성화는 거룩함과 본질적으로 같은 의미임을 알 수 있습니다. 거룩함을 조금 더 자세히 살펴보면 신과 연합함으로써 거룩하여짐을 뜻한다는 사실을 짐작할 수 있습니다.

거룩하여짐은 그냥 이뤄지는 것이 아니라 어떤 것들로부터 자신을 격리하거나 분리하는 일이 필요함을 알 수 있습니다. 세상의 온갖 향락을 다 취하면서 거룩함을 누릴 수는 없습니다. 거룩한 삶을 원하는 사람이라면 어떤 대상과 적절한 거리를 유지해야 할 것입니다. 따라서 성화는 믿는 자에게 2가지 의미를 뜻합니다. 하나는 악으로부터 자신을 분리 혹은 격리시키라는 것이고, 다른 하나는 하나님을 위하여 세상과 격리시키라는 것이지요.

성화에 대한 의미를 정리해보도록 하겠습니다.

첫째, 성화는 하나님이 믿는 자에게 요구하는 삶입니다. "하나님의 뜻은 이것이니 너희의 거룩함이라"(데살로니가전서 4:3)라는 말씀처럼 성화는 믿는 자들을 향한 하나님의 뜻입니다. 여러분 가운데 '하나님은 내가 어떻게 살아가는 것을 좋아하시고 기뻐하실까?'라는 질문을 던져본 분도 있을 것입니다. 성경의 답은 '거룩하여짐' 혹은 '성화'입니다. 이처럼 성경은 확고한 기준을 제시하는 힘을 갖고 있습니다. 철학은 이런 삶도 있고 저런 삶도 있으니 당신이 잘 생각해보고 선택하라고 이야기하지만 성경은 이처럼 절대적인 가치 기준을 제시합니다. 그리스도인에게 최고의 삶은 성화에 있다는 것입니다. 하나님이 기뻐하시는 삶도 완전한 성화를 위해 나아가는 삶입니다.

둘째, 성화는 매일 매일 거룩해지는 과정을 말합니다. 성화는 믿는 자가 하나님의 품성을 닮아가는 과정이기도 하지요. 믿는 자의 궁극적인 삶의 목표는 예수 그리스도처럼 될 수 있도록 최대한 그분을 닮아가는 겁니다. "너희 마음에 그리스도를 주로 삼아 거룩하게 하고"(베드로전서 3:15)라는 말씀이 이를 잘 말해주고 있습니다. 성화는 죄로 인하여 하나님으로부터 멀어졌던 사람이 하나님의 형상을 회복하는 과정을 말합니다. '하나님이 어떤 삶을 좋아하실까?'라는 질문은 '내가 어떻게 살아야 하는 것일까?'와 같은 질문입니다. 그 기준을 성경은 성화라고 말합니다.

셋째, 성화는 점진적이고 계속적인 과정이기도 하지만 단번에 이루어지는 급격한 과정이기도 합니다. 사도 바울은 성화를 믿는 자에게 주어지는 신분 변화로 받아들였으며 의롭게 된 사람은 도덕적으로나 영적으로 변화를 겪는다고 말합니다. 사도 바울은 성화를 2가지 즉, 결정적 성화와 점진적 성화로 나누었습니다.

결정적 성화는 순간적 혹은 급진적으로 성화를 겪는 것을 말하며 점진적 성화는 꾸준하게 그리스도의 형상을 닮아가는 것을 말합니다. "죄에 대하여 죽은 우리가 어찌 그 가운데 더 살리요"(로마서 6:2)라는 말씀은 믿기 전에 어떤 사람을 지배하고 있던 사망의 권세가 예수님을 영접하는 순간 단번에 분리되는 것을 말합니다. 모든 문제의 해결자 되시는 그리스도는 순간적으로 흑암의 권세를 깨뜨리고 흑암의 권세에 사로잡혀 있던 사람을 자유롭게 만듭니다.

한편 대다수의 믿는 자는 성화를 점진적인 것으로 받아들입니다. 아래와 같은 사도 바울의 증거가 점진적 성화를 잘 말해주고 있습니다.

> 우리가 다 수건을 벗은 얼굴로 거울을 보는 것 같이 주의 영광을 보매 저(예수님)와 같은 형상으로 화하여 영광에서 영광에 이르니 곧 주의 영으로 말미암음이니라. 고린도후서 3:18

'화化하여'라는 표현은 믿는 자는 성령의 도우심으로 점점 예수님과 닮은 모습으로 변화해간다는 것을 뜻합니다. 여기서 우리는 믿는 자는 어떤 역할을 수행해야 하는가라는 질문을 던져봐야 합니다. 사도 바울은 성화는 한편으론 성령의 역사이기도 하지만 동시에 믿는 자 자신의 노력임을 분명히 이야기하고 있습니다. 성경은 적극적으로 악을 멀리하고 선을 위해 노력하라고 다음과 같이 권합니다.

> 사랑하는 자들아 (…) 거룩함을 온전히 이루어 육과 영의 온갖 더러운 것에서 자신을 깨끗하게 하자. 고린도후서 7:1

> 너희는 이 세대를 본받지 말고 오직 마음을 새롭게 함으로 변화를 받아 하나님의 선하시고 기뻐하시고 온전하신 뜻이 무엇인지 분별하도록 하라. 로마서 12:2

우리가 거룩해짐을 위해 노력해야 하는 이유는 무엇일까요? 하나님이 기뻐하시는 일이기 때문입니다. 그리고 온전히 성령의 열매를 누리는 자가 되고 하나님의 축복을 누리는 자가 되기 위함입니다. 성경만 듣고 예배당을 오고 가기만을 반복하다 보면 얼마 가지 않아서 신앙에 대한 회의를 느끼게 되지요. 믿는 자가 되었는데 나에게 이로운 것이 무엇이 있을까? 이런 질문을 사람들은 스스로에게 자연스럽게 던지게 됩니다. '나는 그렇지 않아요'라고 말하는 분도 있을 것입니다. 그럼에도 불구하고 사람들은 아무리 좋은 일이라 할지라도 의무감만으로는 오랫동안 그 일을 계속할 수 없습니다. 보상이 있을 때만이 계속할 수 있답니다. 성령의 열매와 하나님의 축복을 누리는 보상이 있을 때 믿는 자는 더 열심히 신앙생활을 하게 됩니다. 이왕 믿는 자의 대열에 들어섰다면 당연하게 성령의 열매를 수확하고 하나님의 축복을 누릴 수 있어야 하지 않겠습니까? 누림을 위한 전제조건은 딱 한 단어 '거룩함'에 있습니다.

믿는 자가 되어도 믿지 않을 때와 별반 달라진 것이 없다면, 믿음의 위기에 처하게 됩니다. 더 적극적으로 성화를 위하여 노력하면 할수록 더 큰 과실을 누릴 수 있게 되지요. 그렇게 되면 신앙의 반석은 더욱 튼실해지게 되고 자신이 진정한 그리스도인으로 살아가는 확실한 이유와 보람을 찾을 수 있게 된답니다.

제가 신기하게 생각하는 것은 세상살이와 신앙생활의 모습에는 비슷한 것이 많다는 점입니다. 어떤 사업체를 운영하더라도 사업이 늘 잘 될 수는 없습니다. 잘 될 때 미래를 위해 야무지게 준비하지 못하면 대개는 어려움이 왔을 때 큰 비용을 지불하거나 망하게 됩니다. 야구라는 운동에도 그런 점이 있지요. 일사 만루와 같은 멋진 기회가 늘 오지 않기 때문에 그런 기회가 왔을 때 꽉 붙잡아서 점수를 올려야 합니다. 만일 그 기회를 잡지 못하면 놓친 기회 다음에는 위기가 옵니다. 개인의 삶도 마찬가지입니다. 거침없이 일이 잘 풀리고 돈이 잘 벌리는 시기가 있습니다. 하지만 이런 시기는 그리 오래가지 않습니다. 그런 기회가 왔을 때 마치 이게 마지막이라는 굳센 생각을 갖고 잡아야 하는데 이걸 놓치게 되면 그런 기회는 다시 오지 않습니다.

아이들과 저녁 식탁에서 대화를 나눌 때 저는 '늘 기회가 오지 않으니까 왔을 때 정말 최선을 다해 잡아야 한다. 그런데 잡지 못하면 놀라울 정도로 그다음에는 위기가 온다'라는 이야기를 합니다. 신앙생활도 마찬가지입니다. 칭의로 하나님의 축복을 대가 없이 받고 나면 그걸 최대한 잘 활용해야 합니다. 성화를 삶의 한 부분으로 자리 잡도록 해야 합니다. 그렇지 않으면 위기가 왔을 때 시험의 대상이 되고 하나님 곁을 떠나 방황하면서 살게 될 가능성이 커집니다.

성화된 삶을 살아가는 사람이라면 자연스럽게 성경 읽기, 기도하기, 복음 전하기, 순종하기, 다른 사람을 위한 도움 주기, 인격적 성장 등이 이루어지게 됩니다. 가까이 있는 사람들도 구원을 받은 이후 성화를 위해 노력하는 사람에게서 변화를 충분히 감지할 수 있게 됩니다. 성화에 대한 이야기를 마무리하기 전에 강조해두어야 할 일이 한 가지 있습니다. 믿는 자의 올바른 삶은 어떤 것일까요? 성화라는 한 단어에 해답이 들어 있습니다. 믿는 자에게 삶은 매일 매일 한 걸음 나아가 매 순간 매 순간 자신의 타고난 성품을 예수 그리스도의 성품으로 대체하는 성화의 삶이어야 합니다. 신앙생활은 거룩해짐을 향한 여행길에 비유할 수 있습니다.

믿음이란 무엇인가?

믿음이 없이는 하나님을 기쁘시게 하지 못하나니
하나님께 나아가는 자는 반드시 그가 계신 것과
또한 그가 자기를 찾는 자들에게 상 주시는 이심을 믿어야 할지니라.
And without faith it is impossible to please God,
because anyone who comes to him must believe that he exists and
that he rewards those who earnestly seek him.
히브리서 11:6

믿음은 성령의 열매 가운데 하나이기에 믿는 자를 위해 하나님이 주신 대가 없는 선물입니다. 그렇다면 믿음은 구체적으로 무엇을 뜻하는 것일까요? 우리는 흔히 믿음을 자신이 소망하거나 희망하는 바가 이루어지는 것이라고 생각하는데, 여기서 믿음의 착각이 생기게 됩니다. 예를 들어 나는 내년에 무엇을 성취하기를 희망한다고 해서 그것을 두고 믿음이라는 표현을 사용할 수는 없습니다. 그것은 단순한 희망, 바람, 소망 혹은 염원일 뿐 믿음은 아닙니다.

믿음은 하나님께서 믿는 자에게 약속하신 것의 성취가 이루어지는 것을 뜻합니다. 따라서 믿음은 성경 말씀에 기록된 하나님의 말씀을 붙들 때 참된 믿음이 됩니다. 믿음의 기초는 말씀입니다. 히브리서 11장 1절은 "믿음은 바라는 것의 실상이요 보지 못하는 것들의 증거니(Faith is being sure of what we hope for and certain of what we do not see.)"라고 말합니다. 이를 풀어서 설명해보면 '믿음은 우리가 바라는 것이 실현될 것과 우리가 보지 못한다 하더라도 존재하는 것을 확신하는 것입니다'로 해석할 수 있습니다. 이는 3가지 면으로 이해할 수 있습니다.

첫째, 믿음은 바라는 것을 소유하게 되거나 실현이 이루어진 것은 아닙니다. 단순한 희망은 주관적인 데 반해서 말씀의 성취는 하나님의 약속의 성취라는 점에서 객관적입니다. 두려움 때문에 모든 사람이 당황해하는 상황에서 믿지 않는 자는 두려움을 떨치기 위해 이런 저런 소망을 가질 수 있습니다. 반면에 믿음이 굳건한 사람은 "하나님이 우리에게 주신 것은 두려워하는 마음이 아니요 오직 능력과 사랑과 절제하는 마음이니"(디모데후서 1:7)라는 성경 말씀을 굳게 붙잡고 하나님의 약속이 실현되리라고 확신합니다. 그것이 믿음입니다. 하나님 말씀의 성취를 믿는 것이지요.

둘째, 믿음은 하나님에 대한 철저한 신뢰를 말하며 하나님이 우리를 위해 약속하신 것을 하나님이 우리를 위해 성취해내실 것이라는 믿음입니다. 따라서 믿음은 아직 눈에 보이지 않더라도 하나님이 약속하신 것을 실제적이고 확고한 것으로 굳게 붙들도록 만드는 힘입니다. 믿음은 하나님이 드러내 보이는 것 즉, 계시啓示의 성취를 믿는 것이지요.

셋째, 믿음은 보이는 현상에 눌리거나 현혹되거나 쫓기지 않는 것입니다. 여기서 보이지 않는 실상은 하나님의 말씀입니다. 말씀은 운동력을 갖고 있기 때문에 반드시 눈에 볼 수 있는 현상으로 나타나게 됩니다. 믿는 자는 보이지 않는 실상을 믿기 때문에 두려워하지 않습니다.

한편 믿음은 신앙과 연결되어 있습니다. 신앙은 '하나님에 대한 믿음'을 말합니다. 성경에서 신앙은 좋을 때나 어려울 때나 흔들리지 않고 하나님 말씀과 그 뜻을 믿고 따르는 것을 말합니다. 신앙에서 우리는 자연스럽게 믿는 자와 믿지 않는 자의 의미를 찾아낼 수 있습니다. 성도(혹은 신자)는 '하나님에 대한 믿음을 가진 자' 혹은 '하나님과의 약속을 지키는 자'를 말합니다. 반면에 불신자는 '하나님에 대한 믿음을 갖지 않은 자' 혹은 '하나님과의 약속을 저버린 자'라 할 수 있습니다. 또한 불신자는 '보이는 현상만을 보고 보이지 않는 실상을 보지 못하는 자'이기도 합니다.

현대 교육은 가설을 세우고 이를 이론적으로 혹은 경험적으로 증명하는 데 익숙합니다. 그래서 현대인은 당연하게 믿음에 대해서도 과학적 증명을 원합니다. 파스칼이 『팡세』에서 언급한 내용은 인용할 만한 가치가 있습니다.

> 신앙은 증명과는 다른 것이다. 후자는 인간의 것이고, 전자는 하나님의 선물이기 때문이다. 하나님을 느끼는 것은 이성이 아니라 가슴이다. 신앙은 바로 이런 것이다.

하나님에 대한 믿음이 늘 탄탄대로를 달릴 수는 없습니다. 이따금 믿음도 위기를 맞게 됩니다. 시편에는 어려움에 처하게 되었을 때 낙담하여 불안해함으로써 믿음의 위기를 맞은 사례에 대한 이야기가 있습니다.

> 내 영혼아 네가 어찌하여 낙심하며 어찌하여 내 속에서 불안해하는가. 너는 하나님께 소망을 두라. 그가 나타나 도우심으로 말미암아 내가 여전히 찬송하리로다. 시편 42:5

믿기도 힘들지만 믿는 자도 믿음의 위기를 경험하는 이유는 무엇일까요? 저는 5가지를 생각하게 됩니다.

첫째, 믿음을 갖고 어떤 일을 시작했지만 기대한 대로 결과가 나오지 않을 때입니다. '이 일은 확실히 하나님의 뜻'이라고 믿고 추진했던 일이 제대로 진척되지 않고 경제적 어려움이 심해질 때면 하나님에 대한 불신뿐만 아니라 신앙 자체가 뿌리째 흔들려버리는 상황이 벌어질 수 있습니다. 저는 이런 경우를 주변에서 여러 번 관찰할 수 있었습니다. 이런 위기 때문에 신앙생활을 접고 오랜 시간을 방황하는 분들 말입니다.

둘째, 큰 고난과 함께 믿음의 위기가 닥칠 때입니다. 평온할 때에 믿음은 시험에 들지 않습니다. 그런데 큰 고난이 닥치게 되면 비슷비슷한 정도의 믿음을 가진 사람들 사이에는 커다란 격차가 생깁니다. 고난을 통해 믿음이 더욱 강해지는 사람이 있는 반면에 고난 때문에 하나님으로부터 영영 멀어져버리는 사람도 있지요. 헬라어는 고난을 2가지로 구분합니다. 하나는 하나님이 연단하여 더 큰 그릇으로 사용하기 위해 주는 고난인데 이를 페이라스모스peirasmos라 합니다. 다른 하나는 인간적인 욕심이나 교만처럼 자신의 죄 때문에 생겨나는 고난인데 이를 페이라조peirazo라고 부르지요. 시험을 당할 때 페이라스모스 고난인지 아니면 페이라조 고난인지 하나님의 뜻을 구할 수 있어야 합니다. 기도로 하나님의 음성을 듣거나 뜻을 알 수 있다면, 우리는 고난이 가져다주는 믿음의 위기를 극복할 수 있을 것입니다.

셋째, 시간의 촉박함으로 인하여 믿음의 위기가 다가옵니다. 세속적인 기준으로 시간이 얼마 남지 않았기 때문에 이제는 하나님도 어떻게 해볼 수 없을 만큼 시간이 남지 않았다는 평가를 내릴 수도 있지요. 이럴 때 믿음 자체를 포기해버릴 수 있습니다. 사람의 눈으로 하나님의 시간이나 계획을 이해하기 힘들기 때문입니다.

넷째, 신앙의 기초가 튼실하지 않을 때 믿음의 위기가 닥치게 됩니다. 세상만물처럼 믿음 또한 성장해야 합니다. 몇 년 교회를 왔다 갔다 한다고 해서 믿음이 성장하는 것은 아닙니다. 스스로 시간을 들여서 믿음을 키우기 위한 공부를 해야 하지요. 그런데 뿌리가 얕은 믿음을 가진 사람은 주변 사람의 소곤거리는 말이나 주변의 분위기 때문에 믿음을 포기해버리지요. 사람들이 믿음을 포기할 때, 믿지 않아야 할 이유는 공부하지 않아야 할 이유를 찾는 것처럼 쉽거든요.

믿음을 강하게 하는 여러 가지 방법이 있겠습니다만, 저는 신앙고백을 자주 소리 내어 고백하는 것도 믿음을 강하게 만드는 손쉬운 실천 방법 가운데 하나라 생각합니다. 성경 말씀을 적거나 자주 암송하거나 소리 내어 고백하다보면 깊이 각인시키게 됩니다. 물론 그 의미를 정확히 이해하고 새길 수 있어야 할 겁니다. 암기된 성경 말씀은 뇌 속에 내장되어 있기 때문에 언제 어디서나 꺼내어 묵상할 수 있습니다. 저는 믿음을 강하게 하는 방법 가운데 유력한 방법은 말씀의 암송과 묵상이라고 생각합니다. 나이가 드신 분들은 수백 번 암기를 해야 그때 비로소 자신의 것이 되지요. 한 번 하고, 또 한 번 하고, 또한 번 하면서 놀라운 변화를 체험하게 됩니다. 복음 없는 성경 말씀을 붙잡았던 유대민족이 세속적으로 크게 성공한 것도 바로 이런 방법 덕분이라고 생각합니다. 그렇다면 복음 있는 성경 말씀을 붙잡은 사람들에겐 얼마나 큰 일이 일어날 수 있겠습니까?

복음이란 무엇인가?

이 복음은 하나님이 선지자들을 통하여
그의 아들에 관하여 성경에 미리 약속하신 것이라.
The gospel he promised beforehand through his prophets
in the Holy Scriptures.
로마서 1:2

누구든 걸어온 날들을 되돌아볼 때가 있습니다. 대부분은 참고 인내하는 시간은 길었지만 정작 행복한 시간은 찰나라고 부를 정도로 짧았음을 알아차리게 됩니다. 본래 '삶은 그런 것'이라고 생각할 수도 있지만 왜 행복의 시간이 이렇게 짧은가를 생각해보지 않을 수 없습니다. 형편이 나아지면 행복의 시간은 길어질 수 있을까요? 저는 그렇게 생각하지 않습니다. 행복은 물질의 많고 적음은 물론이고 세속적인 출세에 크게 의존하지 않는다고 봅니다.

성경은 '왜 사람은 진정한 행복을 누리기 힘든가?'에 대한 해답을 제시합니다. 그것은 하나님으로부터 멀어져버렸고 하나님을 잊어버렸기 때문입니다. 이런 이야기를 생생하게 전달하는 사람은 이스라엘의 솔로몬 왕입니다. 살아 생전에 인간이 누릴 수 있는 온갖 영화를 누린 그는 전도서의 마지막 장에서 "전도자가 이르되 헛되고 헛되도다. 모든 것이 헛되도다("Meaningless! Meaningless!" says the Teacher. "Everything is meaningless!")"(전도서 12:8)라고 털어놓습니다. 자신이 엄청난 성공을 거두었고, 어마어마한 지혜를 얻었지만 이 모든 것들이 허망할 뿐이었다고 회상합니다.

공부를 많이 하면 행복을 누릴 수 있을까요? 저는 그렇게 생각하지 않습니다. 부지런히 배워야 하겠지만 배움의 깊이가 깊어지고 넓이가 넓어질수록 오히려 고뇌는 더 커져갑니다. 이 점에 대해서 솔로몬은 "내 아들아 (…) 많은 책들을 짓는 것은 끝이 없고 많이 공부하는 것은 몸을 피곤하게 하느니라"(전도서 12:12)라고 솔직히 털어놓습니다. 부를 축적하는 일이나 명예를 축적하는 일이나 권력을 추구하는 일도 마찬가지일 것입니다.

솔로몬 왕이 노년에 깨우친 진리는 무엇일까요? 그것은 여호와 하나님과 동행하는 삶으로부터 벗어나지 말라는 것입니다. 믿는 자가 아니라면 코웃음을 칠 수도 있지만 오십 대에 회심한 저는 크게 공감하는 말씀입니다.

> 너는 청년의 때에 너의 창조주를 기억하라. 곧 곤고한 날이 이르기 전에, 나는 아무 낙이 없다고 할 해들이 가깝기 전에 (…) 일의 결국을 다 들었으니 하나님을 경외하고 그의 명령들을 지킬지어다. 이것이 모든 사람의 본분이니라. 전도서 12:1, 13

가능한 한 인생의 이른 시점에 하나님에 대해 깊이 생각하고, 공부하고 그분과의 관계를 정상화하는 일이야말로 진정한 행복으로 가는 지름길이라고 생각합니다. 이런 점에서 우리는 복음(福音, gospel)의 의미를 새겨봐야 합니다.

복음의 원래 의미는 '기쁜 소식'입니다. 왜 기쁜 소식일까요? 제대로 된 복음을 만나기만 하면 엄청난 축복을 누릴 수 있습니다. 우리는 미혹된 것에 흔들리지 않고, 환경이나 유행이나 타인이나 기분에 좌우되지 않고 늘 하나님의 평안을 누릴 수 있습니다. 죽음 이후에 누리는 영생은 많은 축복 가운데 하나일 뿐입니다. 영원한 생명 이외에 믿는 자가 누릴 수 있는 하나님의 축복을 헤아릴 수 없이 많고 풍성합니다.

복음은 무엇을 말하는 것일까요? 복음은 예수님에 대한 하나님의 약속을 말합니다. 이 약속과 그 의미를 모두 여섯 부분으로 풀어서 설명해보겠습니다.

첫째, 모든 인간은 죄(원죄, 조상죄, 자범죄)로 말미암아 하나님으로부터 멀어졌고 사탄의 지배로부터 갖가지 고통과 저주(정신적인 고통, 육신의 고통, 영적인 유산, 우상숭배, 사탄의 역사, 죽음과 지옥 심판 등)로부터 자유로울 수 없습니다. 이들 문제는 아무리 발버둥을 치더라도 인간의 노력만으로 해결할 수는 없습니다. 그래서 성공한 사람이든 실패한 사람이든 삶에서 행복의 시간은 짧고 고뇌의 시간은 깁니다.

둘째, 죄의 삯은 사망이기 때문에 사랑의 하나님은 우리 인간을 불쌍하게 여겨서 특단의 방법을 찾아내셨습니다. 이미 하나님은 구약에서 예수 그리스도를 이 땅에 육신의 모습을 한 인간으로 보낼 것임과 그의 죽음으로 우리의 죗값을 대신 지불할 것임을 약속하셨고 이를 실천하셨습니다.

셋째, 3가지 직분(참 선지자, 참 제사장, 참 왕)을 가진 예수 그리스도는 인생에서 만나는 모든 문제의 해결자로서 이 땅에 오셨습니다. 우리의 죄를 사하셨을 뿐만 아니라 부활 승천하시면서 우리와 늘 함께 하실 것임을 약속하셨습니다. 그분의 약속대로 믿는 자는 지금 이 순간에도 성령 하나님이 함께하실 수 있는 권세를 누리게 되었습니다.

넷째, 누구든지 예수 그리스도를 살아 있는 하나님의 아들이라고 마음으로 믿고 입으로 시인하는 자는 하나님의 자녀가 되는 권세를 누릴 수 있을 뿐만 아니라 영생을 얻게 되었습니다. 믿는 자는 믿음으로 말미암아 단번에 죄인의 신분으로부터 하나님 자녀의 신분이 되었습니다.

다섯째, 예수님의 부활 승천으로 이 땅에 보내신 성령 하나님은 지금 이 순간에도 믿는 자와 함께함으로써 믿는 자를 인도하고 돕고 계십니다. 그리스도가 죽음을 당한 다음에서야 비로소 하나님은 성령님을 이 땅에 파송하셨습니다. 믿는 자가 지금 이 순간에도 성령의 내주하심과 함께할 수 있음은 바로 그리스도의 죽음이 있었기 때문에 가능한 일임을 믿는 것입니다.

여섯째, 믿음으로 하나님의 자녀가 된 자는 하나님으로부터 주어지는 다양한 축복을 누릴 수 있습니다.

- 믿는 자에게는 성령께서 동행하면서 인도하고 도움을 줍니다.
- 믿는 자는 하나님께 간구할 수 있고 응답을 받을 수 있습니다.
- 믿는 자는 성령의 열매는 물론이고 은사의 축복을 받을 수 있습니다.

- 믿는 자는 예수 그리스도의 이름으로 사탄을 꺾거나 물리칠 수 있습니다.
- 믿는 자는 하나님이 파송한 천군천사의 도움을 받을 수 있습니다.
- 믿는 자는 영원한 생명을 얻는 천국 백성이 될 수 있습니다.

지금까지 설명한 복음의 의미를 압축해서 정리해보도록 하겠습니다. 복음의 핵심은 오직 예수입니다. 오직 예수 그리스도를 믿음으로서 죄 사함과 의롭다 하심을 받을 수 있다는 것이 복음의 요지입니다. 사람의 근본 문제는 죄 문제였기 때문에 하나님 구원 사역의 핵심은 죄 문제를 어떻게 해결할 것인가였습니다. 문제의 해답은 오직 예수, 오직 복음입니다. 죄가 죽음과 모든 불행의 원인이었기 때문에 죄 사함과 의롭다 하심은 영원한 생명과 영원한 행복의 길을 보장하는 것입니다. 율법을 지킴으로써 의롭다 하심을 얻는 일이 불가능했기 때문에 하나님은 이를 잘 아시고 예수 그리스도를 이 땅에 보내셔서 믿는 자에게는 특별한 은총인 죄 사함과 의롭다 하심을 얻는 길을 열어주셨습니다. 다음과 같은 성경 말씀은 복음의 핵심을 생생하게 전하고 있습니다.

> 그러므로 율법의 행위로 그의 앞에 의롭다 하심을 얻을 육체가 없나니 율법으로는 죄를 깨달음이니라. 이제는 율법 외에 하나님의 한 의가 나타났으니 율법과 선지자들에게 증거를 받은 것이라. 곧 예수 그리스도를 믿음으로 말미암아 모든 믿는 자에게 미치는 하나님의 의니 차별이 없느니라. 모든 사람이 죄를 범했으매 하나님의 영광에 이르지 못하더니 그리스도 예수 안에 있는 속량으로 말미암

아 하나님의 은혜로 값없이 의롭다 하심을 얻은 자 되었느니라. 로마서 3:20-24

사람이 의롭게 되는 것은 율법의 행위로 말미암음이 아니요 오직 예수 그리스도를 믿음으로 말미암는 줄 알므로 우리도 그리스도 예수를 믿나니 이는 우리가 율법의 행위로써가 아니고 그리스도를 믿음으로써 의롭다 함을 얻으려 함이라. 율법의 행위로써는 의롭다 함을 얻을 육체가 없느니라. 갈라디아서 2:16

'오직 예수! 오직 성령! 오직 복음!'과 같은 메시지가 자연스럽게 흘러나오게 됩니다. 복음은 예수님의 사역에 대해 증거하는 일이기도 합니다. 또한 복음은 예수님에 대해 기록한 신구약의 말씀을 널리 전하는 일이기도 합니다. 복음은 소망을 전하는 일이기도 하고 희망을 전하는 일이기도 합니다. 복음은 하나님의 자녀가 된 모든 사람을 하나님이 사랑하시는 것을 약속하는 메시지이기도 하지요. 복음을 진정으로 받아들이는 사람들에게 일어나는 큰 변화는 소망과 꿈과 희망을 갖고 다시 일어서는 힘을 얻게 되는 것을 말합니다.

복음이 전해졌을 때 어떤 일이 일어나는가를 은유적으로 표현한 대표적인 사건은 에스겔 37장의 '마른 뼈 환상' 사건을 들 수 있을 것입니다. 하나님이 선지자 에스겔을 이끌고 마른 뼈가 가득한 골짜기를 데리고 갑니다. 이들은 인간의 이성이나 지성으로 미루어 보면 도저히 살아날 수 없는 죽은 자들입니다. 하나님께서는 에스겔에게 "이 뼈들이 능히 살 수 있겠느냐?"고 묻습니다. "하나님께서 아시나이다"

라는 답을 듣자마자 하나님은 에스겔로 하여금 하나님의 말씀을 대신해서 전하라고 명합니다.

> 주 여호와께서 이 뼈들에게 이같이 말씀하시기를 내가 생기를 너희에게 들어가게 하리니 너희가 살아나리라. 에스겔 37:5

말씀의 힘, 복음의 힘이 어떤 것인가를 극명하게 드러내는 성경 속의 사건입니다. 마른 뼈들이 다시 살아나서 큰 군대를 이루게 되었다는 말씀은 복음의 힘을 말해주는 멋진 사례입니다. 나이가 드신 분들을 상대로 강연할 기회가 있었습니다. 노년은 직장에서 은퇴를 한 시기이기도 하고 육체가 쇠락해지는 시기이기도 합니다. 나이가 든 분들이 소망과 희망과 꿈을 갖고 사는 일은 턱없는 일이라고 생각할 수 있습니다. 그러나 저는 전혀 다르게 생각합니다. 복음을 정확하게 받아들인 분들이라면 육체가 쇠락해지면 질수록 점점 더 영성이 깊어지고 영적인 파워를 회복할 수 있습니다. 영안이 열리면서 주변의 가족을 비롯해서 많은 사람들에게 참 행복에 대해 증거를 할 수 있습니다. 말뿐만이 아니라 삶 자체를 통해서 말입니다. 사도행전은 예수님이 승천하신 이후 10일 만에 마가의 다락방에 모인 사람들에게 성령 강림이 일어나는 오순절 사건을 증언하고 있습니다. 그리고 사도행전에는 노년에 대한 부분이 이렇게 기록되어 있습니다.

> 하나님이 말씀하시기를 말세에 내가 내 영을 모든 육체에 부어 주리니 너희의 자녀들은 예언할 것이요 너희의 젊은이들은 환상을 보

고 너희의 늙은이들은 꿈을 꾸리라. 사도행전 2:17

복음을 받아들이는 자라면 남녀노소를 불문하고 '드리머dreamer' 즉 '꿈꾸는 자'가 될 수 있습니다. 현세와 내세 모두에서 꿈을 갖고 살아갈 수 있게 됩니다. 그런데 교회사를 찬찬히 살펴보면 복음을 전하는 일이 만만치 않습니다. 흥미로운 것은 복음을 제대로 전하려는 사람은 언제나 어려움을 겪게 된다는 점입니다. 교회 밖에서는 물론이고 내부에서도 그런 일들이 자주 일어납니다. 또한 교회사는 복음을 열심히 전하는 일보다는 복음에 반하는 일들로 가득 차 있습니다. 성경을 읽지 못하게 하는 일, 믿는 자를 탄압하는 일, 성경과 거리가 먼 복잡한 의식이나 규칙을 만들어내는 일, 복음 전하는 일보다 교회당이란 하드웨어를 크게 증축하는 일, 예수님을 제쳐두고 특정 인물들을 숭상하는 일, 교리를 교묘하게 짜깁기해서 영혼 비즈니스에 열을 올리는 사람들, 우리 교회만 잘 믿고 잘 살자고 생각하는 일, 우리 민족만 잘 먹고 잘 살면 된다는 생각 등이 유행을 하게 되는 일이 일어납니다. 교회 역시 사람들이 모인 곳이라 교권을 두고 치열하게 치고 박고 싸우는 일들을 목격하는 일은 어렵지 않습니다. 교회가 복음을 정확하게 전하는 일을 제대로 수행하지 못함으로써 믿는 자가 될 법한 사람들로 하여금 더 멀리 가버리도록 하는 일도 자주 일어나고 있습니다. 이를 막는 일 가운데 하나가 믿는 자 스스로 복음을 정확하게 이해하고 교회에서 세상에서 소금과 빛으로 살아가는 것입니다. 이런 선택이 세상에도 도움이 되는 일이지만 자신에게는 더 큰 도움이 된답니다. 그래서 말씀 공부를 더 열심히 해야 하는 것입니다.

기도란 무엇인가?

너희는 이렇게 기도하라.
하늘에 계신 우리 아버지여 이름이 거룩히 여김을 받으시오며
나라가 임하시오며 뜻이 하늘에서 이루어진 것 같이
땅에서도 이루어지이다.
This, then, is how you should pray:
Our Father in heaven, hallowed be your name, your kingdom come,
your will be done on earth as it is in heaven.
마태복음 6:9-10

몇 해 전, 아내가 친하게 지내는 한 어머니와 대화를 나누던 중 놀라운 이야기를 들었습니다. 그 어머니가 자식의 대학 입시를 위해서 1년 동안 눈물을 흘리면서 기도했다는 겁니다. 그 결과는 세계에서 가장 잘 알려진 대학에 전액장학금으로 입학하는 기적과 같은 일이 일어났습니다. 아내는 그 이야기를 듣고 '나는 그냥 아이가 알아서 잘 하겠지 하고, 기도를 해본 적이 없는데' 하고 깊이 회개를 하게 됩니다. 다음날 새벽부터 예배당을 찾은 아내는 하나님 앞에 꿇어앉아서 이렇게 고백했습니다.

"하나님, 저는 그냥 복이 많아서 남편도 잘 만나고 아이들도 잘 되는 줄 알았는데 알고 보니 하나님의 은혜였군요. 그동안 하나님을 모르고 살아온 죄를 용서해주세요. 그동안 베풀어주신 은혜에 감사합

니다. 기도 한 번 하지 않고 아들을 대학에 보내다니 너무나 죄송합니다. 너무나 감사합니다. 저의 무지를 용서해주시옵소서. 저는 아무것도 간구할 자격이 없는 죄인입니다."

이렇게 우리 집은 아내의 회개와 감사 기도를 통해서 예수님을 믿기 시작했습니다. 기도의 힘은 담대함, 평안함, 지혜로움, 영적인 힘 등 우리가 좋고 선하고 아름다운 것이라고 부르는 모든 것들은 제공합니다. 규칙적으로 하는 기도도 좋지만 수시로 하는 기도도 큰 도움이 됩니다. 우리는 언제 어디서든 기도를 할 수 있습니다.

정식으로 기도를 할 때 저는 다른 분들과 마찬가지로 주기도문을 시작으로 기도를 드립니다. 기도는 하나님을 만나는 시간이기도 하고 깊은 대화를 나누는 시간이기도 합니다. 주기도문은 예수님이 직접 가르쳐준 기도문의 모범으로 우리에게 익숙한 문장들이지요.

> 하늘에 계신 우리 아버지여 이름이 거룩히 여김을 받으시오며 나라가 임하시오며 뜻이 하늘에서 이루어진 것 같이 땅에서도 이루어지이다. 오늘 우리에게 일용할 양식을 주시옵고 우리가 우리에게 죄 지은 자를 사하여준 것 같이 우리 죄를 사하여 주시옵고 우리를 시험에 들게 하지 마시옵고 다만 악에서 구하시옵소서. 나라와 권세와 영광이 아버지께 영원히 있사옵나이다. 아멘. 마태복음 6:9–13

주기도문을 외울 때면 늘 '하나님 나라가 나에게 임하시오며'라는 의미를 깊이 새기게 됩니다. 저는 이렇게 간절히 구합니다. 오늘도 내가 가는 발걸음 발걸음마다, 자식들의 발걸음 발걸음마다, 지인들의 발걸음 발걸음마다 하나님의 나라가 임할 수 있도록 도와주시옵소서라고 기도합니다. 그런데 기도는 조용한 물에 돌멩이가 떨어지는 것처럼 점점 파장을 넓게 확장해 갑니다. 처음에는 자신과 가족을 위한 기도가 점점 갈수록 지인을 위한 기도로, 그리고 선교 사역을 펼치는 사람들을 위한 기도로, 마지막에는 민족과 지구촌의 특정 지역을 향한 기도로 바뀌어 갑니다.

제가 들었던 어느 목회자의 설교 가운데 한 장면이 떠오릅니다. 돌아가신 한 원로 목사님이 영국의 작은 마을을 방문했을 때 이름 없는 그 마을의 믿는 자 몇 분이 1950년대부터 수십 년 동안 한국이란 작은 나라를 위해 기도를 해왔다는 말씀에 크게 감동을 받았던 이야기를 전합니다. 그분들은 1950년대에 한 신문에서 한국전쟁의 발발을 알게 되었고 평생을 통해서 자신과 아무런 이름도 없는 땅과 사람들을 위해 기도를 해왔다고 합니다.

19세기에 한국 땅을 밟은 미국인 선교사들은 학교를 짓고 병원을 짓고 사람들에게 복음을 전했습니다. 놀랍게도 그들을 파송한 곳은 큰 교회가 아니라 작은 교회가 대부분이었다고 합니다. 교인들은 조금씩 돈을 모아서 척박한 땅의 선교 사역을 지원했고 기도로 그들의 활동을 지원했습니다. 한 원로 목사님은 미국의 기독교인 가운데 약 2백만 명 정도가 영적 지도를 중심으로 분쟁지역이나 특별히 기도로 도와야 할 곳을 향해 기도를 계속하고 있다고 말합니다. 그만큼 기도가 자신과 가족 그리고 교회를 넘어 멀리 멀리 퍼져간다는 것을 말해 줍니다. 믿음이 성장하는 것에 비례해서 기도도 성장하게 됩니다. 더 넓게 더 멀리 기도의 범위가 나아가게 됩니다.

그런데 주기도문의 한 문장처럼 하나님 나라가 나에게 임하면 우리에게 어떤 일이 일어나는 것일까요? 성령의 열매(사랑, 기쁨, 화평, 오래 참음, 부드러움, 선함, 충성(믿음), 온유, 절제)를 누릴 수 있습니다. 그냥 기분이 좋아서 기쁨을 누리는 것이 아니라 기쁠 때나 슬플 때나, 어려울 때나 쉬울 때나 늘 기쁨을 누리게 되지요. 정말 대단한 일이 아닌가요? 새벽기도를 할 때면 자신도 모르게 눈물을 흘릴 때도 있습니다. 자신의 부족함과 자신의 죄성 때문에 크고 작은 실수를 범하고 타인들에게 상처를 주는 것을 회개할 때입니다. 또한 보잘것없는 사람이 이처럼 반듯하게 살아갈 수 있는 사실에 대해 깊이 감사함 때문입니다. 내가 잘나서 이렇게 산다고 생각할 수도 있지만 믿음은 '그냥 내가 이렇게 살아가는 것 자체가 하나님의 축복이다'라는 확신을 거듭 거듭 심어주기 때문입니다.

어떻게 하면 하나님 나라가 나에게도 임할 수 있을까요? 믿는 자가 되어 내 안에 성령이 함께하거나 예수님의 이름으로 사탄을 쫓아낼 때라 하겠습니다. 예수님은 하나님 나라가 임한 경우를 한 가지 사례로 들어 이렇게 말씀하십니다.

> 내가 하나님의 성령을 힘입어 귀신을 쫓아내는 것이면 하나님의 나라가 이미 너희에게 임했느니라. 마태복음 12:28

처음에는 기도를 의무감으로 하기도 하고 형식적으로 하기도 합니다. 하지만 점점 기도의 의미와 중요성 그리고 재미를 느끼게 되면 기도를 자주 그리고 깊이 하게 됩니다. 제가 믿음을 갖게 된 지가 얼마 되지 않기 때문에 특별한 체험을 여러분에게 말씀드리기는 쉽지 않습니다. 다만 모든 삶의 시작과 기초를 새벽기도에 두었다는 사실은 저에겐 중요한 의미를 갖고 있습니다. 그것은 모든 것의 시작과 중심을 하나님에 두기로 했다는 것을 말합니다. 이는 내 자신을 경영하는 일 즉, 자기 경영의 기초에 신앙을 두기 시작했다는 의미로 해석할 수도 있을 것입니다.

기도는 언제 어디서나 할 수 있습니다. 기도에도 자신만의 형식을 갖게 됩니다. 올바른 형식을 만드는 일도 바람직하다고 봅니다. 주기도문으로 기도를 시작하면서 하나님께 경배와 감사를 드리고, 자신의 허물에 대한 용서를 구하고, 그다음으로 간구를 합니다. 저는 제 자신과 지인들로부터 어두운 세력을 쫓아내는 기도를 더하곤 한답니다. 참고로 기도의 모범 형식은 ACTS 즉, 경배Adoration, 고백Confession, 감사Thanksgiving, 그리고 간구Supplication로 구성됩니다. 우리는 언제 어디서나 성령의 도움을 받아 예수 그리스도의 이름으로 성부 하나님께 기도를 드릴 수 있습니다.

기도를 할 때는 언제 어디서나 하나님이 함께하고 계신다는 것을 스스로 인식하는 것이 중요합니다. 새벽에 일어나서 작업실에서 일을 시작할 때 저는 가부좌를 하고 앉아서 기도를 시작합니다. 그때 저는 바로 곁에 그분이 함께 계시다는 것을 정확하게 인지하게 됩니다. 언제 어디서 기도를 하더라도 그분이 바로 곁에 계심을 느낍니다. 기도의 토대는 암송된 말씀이라고 봅니다. 그냥 기도가 '이걸 해 달라', '저걸 해 달라'는 식으로 흘러가지 않도록 성경 말씀에 기초해서 간구하는 일이 필요하다고 봅니다. 기도의 한 부분을 차지하는 간구는 믿음을 가지고, 온 마음과 정성을 다하여, 구체적인 것에 대하여 간절히 구할 때 응답을 받을 수 있습니다.

저는 기도를 시작하게 되면 곧바로 성부 하나님과 성자 하나님 그리고 성령 하나님이 앉아계신 보좌와 그 주변 모습들이 머릿속에 펼쳐짐을 보게 됩니다. 파노라마처럼 펼쳐진 광경을 경험한답니다. "사무엘이 자라매 여호와께서 그와 함께 계셔서 그의 말이 하나도 땅에 떨어지지 않게 하시니(The LORD was with Samuel as he grew up, and he let none of his words fall to the ground.)"(사무엘상 3:19)라는 말씀처럼 저 또한 기도들이 천사를 통해서 삼위 하나님이 좌정하고 계시는 곳으로 신속하게 전달되는 것을 보게 됩니다. 하나도 빠지지 않고 신속하게 올라간 기도는 삼위 하나님 앞에 차곡차곡 쌓이는 것을 확인하곤 합니다. 진실된 기도는 한 마디도 땅에 떨어지지 않고 삼위 하나님 앞에 낱낱이 열납되어진다는 사실을 저는 매일 매일 확인한답니다.

이때 기도 속에 "예수님의 이름으로 (기도합니다)"와 같은 구절을 반드시 포함할 필요는 없다고 주장하는 신학자들도 있습니다. 주술과 같은 인상을 심어줄 수 있기 때문입니다. 그러나 기도를 하나님께 정확하게 전달하는 방법으로 "예수님의 이름으로"만한 구절이 있을까 싶습니다. 개인적인 체험이긴 합니다만, 간구하는 기도의 내용이 기도하는 사람을 떠나서 하늘나라에 계신 하나님의 보좌를 향하게 하는 출발 버튼과 같은 역할을 한다는 생각을 가질 때가 있습니다. 그러니까 버튼을 누를 때 비로소 간구나 기도의 메시지가 원하는 삼위 하나님의 보좌 앞으로 '휙' 하고 날아간다는 이야기입니다.

시간이 흘러가면서 저는 점점 기도하는 일을 즐겁고 유쾌한 일로 받아들이게 되었습니다. 세상에는 놀이하는 즐거움도 있고, 배우는 즐거움도 있습니다. 그런데 기도하는 즐거움도 참으로 대단한 즐거움이란 사실을 깨닫습니다. 그런데 기도는 단순한 즐거움이 아니라 강력한 영적 에너지를 충전시킬 뿐만 아니라 하나님의 응답을 낳는다는 점에서 참으로 놀라운 일입니다.

새벽기도에서 출발한 저의 기도는 점점 혁신되어가고 있는 중입니다. 번잡한 커피숍에서도 이동하는 기차 속에서도 소음을 막고 눈을 감으면 바로 '저 세상'을 볼 수 있습니다. 그곳에 계신 하나님을 말입니다. 그래서 저는 자주 자주 눈을 감고 귀를 막습니다. 근래에는 아내의 기도 방법도 멋진 방법이라 집안 식구들에 퍼뜨리고 있는 중입니다. 아내는 저녁예배에 잘 정리된 여러 가지 기도문을 육성으로 스마트폰에 녹음시켜서 이것을 틀어놓고 기도를 하곤 합니다. 함께 예배를 드리면서 저는 아내의 기도가 하나도 누락되지 않은 채 하나님께 열납된다는 확신을 갖게 되었습니다. 저는 신앙도 개선과 혁신의 대상으로 삼을 수 있어야 한다고 생각합니다. 좋은 것을 계속해서 받아들이는 것이지요.

제가 믿는 자의 대열에 선 다음 아이들에게 이런 격려를 한 적이 있습니다. "아버지가 너희들을 도와줄 수 있는 것들은 크게 없다. 하지만 아버지는 기도로 너희들을 평생 동안 도울 것이다." 세월이 흐르고 우리 모두는 나이를 먹게 됩니다. 노년은 모든 것을 쇠락하게 만듭니다. 그러나 자식들이나 손자와 손녀들에게서 전화로 "아버지, 이런 저런 일을 위해 기도해주세요"라는 이야기를 들을 수 있다면 대단한 일이지요. 노년의 많은 분들은 부모의 권위는 지갑에서 나온다고 합니다. 그런 이야기가 크게 틀렸다고 생각하지는 않습니다. 그러나 더 큰 권위는 기도하는 아버지, 기도하는 어머니에게서 나온다고 생각합니다. 특히 아버지의 기도, 특히 축복기도는 강한 힘을 발휘합니다. 더욱이 축복을 확신하는 아버지의 기도는 대단한 위력을 발휘하게 됩니다. 성경에는 축복기도가 여러 번 등장하는데 이 가운데 이삭이 아들 야곱을 위해 행하는 축복기도가 인상적입니다.

> 만민이 너를 섬기고 열국이 네게 굴복하리니 네가 형제들의 주가 되고 네 어머니의 아들들이 네게 굴복하며 너를 저주하는 자는 저주를 받고 너를 축복하는 자는 복을 받기를 원하노라. 창세기 27:29

오래전에 읽었던 김용식 전 외무부장관(1913~1995)의 자서전은 기억에 강하게 남아 있는 책 가운데 한 권입니다. 대한민국의 초기 외교의 초석을 다지는 데 크게 활약했던 김용식 전 장관은 훤칠한 용모의 미남이셨습니다. 이분이 경남 통영 출신입니다. 바닷가는 무속의 영향이 강한 곳입니다. 하지만 김용식 전 장관의 아버지는 교회의 장로였습니다. 그는 어린 자식의 손을 잡고 통영에서 해가 처음으로 떠오르는 여황산에 아침마다 올라서 아들에게 축복기도를 해주었습니다. 아침 해가 떠오르면 "하나님, 이 자식이 성장해서 자신의 유익함만을 구하지 말고 나라와 민족의 앞날에 크게 쓰임을 받을 수 있는 인재가 되게 해주시옵소서"라는 기도를 듣고 김용식 전 장관은 자라게 된 것이지요. 후일 고향을 떠나서 일본 유학을 거치고 공직 생활을 하는 내내 아버지의 축복기도가 김용식 전 장관의 머리와 가슴을 떠나지 않았을 것입니다. 자신의 인생을 총 정리한 그의 자서전 첫 페이지는 아버지의 축복기도에 대한 추억으로 시작됩니다. 그런 아버지를 두었던 이분은 하나님의 축복을 크게 받았던 인물이었습니다. 나는 이 땅에도 자식을 위해 사회를 위해 그리고 자신을 위해 늘 기도하는 아버지들이 더 많이 나오기를 소망합니다.

믿음을 갖기 전에는 누구나 자기 힘으로 모든 것을 할 수 있고 해야 한다고 생각했습니다. 그러나 믿는 자가 되고부터는 큰 변화를 경험하게 되었습니다. 자신이 할 수 있는 한 최선을 다하는 것은 기본이고 거기에 한 가지가 반드시 포함됩니다. 그것은 하나님과 인간 사이에 유일한 중보자 되시는 예수님에게 도움을 청하는 기도를 포함하는 것입니다. 저는 기도하는 사람으로 살아가기로 굳게 결심했습니다. 새벽기도에서 흘리는 눈물만큼 저의 신앙이 더욱 더 성장하기를 기도합니다. 부족하지만 저의 말과 글 그리고 행동으로 더 많은 분들을 주님 앞으로 이끌어야겠다는 열망이 저를 나아가게 하는 가장 강력한 에너지가 되고 있답니다.

에필로그

부드러운 마음이 자신과 가족을 구합니다

"바로 그때에 그분이 조용히 찾아오신 겁니다."

믿음은 자신이 찾아간 것이 아니라 하나님이 찾아오시는 것을 말합니다. 오십 대 초엽의 어느 날 제가 하나님을 만나게 된 것도 '찾아오셨다'는 표현을 사용하는 것이 올바르다고 봅니다.

글을 쓰다 말고 거실에 나와서 아내 옆에서 우연히 앉아서 듣던 어느 목사님의 설교에서 하나님을 만나게 되었습니다. 오랜 세월 동안 여러 번 예배당을 오가기를 반복했지만 정확하게 복음 메시지를 전달받게 된 것은 참으로 불가사의한 이야기입니다. 되돌아보면 인생의 결정적인 순간들은 이처럼 조용히 그리고 순간적으로 다가왔습니다. 그 전에도 비슷비슷한 메시지를 전해 들었을 것인데 바로 그때 스파크가 일어나는 것처럼 점화가 되었으니 말입니다.

방송 사역의 힘을 다시 한 번 깨우치게 된 일이었습니다. 누군가 좋은 소식을 전하는 사람들이 있었기 때문에 그 소식을 만날 수 있었던 점에 대해 저는 무척 감사한 마음을 갖게 되었습니다. 여기서 중요한 것은 누군가 전하는 사람이 있어야 한다는 것이지요. 이 책을 읽는 분들 가운데도 그런 만남을 가질 수 있는 분들이 있을 것이라는 소망과 확신을 갖고 이 책을 쓰게 되었습니다.

사실 누구든지 보이지 않는 것을 믿는다는 일은 참으로 어려운 일입니다. 그러나 우리가 한 가지 주목해야 할 점은 살면서 자신의 마음을 유연하게 유지하는 일이 매우 중요하다는 사실입니다. 제가 여러 가지 약점에도 불구하고 제 스스로에 대해 좋아하는 것이 몇 가지가 있습니다. 같은 연배의 사람들에 비해서 늘 배움에 대해 열린 마음을 갖고, 좋은 것이 있다면 무엇이든 배워서 자신을 향상시키려는 마음을 갖고 있다는 점입니다. 그래서 사람에 대해, 지식에 대해, 배움에 대해, 자식에 대해 완고함을 갖지 않고 좋은 것이 있으면 무엇이든 배우는 태도가 하나님을 받아들이는 데도 어느 정도 역할을 하게 된 것이지요. 늘 부족함을 채워가려는 그런 마음 말입니다.

하나님이 찾아오셨더라도 놓치는 일은 누구에게나 일어날 수 있습니다. 나이가 들어가는 사람의 전형적인 특징 가운데 하나가 고집이 세고 새로운 것을 받아들이는 데 완고해지는 것이기 때문입니다. 그러했더라면 저는 하나님을 받아들일 수 없었을 것입니다. 믿음을 갖기 전에도 늘 자신에게 다짐하고 실천하려 했던 한 문장 "늘 낮은 데로 임하소서"라는 부분이 예수님을 구주로 받아들이는 데 큰 도움이 되었습니다. 지금도 천만다행으로 여기는 것은 제가 미련하고 고집

불통의 사람이 아니었다는 사실입니다. 그랬다면 영원히 말씀을 받아들일 수 없었을 것이고, 그랬다면 아이들은 물론 다음 세대에게 신앙을 유산으로 물려줄 수 없었을 것이기 때문입니다.

먼저 믿음을 갖게 된 아내가 은근히 남편이 어떻게 받아들일까를 걱정했다고 합니다. 남편도 나와 같이 믿기를 소망하지만 남편이 어떻게 반응할지 알 수 없었기 때문입니다. 대체로 여자보다는 남자 그리고 젊은이보다 나이가 든 사람들이 완고합니다. 성경에는 고집불통이 되지 말 것을 주문하는 말씀이 여러 군데에 등장합니다. "항상 경외하는 자는 복되거니와 마음을 완악하게 하는 자는 재앙에 빠지리라(Blessed is the man who always fears the LORD, but he who hardens his heart falls into trouble.)"(잠언 28:14)라든가 혹은 "오늘날 너희가 그의 음성을 듣거든 너희 마음을 강퍅케 말라("Today, if you hear his voice, do not harden your hearts.")"(히브리서 4:7)라고 증거하고 있습니다.

이제 와 생각하면 하나님이 찾아오셨을 때 내가 복음을 받아들일 준비가 되어 있었구나라는 생각을 하게 됩니다. 늦깎이로 믿음의 대열에 뛰어들었지만 지금부터라도 저는 세월을 아껴 푯대를 향해 전진해나갈 작정입니다. "내가 이미 얻었다 함도 아니요 온전히 이루었다 함도 아니라. 오직 내가 그리스도 예수께 잡힌 바 된 그것을 잡으려고 좇아가노라"(빌립보서 3:12)라는 말씀처럼, 시작은 늦었지만 밀도 있는 삶을 통해 푯대를 높이 세우고 달려갈 작정입니다. 저의 작은 노력들이 하나 둘 쌓여 더 많은 사람들이 하나님을 알 수 있기를 간절히 기도합니다.

KI신서 5557
공병호가 만난 하나님

1판 1쇄 발행 2014년 4월 1일
1판 3쇄 발행 2015년 5월 11일

지은이 공병호
펴낸이 김영곤 **펴낸곳** (주)북이십일 21세기북스
부사장 이유남 **출판개발1실장** 신주영
국내기획팀 최지연 남연정 김소정 **디자인** 정란
영업본부장 안형태 **영업** 권장규 정병철 오하나 이경희
마케팅본부장 이희정 **마케팅** 민안기 김홍선 김한성 최소라 백세희
출판등록 2000년 5월 6일 제10-1965호
주소 (우413-120) 경기도 파주시 회동길 201(문발동)
대표전화 031-955-2100 **팩스** 031-955-2151 **이메일** book21@book21.co.kr
홈페이지 www.book21.com **트위터** @21cbook
블로그 b.book21.com **페이스북** facebook.com/21cbooks

ISBN 978-89-509-5499-4 03230
책값은 뒤표지에 있습니다.